D1073447

# LE PRIX À PAYER

Photo de la couverture : Terry Hughes
Design de la couverture : Sonia Fiore
Infographiste : Chantal Landry

DISTRIBUTEURS EXCLUSIFS :

• Pour le Canada et les États-Unis :
MESSAGERIES ADP*
2315, rue de la Province
Longueuil, Québec J4G 1G4
Tél. : 450 640-1237
Télécopieur : 450 674-6237
Internet : www.messageries-adp.com
* filiale du Groupe Sogides inc.,
 filiale du Groupe Livre Quebecor Media inc.

Catalogage avant publication de Bibliothèque et
Archives nationales du Québec et Bibliothèque et
Archives Canada

Natalie « Natalia » McLennan

McLennan, Natalie

Le prix à payer : l'histoire de la plus célèbre escorte
de New York

Traduction de : The price.
Comprend des réf. bibliogr.

ISBN 978-2-7619-2662-1

1. McLennan, Natalie. 2. Prostituées - New York
(État) - New York - Biographies. 3. Hôtes et hôtesses
d'accueil - New York (État) - New York - Biographies.
I. Titre.

HQ146.N48M3214 2009   306.74'2092   C2009-942173-9

10-09

© 2008, Natalie McLennan & Phoenix Books, Inc.

© 2009, Les Éditions de l'Homme,
division du Groupe Sogides inc.,
filiale du Groupe Livre Quebecor Media inc.
(Montréal, Québec)

Tous droits réservés

L'ouvrage original a été publié
par Phoenix Books, Inc.
sous le titre The Price

Dépôt légal : 2009
Bibliothèque et Archives nationales du Québec

ISBN 978-2-7619-2662-1

Gouvernement du Québec – Programme de crédit
d'impôt pour l'édition de livres – Gestion SODEC –
www.sodec.gouv.qc.ca

L'Éditeur bénéficie du soutien de la Société de développement des entreprises culturelles du Québec
pour son programme d'édition.

Le Conseil des Arts du Canada
The Canada Council for the Arts

Nous remercions le Conseil des Arts du Canada de
l'aide accordée à notre programme de publication.

Nous reconnaissons l'aide financière du gouvernement du Canada par l'entremise du Programme
d'aide au développement de l'industrie de l'édition
(PADIÉ) pour nos activités d'édition.

NATALIE « *Natalia* » McLENNAN

# LE PRIX À PAYER

**L'histoire de la plus célèbre escorte de New York**

*Traduit de l'anglais*
*par Paule Pierre*

LES ÉDITIONS DE
L'HOMME
Une compagnie de Quebecor Media

# L'audition

«Nat, appelle un taxi et viens me rejoindre», dit la voix à l'autre bout du fil. «Je veux que tu rencontres quelqu'un. La plus belle fille que j'ai jamais vue.»

*Le tact de Jason. Typique*, me dis-je.

D'accord, c'est mon mac, et je suis une escorte. D'accord, je sais que pour la plupart des gens, nous vivons dans un monde au-delà du bien et du mal, un monde bizarre où la morale et les émotions ordinaires n'ont pas cours. Mais mettez vos sentiments de côté pendant une minute, et imaginez que votre petit ami vous dise ce que je viens d'entendre à propos d'une autre fille! Plutôt dégrisant, pas vrai? Mais j'ai fini par m'habituer. C'est une de ces petites manies qu'on trouve mignonnes au début d'une relation – comme le gars qui vous appelle «ma poulette», par exemple. Le problème, c'est qu'on finit par détester ça.

Je feins l'enthousiasme. «Vraiment? *Cool.*»

Quand j'arrive à l'hôtel, Jason m'entraîne dans le lobby et me dit de jeter un coup d'œil à la réceptionniste derrière le comptoir.

«Surtout, ne la fixe pas!»

Il a donné à cette fille, qui s'appelle Ashley, une de ses cartes d'affaires ultra-minces métallisées argent portant l'inscription: New York Confidential – Rocket Fuel for Winners. Pour l'instant, il dévore la nana des yeux.

J'examine la perle rare. Il faut bien le reconnaître, Jason ne s'est pas trompé. Il a l'œil pour ces choses-là. La dénommée Ashley est très *hot*, très sexy. Nous déambulons dans le hall en essayant de passer inaperçus, puis Jason me dit : « Bon, on se barre. Je voulais que tu la voies, c'est tout. Filons, j'ai faim. »

Nous rentrons au loft. On glande un peu, on fait l'amour, puis je fais venir des sushis. Ensuite, nous faisons notre commande hebdomadaire d'alcool (une douzaine de Veuve Clicquot, même chose pour la vodka Grey Goose, et une demi-douzaine de Johnny Walker blue). Et après ça, devinez qui appelle.

La petite agnelle de l'hôtel !

Je suis contente qu'elle appelle aussi vite. Ça veut dire qu'elle est intéressée et que Jason ne devra pas retourner là-bas pour essayer de la convaincre. C'est elle qui vient à nous. Une heure plus tard, elle arrive au loft. Je suis dans mon sanctuaire, assise sur mon trône devant le miroir de ma coiffeuse entouré de vingt ampoules. Mes chaussures, mes vêtements fabuleux sont éparpillés autour de moi, je suis énergisée par une énorme ligne de coke. Bref, je suis comme une reine dans son palais. Je jette un dernier regard dans le miroir. Mes boucles brunes sont brillantes, le mascara accentue la beauté de mes grands yeux bruns, mon rouge à lèvres Lip Venom rend mes lèvres pulpeuses. Ma peau est parfaite, malgré mes soirées bien arrosées, et je viens tout juste d'avoir un manucure et un pédicure, ce qui me donne l'impression d'être toute fraîche, même si ce n'est pas vraiment le cas. J'ai de petits seins et une longue cicatrice sur le ventre, mais cela ne m'empêche pas d'être satisfaite de mon physique. Certains clients me trouvent trop maigres, mais je vis à New York, où les filles qui ne sont pas maigres sont considérées comme grassouillettes.

En fait, je suis excitée à l'idée de voir la demoiselle. Elle entre, plus jolie que dans mon souvenir. Son visage est tout simplement adorable. Elle est bronzée ; ses cheveux soyeux flottent librement. Elle est très jeune, et certainement moins expérimentée que moi, mais elle a cet éclat brûlant dans l'œil qui me dit qu'elle est prête à tout. Elle a l'air gentille, ce qui ne gâte rien. Je me sens seule, j'ai besoin d'une amie.

Jason l'a amenée dans notre chambre pour que nous fassions connaissance dans mon royaume: mon petit salon de maquillage. C'est toujours là qu'il me présente les nouvelles venues. Dans les espaces exigus, on sent mieux l'énergie qui se dégage d'une personne, et on peut se mettre au diapason.

Les yeux d'Ashley se mettent à briller quand elle voit le miroir de théâtre au-dessus de ma coiffeuse.

«J'adore ça. J'ai toujours voulu avoir un miroir comme celui-là.

– Moi aussi.»

Je tapote le tabouret qui se trouve près de moi pour l'inviter à s'asseoir. Jason est appuyé au mur, il essaie de se faire tout petit. Il sait quand les filles veulent tout simplement être des filles.

«Je m'appelle Natalia.

– Ashley.»

«J'ai dit à Ashley que tu étais l'escorte numéro 1 aux États-Unis, dit Jason. Je crois qu'elle pourrait devenir le numéro 2. Qu'en penses-tu?» Il rit, de son rire jasonien.

Je lorgne Ashley du coin de l'œil pour voir sa réaction. Ses yeux étincellent. En fait, Jason vient de lui ôter les mots de la bouche. Je n'ai jamais vu un tel enthousiasme. Toutes les filles qui travaillent pour l'agence ont été escortes ailleurs – c'est le cas de la plupart de nos recrues –, ou elles sont nouvelles dans le métier et il faut les convaincre que c'est une idée en or et leur tenir la main à chaque étape.

Ashley, elle, semble aussi heureuse que nous l'ayons trouvée que nous le sommes de l'avoir découverte.

Mais pour la première fois, je me sens un peu trahie. Dans ce métier, l'allure et l'attitude sont essentielles. La réaction des gars nourrit votre enthousiasme, votre énergie brute et, si je puis m'exprimer ainsi, vos vibrations positives. Cette fille a tout: l'allure, la beauté, le rayonnement. Jusque-là, j'ai toujours réussi à contenir ma jalousie et mes sentiments puérils un peu mesquins vis-à-vis des autres nanas. Mais Ashley est trop parfaite. Il faut que je me raisonne pour faire taire mon envie.

« Une minute, Ashley! dit Jason. Avant d'aller plus loin, j'aimerais te voir nue. »

Je guette la réaction de notre invitée.

Elle fronce les sourcils. Elle se demande sûrement comment réagir.

« C'est normal, ça? »

Elle me questionne du regard.

« Moi, je l'ai fait. Comme je n'ai jamais travaillé ailleurs, je ne peux pas te dire si c'est la norme. Mais ça l'est ici. »

Je n'ajoute pas que lorsque je me suis déshabillée pour Jason, c'était pour une séance à trois qui a duré vingt-quatre heures, et où nous avons carburé à l'ecstasy. C'était avec la petite amie de Jason. Refaire l'expérience avec Ashley ne me poserait aucun problème, mais notre agence est en train de changer de cap. Nous avons décidé de devenir très sérieux en affaires. La veille au soir, Jason et moi nous sommes rendus dans la chambre de l'hôtel Gansevoort que nous louons pour nos clients. Nous avons fait venir une escorte afin de voir comment les filles de la concurrence se comportent. La pauvre avait tout faux. Elle s'est montrée naïve et honnête, mais pour des détails intimes, personnels. Quel client veut vous entendre parler de vos problèmes de drogue ou de votre mésentente avec votre famille? Nous avons pris des notes mentales afin de rafraîchir les idées de nos filles sur ce qu'elles peuvent faire et ne pas faire, dire et ne pas dire.

« Si tu veux, je resterai ici », dis-je à Ashley.

Quand une fille est timide, je reste toujours dans mon petit salon, le dos tourné. Ça les met à l'aise.

« D'accord. De toute façon, ça m'est égal de me déshabiller », gazouille-t-elle.

Elle disparaît dans la chambre avec Jason. Je mets un disque. Deux minutes plus tard, ils sont de retour.

« Alors? dis-je en rigolant. C'est non? »

Ashley n'a même pas dû se déshabiller. Il est évident qu'elle a un corps parfait. La demande que Jason lui a faite n'avait qu'un seul objectif : lui faire savoir qui commande.

Nous éclatons de rire, et je vais chercher une bouteille de champagne pour fêter ça. Je fais sauter le bouchon, remplis les flûtes, lève mon verre à notre association. Puis je passe aux choses sérieuses.

« Les filles commencent à 800 $ l'heure. Le tarif changera en fonction des échos que nous aurons de tes performances. Les appréciations sont « postées » sur un site nommé TheEroticReview.com. Elles auront un gros impact sur ton avenir. Nos clients sont riches, beaux, intelligents et drôles. Moi, j'ai vraiment eu de la chance, j'ai eu un tas de bonnes critiques. »

« Les meilleures de toutes », précise Jason.

« Pourquoi les meilleures ? » demande Ashley.

Je lui explique le système. « Mon tarif est passé de 800 à 1200 $ l'heure grâce à ces critiques. Ce dernier mois, l'agence a fait un bond quantique à cause de ma réputation. À tel point que la demande est de loin supérieure à notre réserve de filles. »

Nous parlons vêtements, je lui dis ce qu'elle doit porter pour les rendez-vous. Je lui montre mes robes. Quand elle aperçoit mes chaussures, elle en a le tournis.

Puis nous abordons la question du prénom. Là, elle n'a aucune idée. On réfléchit tous les trois. Jason propose Mélissa, Brooke (je lui fais remarquer que nous en avons déjà une) ou Morgan…

J'examine la nouvelle. Elle porte ses verres fumés Dior sur la tête. Je trouve qu'elle a l'air d'une fille de banlieue bien élevée. Elle est pulpeuse, son corps est incroyablement sexy, sa voix un peu rauque, mais mélodieuse.

J'ai le prénom parfait !

« Victoria. »

Nous nous sourions. Un avenir fabuleux nous attend.

# Chapitre premier

# Championne canadienne

Les championnats nationaux canadiens junior de claquettes sont exactement tels qu'on peut les imaginer. On y retrouve immanquablement des gamines automates se démenant désespérément pour sortir de leur médiocrité, et leur mémère pâlotte et souffrant d'embonpoint bien décidée à lancer leur rejetonne dans le showbiz. Ma mère n'était pas une mémère de ce genre, mais ça ne l'a pas empêchée de m'inscrire au cours de danse alors que je savais à peine marcher. Le championnat, c'était en 1996, et j'avais seize ans. C'était un grand moment pour elle et pour moi. Ce jour-là, elle n'était qu'un paquet de nerfs quand je suis montée en scène pour danser le swing – un numéro dont mon instructeur avait fait la chorégraphie à l'occasion de la compétition.

Il est préférable de swinguer avec un partenaire. Mais j'ai tournoyé, virevolté, sauté toute seule, comme on le faisait en 1942. L'événement avait lieu dans la salle de danse du Savoy. Quand je suis sortie de scène, j'étais sûre que moi, la petite Manitobaine en *poodle skirt*, je n'avais aucune chance de remporter un prix.

Lorsqu'on a annoncé que j'étais la championne nationale, ma mère a dansé de joie comme si je venais de battre Kerri Strug et de remporter la médaille d'or aux Olympiques.

J'aurais voulu conserver ce moment-là dans une petite boîte et la garder sous mon oreiller.

***

Ma mère n'a pas eu la vie facile. Un soir, juste avant Noël, mon père, propriétaire d'une entreprise de remorquage, lui a dit qu'il devait aller porter secours à un ami dont le camion était bloqué dans un banc de neige. Il n'est jamais revenu.

C'est du moins ce que maman m'a raconté. Je n'avais même pas un an quand c'est arrivé, donc je ne me rappelle de rien, même inconsciemment. Mon plus vieux souvenir remonte à mes trois ans. Mon père s'était installé dans le nord de l'État de New York avec sa petite amie et il était venu nous chercher le jour de Noël pour aller rendre visite à sa mère. Maman nous a embarqués, mon frère de neuf ans et moi, dans sa grosse voiture américaine. On était coincés dans nos combinaisons de ski. Il gelait, les vitres étaient couvertes de givre, on ne voyait pas à l'extérieur. J'avais peur, je ne comprenais rien à ce qui nous arrivait.

Je me suis tournée vers mon frère et je lui ai demandé : «C'est qui ?

– Notre père.»

Mon père n'a pas dit un mot.

Il nous a débarqués à la maison de sa mère, puis il est parti.

Je ne l'ai plus jamais revu. Quelques années plus tard, j'ai appris qu'il était parti au Texas. Pendant toute mon enfance, je n'ai jamais eu la moindre idée de l'endroit où il habitait. Je ne savais même pas s'il était vivant.

Après le départ de mon père, maman a continué à nous emmener chez ma grand-mère à chaque Noël. L'épreuve était d'autant plus pénible qu'on devait prendre le bus en plein hiver. Ma mère ne voulait pas passer pour un petit oiseau blessé aux yeux de notre grand-mère, mais chaque année, avant notre départ, elle rassemblait tout son courage pour lui demander : «Savez-vous où est Bill ?» Alors, ma grand-mère, petite immigrante écossaise comme il faut, lui donnait toujours la même réponse. «J'en ai pas la moindre idée.»

Ma mère baissait la tête et murmurait : «Ah bon ! Merci».

Ma grand-mère regardait ailleurs et changeait de sujet.

Maman tenait une petite garderie de jour dans notre appartement. Il y avait toujours une demi-douzaine d'enfants qui couraient partout. C'est amusant quand on est petit, mais quand on devient adolescente dans un appartement qui n'a que deux chambres et qu'on s'éveille chaque matin dans les braillements des bébés, on oublie facilement que maman travaille comme une esclave et on commence très vite à détester la vie qu'on mène.

Elle voulait qu'on ait les meilleurs vêtements, la meilleure école, les meilleurs amis, mais c'était difficile. Nous étions des parias, de pauvres anglophones dans un quartier très francophone de Montréal. Maman est devenue hypersensible à tout ce qui nous entourait. C'est pour ça qu'elle voulait toujours qu'on ait les plus beaux habits. On était souvent fauchés, mais nos vêtements étaient impeccables, parfaitement repassés, et ma tignasse bouclée était toujours bien peignée et attachée avec un beau ruban.

Le départ de mon père était particulièrement dur pour mon frère. À l'adolescence, je me suis rendu compte qu'il me rendait responsable de la situation. En fait, mon père nous avait abandonnés peu après ma naissance. Je comprenais très bien qu'un jeune gamin de six ans puisse faire le lien entre les deux, et il n'avait sans doute pas tout à fait tort.

Maman a essayé de nous mettre à l'abri du chagrin. Elle ne nous a jamais dit de mal de notre père. En fait, elle ne nous a presque rien dit. Il est devenu un fantôme. Tout ce qui me reste de lui, ce sont des images mentales souillées par la colère et la confusion.

Mon dernier souvenir remonte à mes cinq ans : c'est mon anniversaire. Il m'a envoyé un cadeau. Maman doit me forcer à le déballer. C'est une poupée bout'chou – une des trois que je recevrai ce jour-là. Chaque fois que je jouerai à la poupée, je m'assurerai que la sienne porte les vêtements que je n'aime pas et ne reçoit pas de thé aux petites fêtes bout'chou.

Ma mère n'est plus jamais sortie avec un homme. Je n'étais qu'une petite fille qui ne connaissait rien aux relations sentimentales, mais je me disais souvent que maman avait peur d'être à nouveau blessée. Toute personne qui a été abandonnée a peur de redevenir une victime. Elle s'est tout simplement fermée à toute possibilité d'aventure amoureuse ou de relations sexuelles. Elle a grossi, perdu sa confiance en elle, et elle a concentré toute son attention sur mon frère et sur moi.

Je vivais dans des «non» perpétuels. Si je lui demandais de rester à dormir chez une amie, c'était non. Maman s'agrippait à une illusion de sécurité. Elle essayait d'être une figure paternelle. Pour obtenir ce que je voulais, je devais discuter, marchander, essayer différentes tactiques.

Ce style de parentage fonctionnait bien pour mon frère. Pour moi, il était négatif. Il a créé en moi une propension à la rébellion qui se manifestait à la moindre tentative de contrôle.

La solution de maman, en ce qui me concernait, s'était cristallisée dans la danse à claquettes! J'avais trois ans quand j'ai pris ma première leçon.

J'étais un petit phénomène. Je prenais des cours trihebdomadaires et, chaque fin de semaine, des leçons privées chez un professeur. Les instructeurs ne devaient m'apprendre les pas qu'une seule fois: je pouvais les répéter tout de suite. Ça les stupéfiait. À douze ans, j'ai commencé les compétitions. Je n'avais pas vraiment la tête à ça, mais j'adorais me produire en public. Et quand j'ai commencé à gagner, j'ai vu à quel point cela rendait maman heureuse. Alors j'ai continué. Je ramassais tous les prix.

C'était parfois atrocement ennuyeux. J'ai souvent demandé à maman d'abandonner. Mais elle s'obstinait. «Je ne t'ai jamais forcée à faire quoi que ce soit, mais ça, c'est une activité dans laquelle tu dois persévérer.»

Elle me menaçait de me priver de tous mes petits plaisirs, comme les cours de danse, par exemple.

Les claquettes m'ont amenée à d'autres passe-temps, comme jouer la comédie et chanter. À douze ans, Disney est arrivé en ville et a organisé une énorme audition pour le Club Mickey Mouse.

C'était une chance à ne pas laisser passer. On a mis ma photo en première page de *The Gazette* pour éblouir les juges. Tout en attendant des nouvelles des producteurs, j'imaginais que mon père me verrait un jour à la télé et se dirait : «Wow, elle est superbonne ! Je me suis vraiment gouré quand je l'ai quittée.»

Je n'ai pas eu le rôle[1]. Alors je me suis assise dans ma chambre devant un énorme poster de Joey McIntyre et des New Kids on the Block[2], et j'ai pleuré jusqu'à ce que je n'aie plus de larmes. C'est alors que j'ai compris que je ne pleurais pas parce que je n'avais pas décroché la timbale – *Qui a envie d'être un abruti de mousquetaire ?* – non, je pleurais parce que je n'avais pas eu l'occasion de démontrer à mon père que la fille qu'il avait abandonnée était formidable et talentueuse.

*Qu'il aille se faire foutre*, me suis-je dit, *il ne mérite pas de faire partie de ma vie. C'est lui qui a tout perdu, pas moi.*

J'ai décidé que, désormais, je ferais tout pour ne pas avoir une vie triste, juste pour lui prouver qu'il aurait beau faire, il ne pourrait plus jamais me blesser.

*\*\*\**

Quand je suis entrée dans l'adolescence, les «non» de maman sont devenus de plus en plus automatiques, et ma tendance à la rébellion est passée en quatrième vitesse.

J'avais deux identités. Pour ma mère, ma famille et nos amis, j'étais une fille responsable, travailleuse et obéissante. Je ramenais à la maison les trophées conquis dans des compétitions de claquettes, et des bulletins scolaires remplis de A. Ma mère ne remarquait jamais mes pupilles dilatées ou mes yeux injectés de sang, ni mes jupes de plus en plus courtes. J'avais une copine plus âgée dont le

---

1.   Britney Spears et Justin Timberlake ont également auditionné lors de cette recherche de talents. (NDA)
2.   Groupe des années 80-90. (NDT)

petit ami était *dealer*. Elle me donnait du pot, des champignons, de l'acide, bref, toutes les substances sur lesquelles elle arrivait à mettre la main. Je les revendais à des élèves de cette prestigieuse école qui m'avait fait l'immense faveur de m'accepter, à la grande fierté de ma mère. Cet argent illicite me donnait un sentiment d'indépendance, et il a fini par faire de moi une légende sur le campus. J'étais la vilaine demoiselle dont les gars raffolaient, et qui faisait un peu peur aux autres filles. Tout le monde se demandait comment je pouvais avoir d'aussi bonnes notes en me conduisant aussi mal. C'était tellement facile ! Quand on arrive à s'en tirer constamment sans se faire prendre, on finit par se croire invincible.

Pendant ce temps-là, maman insistait pour que je continue les claquettes. Et je continuais à gagner des prix.

Les compétitions ne se déroulaient pas dans le petit monde de JonBenét, ça non ! Quand un tas de gamines sont sur scène en collants et qu'elles ne détestent pas plaire aux hommes, l'atmosphère qui règne dans la salle est souvent obscène, surtout quand les filles commencent à avoir de la poitrine. Un matin, je me suis réveillée et j'ai découvert que la mignonne et pure adolescente était devenue une jeune Britney aux cheveux bruns. Si vous croyez que seuls les garçons adolescents sont obsédés par le sexe, c'est que vous n'avez jamais vu une fille qui découvre précocement sa sexualité. Ça frappe dur. J'en voulais, et tout le temps. À seize ans, mes hormones étaient incontrôlables. Jamais je n'aurais pu avouer ça à ma mère, mais si je continuais à me produire dans les compétitions, c'est parce que je me disais que les pères des autres filles imaginaient mon corps nu sous ma ceinture. Ça me mettait à l'envers.

J'ai gagné le championnat canadien de danse à claquettes. J'étais fière, d'accord, mais j'aurais été plus heureuse si j'avais été la première dans une activité qui me plaisait davantage.

Un an plus tard, j'ai reçu mon diplôme du secondaire. Et j'en avais carrément assez des claquettes. Mais j'étais une championne nationale. J'avais même eu la chance de danser avec Gregory Hines au Festival de jazz de Montréal. Où tout cela allait-il me mener ? J'ai ôté mes souliers à claquettes et je suis entrée à l'école de théâtre Dôme du collège Dawson de Montréal – qui se classe tout de suite après l'École nationale de théâtre du Canada.

Je suis tombée amoureuse du théâtre. Au Dôme, je n'ai ni fumé, ni bu, ni consommé de drogue pendant trois ans. C'était le théâtre qui me consommait! Je ne m'intéressais à rien d'autre.

***

Après avoir reçu mon diplôme au théâtre Dôme, je décide de rester à Montréal, tandis que mon petit ami, acteur lui aussi, part à New York avec la ferme intention de conquérir l'Amérique. En dépit de tous les obstacles qui s'élèvent devant moi comme devant toutes les Kim Cattrall[3] de mon pays (oui, elle est canadienne), je me dis que mes chances de devenir une gloire locale sont excellentes. Un an avant l'obtention de mon diplôme, je suis la seule actrice de mon cours qui a déjà un agent, et pas n'importe lequel. Il représente une autre Canadienne, Elisha Cuthbert, qui joue le rôle de Kimberley, la fille torride de Jack Bauer, dans *24 heures chrono*.

Six mois plus tard, mon petit ami m'appelle pour m'annoncer qu'il a enfin décroché son premier rôle. Il m'invite à le rejoindre à New York pour que je puisse le voir jouer. Après le spectacle, une comédie musicale dans laquelle on finit par le voir nu sur scène, je l'attends à la sortie, assise sous un porche. Une femme d'âge moyen – robe fleurie, un tas de bracelets, foulards vaporeux – m'aborde.

«Excusez-moi, vous êtes actrice?» me demande-t-elle avec un fort accent *british* aristo qui trahit sa passion pour *Thespis*.

Je suis assise sur les marches d'une école de théâtre!

«Oui.»

J'attends la suite.

---

3. Actrice anglo-canadienne originaire de Liverpool. Elle s'est rendue célèbre par son interprétation de Samantha Jones, la mangeuse d'hommes de *Sex and the City*. (NDT)

«Aimeriez-vous passer audition pour un spectacle? Je mets en scène un Shakespeare.»

Je ne réfléchis même pas. «Euh, merci, mais je suis en vacances. En fait, je vis à Montréal.»

«Très bien, dit-elle. Alors bonne chance!»

Elle disparaît à l'intérieur du théâtre.

Je ne bronche pas pendant trente secondes, puis je bondis. *Je suis dingue, ou quoi! Combien de filles se voient offrir une audition pour un spectacle à New York alors qu'elles sont assises sous un porche?* Je suis sur le point d'entrer dans un conte de fées du show-business et je n'allume pas! J'entre, cours derrière la femme.

«Madame, excusez-moi, excusez-moi! Oui, ça m'intéresse. Ça m'intéresse.»

J'auditionne immédiatement, l'abreuvant de tout mon répertoire de monologues classiques et modernes – y compris Lady Macbeth.

\*\*\*

Ma mère n'est pas très emballée quand je lui parle de mon prochain rôle. Bien qu'elle soit ma plus grande fan, me laisser partir à New York sous l'impulsion du moment n'est pas du tout l'idée qu'elle se fait d'un parentage responsable. Mais je ne suis plus la petite fille à sa maman, et elle le sait.

J'atterris donc à Manhattan sans autre projet que de jouer, et je me retrouve chez deux Canadiennes qui vivent dans l'Harlem hispanophone. Je trouve un boulot: répondre au téléphone dans un salon de coiffure snob de l'Upper East Side.

Je ne tarde pas à découvrir pourquoi la dame à robe vaporeuse et aux bijoux cliquetants recrute dans la rue. La compagnie est en plein chaos. Les acteurs ont des ego boursouflés inversement proportionnels à leur talent, et en dépit de son accent impressionnant, la recruteuse ne différencie pas le chantre d'Avon de son cul.

Mais c'est un premier pas. Un petit rôle non rémunéré dans *La Tempête*, une production merdique d'avant-garde de l'avant-garde... et je quitte le Canada.

Une fois le spectacle bouclé, je m'installe dans mon propre appartement et je joue régulièrement des rôles secondaires dans un autre petit théâtre. Je me produis même à Julliard, où je joue Graine de Moutarde dans *Le Songe d'une nuit d'été*.

\*\*\*

Faisons un saut de trois années et retrouvons-nous en 2003. Le conte de fées est terminé. Mon petit ami acteur n'est plus dans le parcours depuis longtemps, je sors depuis deux ans avec Paul, un New-Yorkais. C'est un diplômé de MIT. Pendant notre lune de miel, il incarne l'amoureux aimant, présent, dont toute fille rêve. Il m'aide à surmonter les obstacles décourageants auxquels doivent faire face les débutants qui affrontent les dures réalités d'une mégapole. Il m'offre un cellulaire alors que je n'ai même pas de portfolio. Il m'accompagne au Canada pour les fêtes de Noël.

Hélas, il commence à boire comme Falstaff. Pendant ce temps, je me tue au travail dans un bar pour arriver tout juste à payer mon loyer. Je n'obtiens que de tout petits rôles, et pas de bons rôles du tout. Les seuls que je décroche font partie d'obscures productions expérimentales présentées dans des petites salles minables au-dessus de *Delicatessen*. Je joue dans *Ce fou de Platonov* – et même pas le rôle du fou !

Une fois par jour au moins, une terrible crampe me noue l'estomac ; tout mon corps me fait mal. Je suis à bout de nerfs. L'anxiété me tenaille. Mon énergie créatrice refoulée est prête à exploser.

On se dispute beaucoup, Paul et moi. Beaucoup. Il devient de plus en plus imprévisible. Nous nous éloignons l'un de l'autre. Je m'enfonce de plus en plus profondément dans le ventre de New York, dans ce demi-monde de la nuit, où je me détruis en absorbant des drogues de plus en plus dures. Je quitte mon bar, fréquente des boîtes, puis des lieux où on s'amuse après la fermeture. Mon cellulaire est rempli de numéros de soi-disant amis qui se précipitent au moindre appel et avec lesquels je me plonge dans des débauches en tout genre.

C'est comme si j'avais été recrutée. Je deviens très vite la coqueluche de l'élite *hardcore* des nuits new-yorkaises – directeurs de clubs, banquiers, stars du rock, promoteurs immobiliers, petits veinards qui ont du fric en fiducie –, des mecs qui aiment avoir le plus de nanas possible autour d'eux. Je suis contente, jolie, j'adore danser, planer, embrasser des filles et, pour boucler le tout, je ne fais jamais d'histoires. Je suis sur la liste de tous les clubs. Après la fermeture, je reçois généralement un appel à 4 h 30 du matin me disant qu'on a besoin de filles douées pour que la soirée reste intéressante.

Mon premier marathon de nuit se déroule au loft de Tribeca d'Edward Albee, le grand auteur dramatique – une légende du théâtre américain. Son protégé reçoit un régiment de pédés quand Albee est absent. Vêtue seulement de lunettes noires et de petits dessous, j'évolue pendant trois jours et trois nuits sur le somptueux parquet du loft, gloussant d'émerveillement chaque fois que je réalise que je trimballe mes nichons 32B dans le royaume d'Edward Albee, saoulée par les champignons et l'ecstasy. Et ce n'est qu'un commencement. Une nuit, je me retrouve dans un penthouse surplombant Manhattan, partageant des lignes de coke avec un héritier d'un empire banquier, un *dealer* jamaïcain, un acteur semi-célèbre et un top modèle boudeur venu tout droit d'Estonie qui vient tout juste de faire la couverture de *Vogue*. Puis je me ramasse dans un immeuble sans ascenseur du Village, fumant de la freebase[4] avec une fille nommée Billy.

---

4.  La cocaïne-base (freebase) est un solide cireux blanc ou jaunâtre. Elle peut être fumée ou prisée. On l'appelle aussi crack à cause du craquement qu'elle produit lorsqu'on la chauffe. C'est la forme le plus pure de la cocaïne. (NDT)

C'est comme un club très secret, où l'intimité immédiate s'évapore aux premiers rayons de soleil, ou quand la provision de drogue est épuisée – quel que soit l'ordre dans lequel cela arrive.

En fait, je frime, j'essaie de gagner du temps. J'essaie de me creuser un trou dans cette ville magique, espérant que mon succès ne se ternira pas, que le soleil ne se pointera jamais. Mais malgré tous mes efforts, inévitablement, la nuit se métamorphose en jour, passant de la lumière orange de l'éclairage nocturne à la triste grisaille de l'aube, pour se transformer en lumière blanche et impie qui transperce les stores pourtant bien baissés. Une fois le soleil levé, je rassemble mes affaires, me repoudre le nez devant le miroir de l'ascenseur et essaie tant bien que mal de reprendre pied dans la machine urbaine qui s'est remise à fonctionner à pleins tubes. Puis je m'aperçois que j'ai oublié mes lunettes noires. *Pourquoi ai-je oublié mes lunettes ? Si seulement j'avais mes lunettes noires, je serais peut-être capable d'affronter la réalité : cette vie ne mène nulle part.*

# Chapitre deux

# La première fois

Lorsqu'on me propose d'auditionner pour le rôle principal dans une pièce sur la grande Edie Sedgwick, la «Warhol Superstar» – l'une des héroïnes de mon adolescence – je n'hésite pas un seul instant.

L'endroit où l'on va représenter *Andy and Edie* est un petit plateau miteux dans un sous-sol du Lower East Side. J'ai entendu parler de l'auteur, qui collabore à *Women's Wear Daily* et a la réputation d'être un génie un peu tourmenté. Je lui apporte donc un cadeau – une douille pour un 9 mm. Il faut absolument que j'attire son attention pour qu'il envisage de me confier le rôle de la blonde et maigrelette Edie. Avec mes rondeurs et mes boucles brunes, il faut dire que je suis à l'opposé du personnage. Je récite mon monologue, offre la douille et sors. En général, il ne me faut pas plus d'une seconde pour savoir que je tiens un gars dans le creux de la main. Le mec est fou de moi.

En plus, on est le 30 janvier – le jour de mon anniversaire.

Comme j'ai grand besoin d'un drink, je me précipite dans le bar où l'un des New-Yorkais que je préfère m'attend avec un groupe d'amis. Je veux fêter mon vingt-quatrième anniversaire sur la planète Terre avec un homme qui en a visité une bonne partie.

Petit-fils à sang bleu d'un magnat des chemins de fer, Peter Beard est un bon vivant qui adore les jolies femmes, les animaux, l'art et l'anthropologie. C'est lui qui a découvert la supermodèle Iman dans un village africain; il a été encorné par un rhinocéros furieux; il s'est fait une place à part dans le milieu nocturne des modèles; et on dit qu'il a l'endurance d'un éléphant. Il est célèbre dans le monde des arts pour ses gigantesques peintures et ses pho-tomontages.

Je fais partie de son cercle de modèles et d'artistes. En fait, ce sont surtout des modèles. Nous avons déjà passé pas mal de temps ensemble, complètement défoncés, à faire des collages sur le par-quet de son loft de Tribeca. (Je possède encore un collage fait à partir de mon image et de celle de deux autres filles nues couchées sur le sol. Après avoir tout perdu, c'est le seul objet de valeur que j'ai pu garder.)

Après quelques verres de whisky Patron, Peter me dit: «Allez, on se taille, Nat, je dois aller voir quelqu'un.» Ce disant, il me pousse vers la porte, me forçant à abandonner mes amis.

Nous arrivons entre cinq et six heures dans un appartement situé au deuxième étage sans ascenseur au-dessus du magasin Manolo Blahnick, sur la 54e rue ouest. L'endroit a été grossièrement converti en une sorte d'atelier des années 50. Il est plein de lampes fluo et de divans de cuir rouge. Dans l'entrée, un énorme agrandis-sement d'une chope à l'effigie de Frank Sinatra. Les lieux sont miteux, poussiéreux; ça fait vraiment vieille école. Quelques per-sonnages traînaillent dans l'obscurité du loft avec des airs de conspirateurs. Peter m'apprend que l'endroit a servi de bureau à David Blaine, un magicien dans le vent, ce qui me paraît parfaite-ment approprié.

Je ne vois pas très bien à quel genre de trafic se livrent les occu-pants actuels, mais il ne faut pas être grand clerc pour savoir que ce n'est pas très légal. Je m'installe néanmoins confortablement sur le sol, où Peter me rejoint de temps en temps.

Celui qui semble être le maître de cérémonie est assis près de nous. Peter me présente: «Jason, voici Nat, la fille la plus sensation-nelle de New York.»

Peter sait quoi faire et quoi dire pour qu'une fille se sente vachement bien.

Je souris à Jason, lui tend la main. Il s'assied tout contre moi, m'embrasse sur la joue.

« Ravi de te connaître. »

Il attrape le plateau de cocaïne que lui tend un gars assis près de nous et prépare quelques lignes. Puis il me donne une paille. « Les femmes d'abord. »

J'hésite. Je ne me sens jamais à l'aise quand je prends de la drogue devant des inconnus. Puis je me rappelle que je suis venue avec Peter Beard. Peter, c'est le James Bond du monde de la nuit. Et quand on est avec lui, on est sa James Bond girl.

Jason est ravi de revoir son pote et semble se désintéresser de ma personne. « Peter, il faut qu'on parle photos. Tu as vu notre site Web ? J'aimerais que tu fasses des photos de mes filles. »

Peter rigole et murmure que l'endroit où nous nous trouvons ferait, selon lui, une formidable toile de fond. Mais il ne prend aucun engagement.

« Je t'en prie, Peter, dit Jason. J'ai besoin de toi, mec. »

Je classe tout de suite Jason dans la catégorie « riche New-Yorkais fils à papa amateur de sorties ». On reconnaît les New-Yorkais qui ne gagnent pas leur vie dans un emploi régulier à certaines vibrations. Il ne reste avec nous que quelques minutes, puis quelqu'un l'appelle. Avant de partir, il me demande de noter son numéro sur mon cellulaire. Puis il me dit de lui donner un coup de fil si j'ai envie de rendre des gens heureux et de faire du fric par la même occasion. Au moment où il sort, Peter laisse tomber le mot « escorte » en secouant la tête d'un air désapprobateur.

Je commence à comprendre.

Durant les trois nuits suivantes, Peter et moi nous amusons à faire une série de photos dans le bureau de Jason. Moi, devant la chope géante de Sinatra ; dans la cage d'escalier crasseuse ; rampant sur le tapis comme une hyène en chaleur. Pendant ce temps, un flot ininterrompu de jeunes sexy vont et viennent. Peter a souvent une attitude hautaine vis-à-vis de ces gens et de ce qu'ils font pour vivre, mais ça ne lui déplaît pas de les rencontrer et de passer une nuit avec eux.

Jason n'est jamais là, c'est la responsable du bureau qui nous accueille. Elle s'appelle Mona. Elle ressemble à une princesse sortie tout droit du *Seigneur des anneaux*: longs cheveux bruns, yeux bleus et la plus jolie petite figure de poupée que j'ai jamais vue. Elle ne sourit jamais. La troisième nuit, Peter étant parti, elle s'approche de moi alors que je me prépare une dernière ligne de coke. «Tu as l'intention de continuer à traîner ici ou tu vas te mettre au boulot?»

Je sais que cela peut paraître ridicule, mais je n'avais pas encore compris exactement ce que le terme «escorte» signifiait. Est-ce qu'on baisait? Ou est-ce qu'on se contentait d'«escorter» un gars avant de décider si oui ou non on allait baiser avec lui?

J'étais peut-être une fille très délurée à l'école secondaire, mais en matière de sexe, je suis tout à fait inexpérimentée et naïve. Je viens de voir mon premier film porno, et je n'ai jamais trompé Paul. Mais je suis fauchée, je plane, et je suis prête à m'ouvrir à de nouvelles idées. Je demande à Mona ce que l'on attend de moi si j'accepte.

Elle me présente la situation de façon très réaliste: «Le salaire est de 700$ l'heure: 45% du montant nous revient. J'ai un client tout prêt pour toi. Le rendez-vous est dans une heure. C'est un Asiatique, un de nos clients réguliers. Tout à fait inoffensif. Il attend mon signal pour venir te chercher. Si tu es d'accord, il faut que je l'appelle tout de suite.»

Oh là là! tout se passe un peu vite! Je calcule rapidement la somme qui me reviendra. En une heure, je pourrais gagner autant qu'en deux nuits d'esclavage derrière un bar, à servir des trous de cul saouls comme des barriques.

*Fuck*, me dis-je, je tente le coup. *Si c'est un cauchemar, je m'en tiendrai là.*

«Entendu», dis-je à Mona d'un air parfaitement à l'aise. «*Cool.*»

Puis j'ajoute : « J'ai besoin de condoms ? » J'espère, avec cette question, recueillir un peu plus de détails sur ce que l'on attend de moi.

Froidement, elle me répond : « Désolée, je ne peux pas parler de ça avec toi. »

Là, je n'y comprends plus rien.

*Tu es sur le point de m'envoyer faire un boulot à 700 $ l'heure et tu ne peux même pas me dire ce que je suis censée faire ?*

« Mona, Jason est ici ? » J'ai désespérément envie de voir un visage familier – quelqu'un qui m'offrira au moins un mot d'encouragement. Après tout, c'est mon premier client. J'ai l'impression d'avoir à nouveau seize ans ; c'est comme si j'étais sur le point de faire l'amour pour la première fois.

Elle me tourne le dos, saisit le combiné pour appeler le client. Heureusement, il y a une autre fille couchée sur un divan, qui fume et sniffe de la coke. Je lui demande de me mettre au parfum. Je lui dis que c'est ma première fois. A-t-elle un conseil à me donner ? Elle me dit de me détendre. Elle a déjà rencontré ce client, je n'ai aucune raison de me tracasser. Il aime les nouvelles filles – elle est sûre qu'il m'appréciera. C'est un Asiatique très gentil, tout à fait inoffensif.

Je sais, Mona me l'a déjà dit ! Mais que suis-je censée faire exactement ?

Sonnerie de l'interphone. C'est le client. En moins de temps qu'il ne faut pour le dire, je suis dehors. Et je continue à me poser des questions !

Il a un appartement moderne, impeccable, avec une vue extraordinaire sur le gratte-ciel Chrysler. C'est un homme de taille moyenne, maigre, dans les quarante ans. Il porte un costume gris très léger et très coûteux. Il me prépare un drink. Je lui demande s'il va en prendre un aussi. Non, dit-il. Il ne boit pas. Je sirote une vodka Grey Goose et canneberge, espérant devenir un peu moins nerveuse et un peu plus ivre. La coke que j'ai sniffée pendant une partie de la nuit me rend anxieuse, mais je suis trop intimidée pour avaler ma vodka cul sec et lui en demander une autre. « Veuillez m'excuser », dit-il. Il sort de la chambre. J'en profite pour me servir une autre vodka. Je vide mon verre, le remplis à nouveau. L'Asiatique revient, me prend par la main et m'emmène dans la chambre à coucher. Il me demande une fois de plus si c'est vraiment ma première fois. Je confirme. Il a l'air de me croire.

Une fois au lit, le naturel revient au galop; je redeviens moi-même. Il jouit. Il est content, émet un petit rire satisfait et me dit que je serai très bonne dans le métier.

Les filles avaient raison. Il est parfaitement inoffensif. Extrêmement poli, un peu terne au lit. Je n'ai jamais gagné ma vie aussi facilement. Et j'ai la conscience tout à fait tranquille: Paul et moi, c'est fini. Et si nous ne sommes pas encore séparés, nous ne tarderons pas à l'être. Je suis maintenant libre de faire ce que je veux, de devenir celle que je veux être.

En moins de deux heures, tout est bouclé et je suis de retour au bureau. Mona ne me demande pas comment ça s'est passé. Elle ne me salue même pas. Elle se contente de rédiger un chèque de 310 $ et de me le remettre. Je lui demande de laisser en blanc la ligne réservée au nom du destinataire: je n'ai pas encore de compte en banque américain.

Il est 5 h 30 du matin quand j'arrive finalement chez moi. Paul est étalé sur le divan, ivre mort.

\*\*\*

Ma brillante audition pour la pièce sur Edie (et la douille) me vaut le rôle d'Ingrid Superstar, la mystérieuse ouvrière d'usine qui disparaît en 1987 et qu'on ne revoit jamais. Mais c'est une victoire à la Pyrrhus. À chaque répétition, le metteur en scène se montre de plus en plus obsédé par ma personne. Il m'abreuve de louanges dans des messages téléphoniques complètement dingues, chantant ma «dévotion indéfectible au théâtre», mon «éthique intrinsèque de travail» et mon «aura créatrice». Après sa vingtième tentative pour se glisser dans ma petite culotte, je lui dis d'aller se faire f... et je salue la compagnie. Ce type est l'être le plus insupportable que j'ai jamais rencontré.

Il s'appelle Peter Braunstein. Deux ans plus tard, à l'Halloween, il se travestira en pompier, s'introduira dans l'appartement d'une femme avec laquelle il travaille dans un magazine de mode et la torturera sexuellement pendant seize heures, en proie à un accès de vengeance complètement déjanté. L'agression fera la une des tabloïdes. Quand il a pris la fuite, les réseaux de nouvelles par câble l'ont pris en chasse. Après une chasse à l'homme dans plusieurs États, on l'a épinglé à Memphis, au Tennessee, où il a été accusé d'agression sexuelle et condamné à dix-huit ans de prison dans un centre de détention de l'État de New York.

J'ai vraiment le chic pour tomber sur ce genre de type, pas vrai ?

Rétrospectivement, je me dis que je dois m'estimer heureuse d'avoir échappé au terrible destin de la malheureuse – d'autant plus que j'ai été assez conne pour avouer à plusieurs reprises à ce tordu que je me conduis parfois comme une perdante. Mais, à cette époque, cet épisode n'est rien de plus qu'un autre chapitre de mon existence à la dérive.

Je fais de mon mieux pour rester optimiste, mais j'ai la désagréable impression d'être poursuivie par un gros nuage noir.

\*\*\*

Un mois après, je décroche un premier rôle dans un thriller psychologique à petit budget. J'ai l'impression que peut-être – *peut-être* – la chance va tourner. Je me dis que quitter la ville me fera du bien. Mais les producteurs ne casquent pas, et je dois payer le loyer de mon appartement de Manhattan. Le tournage a lieu en pleine brousse, à deux heures au nord-est de Montréal. Sept semaines plus tard, une fois le film bouclé, toutes mes économies se sont envolées en fumée.

En plus, Paul est dans un état lamentable. Il continue à me crier après mais il y a ajouté les coups. On commence par se bagarrer en paroles et ça finit par un match de boxe. Je ne me suis jamais sentie aussi vulnérable, aussi désespérée, aussi peu en contrôle de mon existence. Il faut que cela change, et vite.

Quelques jours plus tard, alors que je remonte la 2ᵉ avenue, affreusement déprimée – j'ai la sensation d'être prise à la gorge : pas d'auditions en vue et un maigre 78 $ sur mon compte – je me souviens de Jason, de la princesse des anneaux et des 310 $ gagnés en me livrant à une activité que j'apprécie énormément. J'attrape mon cellulaire. Pas de réponse. Je laisse un message, à tout hasard.

Au cours des deux semaines qui suivent, je laisse trois autres messages. Je commence à perdre pied. J'ai un loyer à payer dans deux semaines et je n'ai plus un sou vaillant.

Jason finit par me rappeler, m'annonçant qu'il m'envoie une voiture. Il m'attend à son appartement et veut discuter. J'enfile mon jean, un débardeur et mes talons hauts. La journée est déjà bien entamée. Je veux être sexy, mais sans forcer.

Une heure plus tard, une limousine noire s'arrête devant mon appartement. Le conducteur me dit qu'il doit faire une halte en chemin. Il se gare devant un luxueux immeuble de Central Park Sud et nous attendons… nous attendons… une bonne demi-heure. Je ne commente pas, le chauffeur non plus. Finalement, une blonde pulpeuse en petite robe rouge, pourvue des seins les plus ronds et les plus appétissants du monde, sort négligemment du building et s'installe à mes côtés. Elle prend le temps de me dévisager, puis me sourit amicalement et me dit qu'elle s'appelle Samantha.

Le chauffeur la salue. On voit qu'il la connaît bien. Puis on se remet en route. Tandis que nous nous dirigeons vers le bas de la ville, Samantha et moi discutons vêtements, brillant à lèvres, mais surtout de clubs, de restaurants, de soirées : ce qui, en fin de compte, résume bien notre existence. J'ai détecté un léger accent russe chez elle, mais elle est tout à fait américanisée. Lorsque j'ai vu son gros sac noir Dior, j'ai compris qu'on ne fréquentait pas les mêmes boutiques. Elle n'a sûrement pas entendu parler de Century 21[5] !

---

5.   Grand magasin de New York où l'on peut trouver des vêtements de styliste en solde. (NDT)

Quand la voiture s'engage dans le tunnel Holland, je la regarde avec une légère inquiétude.

« Où allons-nous ?

– Hoboken », dit Samantha en clignant de l'œil.

Au *New Jersey* ? Je ne suis jamais allée au New Jersey.

Peu de temps après, nous arrivons au pied-à-terre de Jason.

Avant même de gravir les volées de marches menant au cinquième étage, je suis déjà à bout de souffle et plutôt sceptique. Si j'avais su qu'on allait m'emmener à Hoboken, j'aurais dit au chauffeur de faire demi-tour et de me ramener chez moi.

Décoré de silhouettes pop art de femmes nues et de divans en peluche caramel recouverts de coussins *bean bag* couleur pastel, l'appartement ressemble au logis d'un Austin Powers du New Jersey. Mais c'est un Jason radieux au sourire éclatant qui nous y accueille comme s'il nous recevait dans le penthouse de la Trump Tower.

Il embrasse Samantha sur la bouche, me donne un bisou sur la joue et me dit qu'il est heureux de me voir. Puis il me demande si j'ai vu Peter récemment. Non, dis-je, je viens de rentrer à New York après avoir tourné dans un film. J'ai beaucoup d'auditions en vue et je cherche un appartement. J'évite bien sûr de parler du petit ami qui me bourre de coups.

Pendant la première heure, le téléphone n'arrête pas de sonner. On ne discute pas beaucoup. Des filles en minijupe entrent et sortent, déposent de l'argent sur une table, fument une cigarette, se font une ligne de coke puis disparaissent.

Finalement, Jason décide de faire une pause. Il s'excuse de ne pas m'avoir rappelée plus tôt. Je lui demande de me dire ce qu'il me propose de faire si j'accepte de travailler pour lui.

Il me dit que je peux gagner entre cinq et dix mille dollars… par semaine.

*Vraiment* ? Ma calculatrice intérieure se met à tourner. Avec ce fric, je pourrais avoir une toute nouvelle vie. Je pourrais vivre seule à New York sans avoir à m'encombrer d'un petit ami foireux.

« Samantha, pourquoi n'expliques-tu pas à Natalie comment nous travaillons », dit-il en se dirigeant vers le téléphone pour prendre un nouvel appel.

Au début, Samantha se montre assez réservée. Elle me dit que la plupart des clients sont formidables, que le fric coule à flot, et que le boulot n'a vraiment rien d'épuisant, ni d'inquiétant. Il m'arrivera même de voyager, cela dépendra de mes talents. En fait, c'est ce que je veux entendre. Jason s'éternise au téléphone. Samantha est de plus en plus relax, nous ne tardons pas à nous comporter comme deux filles qui s'amusent et rigolent en se contant leurs petits secrets. L'ecstasy bien pure que nous sniffons nous y aide grandement. Ma copine est tout à fait détendue. Bref, la séance prend une allure très prometteuse.

Elle entreprend de me décrire de façon tout à fait pratique son style personnel d'escorte. Tout d'abord, elle ne se douche jamais entre deux clients. C'est sa petite marque à elle. Elle me révèle aussi qu'aucun client ne l'intéresse, que ce soit sexuellement ou psychologiquement. Qu'ils soient riches ou beaux ou les deux n'y change rien.

« Le cash me fait *mouyier* », ajoute-t-elle avec son petit accent slave.

– Que veux-tu dire ?

– Le cash, les dollars dans ma main… Ça me fait mouiller. »

*Je vois.*

Elle pense se lancer dans le porno, où on peut faire fortune à condition de devenir une star.

Je suis sans voix. Elle est tombée jusqu'au cou dans *all about the Benjamins*[6].

Je l'aime bien. Ce qui est marrant à propos de Samantha, c'est que cette fille magnifique, qui a manifestement été bien éduquée, et qui est même un peu guindée, vous sort des trucs tellement choquants qu'on a envie d'éclater de rire. Elle me parle de ses clients préférés, de ce qu'ils font ensemble, où ils l'emmènent dîner. L'un

---

6.  Allusion à *All About the Benjamins*, film de Kevin Bray illustrant la vie d'un gars qui veut gagner beaucoup d'argent. (NDT)

d'eux paie double tarif. Il aime l'emmener dans des boîtes branchées. J'ai entendu parler d'un de ces clubs. Vraiment, vraiment branché : on s'y échange allègrement.

« Tu n'as pas peur que quelqu'un te voie ?

– Il me donne 10 000 $. Il pourrait me filmer et envoyer la vidéo à mes parents que ça me serait complètement égal. »

Le Séminaire Intensif pour Femmes Postmodernes Aspirantes Escortes est interrompu par les cris qui retentissent dans l'appartement.

Jason gueule de toute la force de ses poumons.

« Bruce, je vais te donner le numéro de mon avocat. Je ne perdrai pas mon temps avec un escroc comme toi. Si tu veux jouer les trous de cul, appelle mon avocat, c'est pour ça que je le paie, pour négocier avec des *losers* comme toi. Mais si tu préfères te conduire comme un gentleman, on pourra sauver un tas de fric… Alors je t'écoute. »

Le gars en question dit sûrement quelque chose qui met Jason encore plus en colère. Ses mâchoires se serrent.

« Tu me menaces, c'est ça ? Tu me menaces ? Mais je sais que tu ne te contentes pas de me menacer. Tu veux que j'appelle les flics pour qu'ils aillent t'arrêter, c'est ça ? »

Il s'appuie au dossier de sa chaise, pose les pieds sur le bureau. Je vois quelque chose de bizarre autour de sa cheville.

Oh, mon Dieu ! Est-ce que j'ai bien vu ? C'est bien ce que je pense ?

Je suis sûre qu'il porte une sorte de dispositif de pistage électronique, comme ceux qu'on attache aux pattes des ours polaires en danger sur les banquises flottantes, ou aux criminels qui n'ont pas la permission de quitter la ville. C'est un souteneur, pourquoi s'étonner qu'il soit aussi un ex-détenu ? Tandis qu'il continue à agonir son interlocuteur d'injures, je commence à flipper. *Et s'il me traitait comme ça, moi aussi ?*

Je me dis que si je lui déclare tout de suite que je ne supporte pas qu'on me parle sur ce ton, il me respectera et que tout ira pour le mieux dans le meilleur des mondes.

Quand il raccroche, je laisse d'abord retomber la poussière, puis je me dirige vers lui.

« Si tu veux que je fasse ce que tu attends de moi, il y aurait intérêt à ce que tu ne me parles pas sur ce ton », lui dis-je, m'efforçant de paraître sûre de moi. « Je réagis mieux à la gentillesse.

– C'est ce que je préfère moi aussi. Mais il y a des gens qu'il faut traiter d'une certaine manière, on n'a pas le choix. Ce type est complètement dingue, mais on se connaît depuis longtemps et c'est comme ça qu'on se parle. Relaxe, bébé. »

Satisfaite de sa réponse, je me ressers un verre de vin. Comme je finirai par l'apprendre, quand il s'agit de déni, ma mère n'a rien à m'envier.

* * *

Je finis par emménager plus ou moins avec Jason, et Samantha retourne à la ville.

Un jour, il m'annonce nonchalamment que son officier de probation va passer dans l'après-midi. Je panique. L'appartement est une réserve de drogues, il y a des filles à moitié nues allongées sur tous les divans. Mais cette visite n'inquiète pas du tout Jason. Il se contente de dire à deux ou trois filles d'aller faire un brin de toilette, puis retourne à son cher téléphone.

Un peu avant l'heure du rendez-vous, il insiste pour que les filles restent. Nous sommes habillées décemment, et nous nous efforçons de ne pas avoir l'air de camées. C'est ainsi que Jason exhibe ses filles. Mais c'est surtout sa façon de faire un bras d'honneur à la loi.

L'officier de probation arrive, nous décoche un drôle de sourire, ne fait aucune réflexion. Que pourrait-il dire ? Il pose une série de questions superficielles à Jason puis salue la compagnie et s'en va.

Cette nuit-là, j'ai enfin le courage de demander à Jason pourquoi il porte le fameux bracelet. Il me raconte qu'il a été arrêté à l'aéroport alors qu'il essayait de faire passer 4000 tablettes d'ecstasy vers Amsterdam. *Hum*, me dis-je, c'est pas tout à fait *Ocean 11* !

Il a fait un an et demi dans une prison du New Jersey et est maintenant en probation. Le bracelet électronique est là pour l'empêcher de quitter l'État. Et l'officier de probation vient faire un tour de temps en temps pour s'assurer qu'il ne vend plus de drogue.

Après notre petite conversation, nous décidons de fêter ça. Jason ne peut pas prendre de coke parce qu'il doit être testé le lendemain, mais il peut prendre d'autres drogues, comme la Kétamine, appelée Special K, un tranquillisant très populaire chez les vétérinaires qui vous plonge dans une transe profonde qu'on appelle « K-Hole ». Je me dis : « Quand on est à Rome, on fait comme les Romains », et dans le royaume d'Hoboken, Jason est César, et César plane grâce à un anesthésique pour animaux.

Je me roule quelques clopes, puis je me blottis contre lui sur le divan et me laisse glisser dans le vide étrange si caractéristique de cette drogue. Je lève les yeux vers Jason et, soudain, je me dis que je l'aime beaucoup. Je suis à l'aise dans son chaos, et ses agressions téléphoniques perpétuelles ne me dérangent plus : ça fait partie du boulot, sans plus. Je sais que c'est un type chouette. Il n'a pas peur de se montrer tel qu'il est, ni de se confier à moi. Et j'ai la conviction que je pourrais faire de même avec lui, sans la moindre censure, sans la moindre inhibition.

Il se pelotonne contre moi ; nous restons ainsi, serrés l'un contre l'autre. Mon esprit se met à fonctionner à du cent à l'heure : *pourquoi est-ce que je me sens si bien ?* Je fais taire ces pensées et me colle à lui encore plus fort. Il est très « chaud », comme peuvent l'être les mauvais garçons juifs. Il a un tatou de dragon sur une épaule, sur l'autre Hanuman, fils du vent, demi-dieu à tête de singe hindou de la force et de la loyauté – une grande star du poème épique *Ramayana*. Autour de son poignet, une montre Cartier. Autrement dit, un méli-mélo de contradictions supersexy.

Quand il m'embrasse pour la première fois, je me dis que nous sommes faits l'un pour l'autre. Ça peut paraître complètement ringard, mais je n'ai jamais ressenti cela. C'est à ce moment précis que je tombe amoureuse.

Raconterons-nous un jour à nos petits-enfants que nous sommes tombés amoureux en suçant un gramme de tranquillisant pour chevaux? Pas sûr. Mais c'est notre moment, notre moment à nous, et il est bien réel.

Quelques heures plus tard, Samantha se pointe et se joint à notre petite fête. Après un trio amoureux particulièrement intense, alors que Samantha et moi sommes blotties l'une contre l'autre, Jason me regarde et me demande : « Tu es prête à travailler ?

– Je suis prête. »

Il n'a même pas eu besoin de me convaincre.

Il m'a convaincue sans même essayer.

Jason est un génie de la vente.

Et je suis une petite curieuse.

« Formidable, dit-il. À propos, tu t'appelleras désormais Natalia.

– Un *nouveau* nom ? Mais il y a des gens qui m'appellent déjà Natalia ! Peter m'appelle Natalia. Je pensais que le fait d'adopter un second prénom était un moyen de rester anonyme. Ou de devenir une sorte de personnage apte à susciter les fantasmes du client.

– Tu préfères en choisir un autre ? »

Je réfléchis pendant quelques minutes. Je ne veux pas de prénom qui évoque le striptease ou le porno, comme Candy, Angel ou Bambi.

Non, il faut un prénom sexy, un prénom de tueuse, quelque chose qui me colle à la peau.

« Tu as raison, Natalia est *hot* », dis-je.

Je me sens délicieusement bien. Ce prénom a une connotation exotique, et il est vrai. Je décide que, désormais, ma mission sera d'apposer ma propre marque d'honnêteté et d'authenticité dans mon travail.

Je me lève, je m'habille et vérifie mon cellulaire. Oh là là ! Trente appels de Paul, quelques-uns de ma mère, et autant de mes copines ! J'appelle une amie et nous bavardons. Je lui annonce que je suis bien en vie et en sécurité dans l'appartement d'un ami, au New Jersey, très loin sur l'autre rive du fleuve. Puis je lui ai promis que je reviendrai…

* * *

Jason se remet au boulot au téléphone. J'écoute. Il affirme à des clients potentiels que je suis belle à couper le souffle, avec un cul superbe. Du jamais-vu. Puis il ajoute que, d'après ce qu'il a entendu dire, je suis un fameux coup au lit.

Je commence à être vachement anxieuse. Belle à couper le souffle ? Personne ne m'a jamais dit ça. Mais j'ai un beau cul, ça oui. Et au lit, je suis torride.

Je vais peut-être me faire une solide réputation.

Je me concentre sur mes vêtements. Samantha m'a prêté quelques fringues au cas où je devrais voir un client : un petit dessus de soie sans manches et une jupe noire. Très classe. Mais je n'ai pas le sac idéal pour la circonstance et ça me met mal à l'aise. Je sais que les gars qui lisent ce livre vont me trouver ridicule, mais c'est ainsi, et les femmes me comprendront, elles. J'occulte cette partie de mon cerveau et je vais m'admirer dans la salle de bain. *Merde* ! J'ai un suçon dans le cou ! Qui m'a fait ça ? Jason ou Samantha ? Je me revois, assise sur Jason, sa queue dans mon ventre. Samantha est derrière moi, tenant mes hanches et les faisant rouler d'avant en arrière. Sa bouche suce mon cou avec avidité jusqu'à ce que je jouisse.

Samantha.

Wow. Je me secoue. Revenons au présent.

Que faire pour cacher le suçon ? Je fouille dans mon sac de maquillage. Je n'ai pas grand-chose avec moi. En fait, je ne pensais pas rester chez Jason. Et, dans le plus pur style new-yorkais, mes affaires sont éparpillées dans les appartements de mes copains.

La majorité de mes possessions se trouvent chez Paul, où j'ai vécu pendant plus de deux ans. Quand je l'ai quitté, je n'ai pas voulu imposer ma présence à l'un ou l'autre ami, mais je suis contente de pouvoir atterrir chez eux de temps en temps. Bon, je trouve du fond de teint et je recouvre tant bien que mal le suçon. Je n'ai même pas encore commencé à travailler et je suis déjà « invendable ». Je vais voir Jason, en proie à un terrible stress.

«Quoi ? Un suçon ? On le voit à peine ! »

Faux. Il est gros, et mauve. Bien sûr qu'on le voit.

Les gars vont trouver ça *hot*. Ça va leur prouver que tu es très sexy. »

*Le fait de faire l'amour pour du fric ne le prouve-t-il pas suffisamment ?*

Le téléphone sonne. Tout en me souriant, Jason commence à discuter avec un client éventuel. Puis il lui dit : « Ça vous dit de vous amuser avec une fille bandante qui a un suçon dans le cou ? Moi j'aimerais ça. Bon, je vous la passe. Dites-lui ce que vous venez tout juste de me dire.

Il me passe le cellulaire. Je le colle à mon oreille.

« Hello, c'est Natalia.

– Salut, Natalia », dit une voix rauque et profonde. Très new-yorkaise.

« Ton suçon ne m'excite pas. Ce que je veux, c'est t'en faire un plus gros et plus cochon. »

*Wow*, me dis-je, c'est *cool*.

J'éclate de rire. « C'est une fille qui m'a fait ça.

– Dans ce cas, repasse-moi Jason… et amène-toi le plus vite possible. »

Je tends le cellulaire à Jason. La vie promet d'être passionnante. Je retourne à la salle de bain pour terminer mon maquillage. J'enlève le fond de teint sur mon cou et décide de porter fièrement mon suçon, comme un nouveau tatou. Je suis fin prête pour mon premier rendez-vous. Je sais : techniquement, c'est le deuxième : Mona m'a envoyée, trois mois plus tôt, en février, chez un Asiatique, mais ça ne compte pas vraiment. C'était une expérience, question de me faire une idée. J'y ai repensé, à cette première fois, et je me suis dit que, mise à part l'attitude pas sympa de Mona, ça m'a beaucoup plu.

J'entends Jason remplir la feuille de rendez-vous, y ajoutant tous les détails utiles. Quand il raccroche, je le rejoins dans le salon. Je m'étonne d'être aussi excitée, mon cœur fait des bonds. Mais quand je regarde la feuille, j'y vois un autre nom que le mien. Jason s'aperçoit de ma surprise. « Natalia, est-ce que je t'ai dit que j'avais déjà un autre rendez-vous pour toi ? »

*** 

Mon premier rendez-vous est avec Kevin, un gars tout frais diplômé de l'école de droit. Son père lui a offert deux escortes en guise de récompense. Un type chouette, ce Kevin, mais tout à fait dépassé par Isabella et moi.

Isabella est une Colombienne de dix-neuf ans, 1 m 60, absolument fascinante, mais certains gars pourraient la trouver un peu maigre. Elle me jure qu'elle n'a pas d'implants, ce qui est ridicule car ses seins sont incroyablement parfaits et durs comme des balles de base-ball. C'est la première fois qu'elle fait ça avec une autre fille. C'est mon premier rendez-vous sérieux, mais je trouve ça facile, car le mec n'est pas du tout intimidant.

Isabella et moi avons un talent naturel ; nous savons comment mettre en scène notre petit spectacle, comment nous caresser, nous dévorer comme des petites démones assoiffées de sexe. Nous suçons la verge du mec à tour de rôle, nous poussant comme si nous n'en avions jamais assez et la voulions toute à nous. Ce n'est pas la première fois que je fais ça, mais tout me semble neuf, bien réel, et terriblement *hot*.

Tandis que je marche dans la nuit, avec 600 $ de plus dans ma poche, dans mes sous-vêtements déchirés et la jupe de Samantha complètement déformée, je n'essaie pas de me justifier en me disant que je suis une sorte de sexologue qui va « sauver des couples ». Je veux gagner plein de fric et avoir une belle vie. Et vite.

Chapitre trois

# « T'as des godasses à 650 $.
# Agis en conséquence. »

J'excelle dans ma nouvelle tâche. Je deviens la « top girl », ou la
« bottom bitch[7] » de Jason, pour parler le langage du métier. Cette
réputation me rend très populaire auprès des *bookers*. Jason prend
10 % sur chaque rendez-vous. Une de mes séances de deux heures à
2400 $ lui rapporte 240 $, alors qu'avec les autres filles qui ne
gagnent que 1600 $ pour deux heures, il n'en reçoit que 160 $. Ce
système donne évidemment la priorité aux top girls.

Après un bref échange avec le client, qui dit ce qu'il attend de la
fille, le *booker* lui conseille de consulter TheEroticReview.com, un
site Web d'escortes extrêmement consulté où il pourra lire les diver-
ses appréciations faites au sujet de l'escorte en question. Neuf fois
sur dix, le mec rappelle dans l'heure. Le pouvoir de ces petits rapports est indéniable.

Pendant les années 80, Giuliani a fait un sérieux nettoyage
dans les rues livrées à la prostitution, mais il ne s'est pas attaqué au
business d'escortes de haut vol. On avait l'impression qu'un nouveau site apparaissait quotidiennement sur le Web, promettant aux

---

7. Fille qui se classe la première dans la hiérarchie des prostituées travaillant depuis
longtemps pour le même souteneur. (NDT)

clients de satisfaire leurs fantasmes les plus délirants. Tandis que Wall Street se remettait du 11 septembre, l'industrie du sexe éclatait, et tout était exposé en ligne.

Les clients, ou «amateurs», comme on les appelait, montaient la garde auprès du site TheEroticReview.com (ou TER pour les initiés) avec un sentiment de propriété assez débile, une caractéristique des petits comiques qui passent leur temps à discutailler dans des forums. Il faut dire que TER était une formidable source d'information pour les mecs qui voulaient prendre rendez-vous avec une fille : ils y apprenaient quel type de call-girl éviter, le nom des agences les plus sérieuses, et les services qui étaient offerts. En fait, c'était une sorte d'agence de protection du consommateur pour les mecs en rut, à la différence qu'au lieu de leur proposer des véhicules utilitaires sport, le site leur fournissait une cote d'évaluation des fellations ou leur indiquait que les seins de certaines filles devaient leur fermeté et leur rondeur à des implants. À l'âge de la pierre, avant l'existence de TER, les clients avaient très peu de moyens de recueillir des informations. Les hommes se fiaient aux photos publicitaires des dernières pages des hebdomadaires, qui n'étaient généralement que des attrape-nigauds. Ou alors ils écoutaient ce que leur racontaient leurs potes, des histoires qui, lorsqu'elles n'étaient pas de gros mensonges, étaient des semi-vérités très exagérées. Quel mec a envie d'avouer qu'il a casqué 600 $ pour une baise foireuse ?

Ce qui était particulier à propos de TER, c'est que le profil de la fille (en quatre points) était créé par le premier client et non par l'agence ou la fille elle-même. Ce profil comprenait des éléments physiques : taille, poids, couleur des yeux et des cheveux, piercings et tatous – chatte est rasée ou partiellement rasée, ou au naturel. Ensuite, la page offrait la liste des services offerts par la fille. Cette section et ses «détails juteux» n'étaient accessibles qu'aux VIP. Pour obtenir ce statut, le gars devait soit payer une cotisation, soit avoir envoyé un certain nombre d'appréciations sur des escortes approuvées par les administrateurs de TER. La section des «services disponibles» détaillait tout ce qui se faisait, de la simple pénétration vaginale au sexe anal. Quand une escorte changeait la couleur de ses cheveux ou décidait de ne plus offrir de fellation sans condom, elle devait envoyer un courriel à TER et demander gentiment que l'on veuille bien mettre son profil à jour.

Comme c'était le cas dans d'autres business, cette industrie privait les filles d'un certain pouvoir et les mettait à la merci des clients. Bien sûr, la plupart d'entre elles devaient assumer les mauvais rapports postés par des ex-petits amis ou des clients mécontents, mais il fallait admettre que pas mal d'appréciations négatives étaient basées sur la réalité. Quand on les lisait, on avait parfois l'impression de pénétrer dans un roman particulièrement tordu de William S. Burroughs.

Voici un exemple de tueur de carrière:

**Apparence**: 4 – Pas grave si t'es saoul.
**Performance**: 2 – J'aurais dû rester chez moi.
**Attitude**: Cinglée borderline.
**Atmosphère**: Bizarre, mais pas de la bonne manière.

Quelques commentaires:
Il était écrit que la chance me lâcherait. Après quelques bonnes expériences, retour du balancier. Non seulement ce n'était pas la fille de la photo, mais elle ne lui ressemblait pas du tout. Elle était vieille, moche, à moitié cinglée. Bref, une véritable arnaque.

Pourquoi n'ai-je pas dit «non» quand j'ai ouvert la porte? J'ai bien vu tout de suite qu'elle n'avait rien à voir avec la photo. Et elle paraissait plus vieille. Mais j'avais déjà eu des rendez-vous avec des filles plus âgées, mais qui étaient fantastiques. Leur enthousiasme compensait pour les rides. Je me suis dit que ce serait peut-être pareil cette fois-ci.

Oh que non! Nous étions à peine déshabillés, je venais de lui donner son fric, quand j'ai compris que c'était raté d'avance. Tour d'abord, elle était à la fin de la vingtaine, ou même de la trentaine. Et puis elle avait l'air bizarre. Même sa façon de me caresser était étrange. Elle faisait des bruits loufoques et se servait maladroitement de ses mains. Et tout à coup, elle s'est mise sur le dos, a ouvert les jambes pour exhiber une chatte poilue et échevelée (il y a long-temps que j'avais vu ça!) et s'est à moitié caché le visage dans l'oreiller.

Pour couronner le tout, elle a commencé à jacasser. Tu par-les si j'ai débandé. Je me suis dit qu'il valait mieux l'écouter et en finir avec cette cinglée. Mais pas moyen de compren-dre son jargon moitié anglais moitié asiatique.

J'ai roulé de côté et lui ai demandé de me masturber. Le seul moyen de jouir, c'était de me concentrer entièrement et exclusivement sur ses seins, qui étaient gros et gras, comme je les aime.

Fond du problème – j'aurais dû me branler comme j'en avais eu l'intention.

À éviter.

La cote 1 à 10 donnée par le client est divisée en deux catégo-ries : apparence et performance. Une cote 5-4 (apparence : 5 ; per-formance : 4) peut saboter la carrière d'une escorte comme on clique sur la souris de l'ordinateur. Au cours des premiers mois, j'ai obtenu dix-sept cotes 10-10. C'était sans précédent. J'étais née pour ça, comme on dit. Des types doutaient, ils se demandaient si toutes les appréciations étaient authentiques. Il y a eu des accusa-tions : on disait que des clients avaient été achetés pour écrire des revues louangeuses. On disait même souvent qu'elles étaient de pures fictions.

Il est vrai, en ce qui concerne d'autres filles, que lorsqu'un client disait à Jason qu'il prévoyait leur donner, disons un 8-8, ce dernier essayait sérieusement de le convaincre de n'en rien faire. «S'il te plaît, n'en fais rien, ça ne ferait que leur nuire», lui disait-il au téléphone. «Ce sont de braves filles. Ne soit pas vache avec elles.» C'est ainsi que Jason écartait les appréciations pas fameuses du site. Quant à moi, j'avais déjà rassemblé une série de rapports justes et au top.

Le premier a été très important. J'avais rencontré environ une demi-douzaine de clients pendant mes premières journées, sans photos et sans appréciations sur le site. Cela rendait le boulot de Jason beaucoup plus ardu. Jason était comme un flambeur casse-cou dans un grand casino. Les gros joueurs se connectaient à lui, il leur communiquait sa magie. Jason pouvait passer quarante-cinq minutes au téléphone avec un type; il avait un talent naturel pour se lier avec de purs étrangers, susciter leur confiance et créer avec eux des liens de camaraderie. Il leur parlait comme s'ils étaient de vieux potes – et comme s'il était trop heureux de leur prêter sa petite amie pendant quelques heures.

Ce que Jason vendait et ce que je procurais était bien plus qu'une partie de jambes en l'air. C'était l'EFU, l'Expérience Féminine Ultime. Le baratin n'était pas de nous, d'autres agences avaient commencé à l'utiliser au fur et à mesure que des clients haut de gamme exigeaient une rencontre sexuelle «authentique». L'EFU, ça voulait dire que les gars ne voulaient pas seulement acheter une bonne baise, ils voulaient sortir avec une fille intelligente, sensuelle, une fille à l'écoute qui leur dise qu'ils étaient intéressants, et *cool,* et qui fasse tout ce qu'ils voulaient au lit... Avant de s'en aller sur la pointe des pieds.

Jason faisait répéter aux filles le mantra suivant, trois fois, avant qu'elles se mettent en route pour aller retrouver un client : «C'est mon petit ami depuis six mois, c'est l'homme que j'aime et que je n'ai pas vu depuis trois semaines... C'est mon petit ami depuis six mois, c'est l'homme que j'aime...»

Je suis taillée pour le boulot. Je suis la fille intelligente, provocante, que vous pouvez emmener n'importe où – et à qui vous pouvez tout faire. On peut me montrer partout; je suis enjouée, je voyage sans bagages. Je n'ai rien d'une Barbie, et je n'ai pas de cônes de signalisation en guise de seins. Je suis éduquée, extravertie et, surtout, je sais écouter. Certains clients veulent seulement baiser. D'autres aspirent à l'aspect non sexuel de la chose. Avec moi, ils n'ont pas à choisir. Je pourvois aux deux.

* * *

J'ai néanmoins besoin d'une appréciation sur TER pour pouvoir exiger le cachet que nous visons, Jason et moi.

Jason appelle Steven, un client régulier de l'agence depuis ses débuts, dont les avis sur TER exercent une large influence. L'accord est le suivant: il accepte un rendez-vous de deux heures à 1600 $ et promet d'écrire une appréciation précise – s'il estime que je suis super, bien entendu. Dans le cas contraire, il recevra un crédit de l'agence, mais à la condition qu'il ne fasse pas un mauvais rapport et qu'il se contente d'exposer ses critiques directement à Jason.

Tu parles d'un stress.

Jason insiste pour que je m'arrête, sur mon chemin vers l'hôtel Hudson, chez Manolo Blahnik, au centre-ville. Les embouteillages sont épouvantables et le stress qu'il m'impose, en voulant que j'aille chercher une paire de godasses à 600 $ chez Blahnik me paraît tout à fait contre-indiqué. Mais il prétend que le client sera impressionné quand j'enlèverai mes chaussures et qu'il verra la marque. Il appelle la boutique et demande au gérant de tenir les souliers prêts. Il veut des talons aiguille noirs, les plus sexy possible, pointure sept.

Quand j'arrive à la boutique, les hauts talons noirs m'attendent. Pointure huit. Autrement dit, une bonne pointure en plus. Mais ce sont de vraies chaussures de pute. Les talons ont au moins 10 cm de haut. J'étale 650 $ cash sur le comptoir et je sautille vers la sortie, mes pieds glissant hors des lanières. Quand j'arrive finalement au Hudson, je traverse le lobby hypermoderne en titubant, me sentant vaguement ridicule, et je fonce vers l'ascenseur. Vingt-quatrième étage. Je sors de la cage, me redresse, dépose un pied sur la moquette – un peu bancal mais merveilleusement chaussé.

*Tu as des godasses à 650 $. Agis en conséquence.*

Steven m'ouvre la porte avec un chaleureux sourire. Il me dit de me détendre, et d'ôter mes souliers. Je me déchausse lentement, assez lentement pour qu'il voie la marque. Mais il regarde mon cul.

Jason ne sait peut-être pas tout ce qu'il faut savoir.

On bavarde un moment. Steven me donne quelques vagues indications sur son boulot. Je lui parle théâtre. Il n'est que modérément intéressé. Trois minutes plus tard, le sujet est épuisé.

Je me rapproche subrepticement de lui pour lui caresser la jambe. Puis je l'embrasse dans le cou et j'attrape ses couilles. Ma petite culotte se mouille. Il a un gros pénis, dur. Il empoigne mes fesses, saisit la lanière de mon string. Malgré son âge – il est au début de la cinquantaine – j'aime sa façon de me caresser. Ma chatte commence à couler, je n'arrive plus à me contrôler. Quand il se couche sur moi, je me sens terriblement bien, et je décide de me laisser aller. Il me traite comme sa petite amie, pas comme un objet.

On fait l'amour deux fois. La seconde fois, je le laisse venir dans ma bouche, puis on reste étendus l'un près de l'autre pendant quelques minutes. Bavardage léger. Je lui raconte l'histoire des godasses et lui avoue que je suis un peu inquiète au sujet de son rapport. Il rit et me dit de ne pas trop m'en faire.

Steven et moi avons un véritable contact, surtout après le sexe. Il comprend ce monde dingue dans lequel je viens d'entrer, et ce que je ressens en tant que nouvelle recrue. Son attitude me met très à l'aise. Quand nous abordons la question de mon profil TER, j'imagine que je suis Meryl Streep assise devant James Lipton dans *Inside the Actors Studio*, et que je réponds à ses questions vaguement ridicules.

Steven me demande mon âge, ma taille, mon poids ; je lui dis que j'ai un piercing dans la langue (en général, j'ôte l'anneau avant d'aller à un rendez-vous, ce qui est tout à fait contre l'image de vilaine fille que Jason essaie de vendre). Puis Steven me demande si j'offre du « Grec ».

« Du Grec ?

– Anal. »

J'hésite, mais il reste *cool*. Il écrira : « Ne sais pas ». Ses questions commencent à me déconcerter. Je n'ai pas réfléchi à tous les aléas du métier. Que se passera-t-il si je dois faire des choses que je n'ai pas envie de faire, des choses qui font mal, et tout ça pour de l'argent ? Jusque-là, tout ce que j'ai fait, c'est baiser et sucer des types riches et sympas qui m'ont traitée comme une reine. J'ai même joui, à l'occasion. C'est du reste pour ça que je me trouve si bonne. Les vrais amateurs, les vétérans peuvent repérer un faux orgasme à un mille à la ronde. Je ne jouis pas parce que je suis censée jouir, je jouis parce je suis en symbiose totale avec le gars. Il le voit et l'apprécie.

Je quitte l'hôtel en vacillant sur mes talons aiguille, satisfaite de ma performance, essayant de ne pas trop penser au penchant marqué de l'homme occidental pour la sodomie.

***

L'ironie, dans tout ça, c'est que mon cul devient mon meilleur atout. C'est du reste le premier élément que Jason vante quand il fait l'article à mon sujet. Son appartement est perché à un cinquième étage sans ascenseur, et je dois gravir ces interminables escaliers quand je reviens du boulot, ou après les courses, ou tout simplement quand je suis sortie pour respirer un peu. Je déteste le New Jersey, je déteste ces volées de marches, mais ils font merveille sur mes fesses.

Je vis dans l'appartement de Jason depuis un mois quand je trouve le courage de mettre définitivement fin à ma vie avec Paul.

Presque toutes mes affaires, mes vêtements, mes objets personnels se trouvent encore dans son appartement.

Je l'appelle pour lui annoncer ma visite, le lendemain. Lorsque j'arrive, il est saoul et a une drôle de lueur dans l'œil. Je garde un profil bas, je rassemble mes vêtements qui traînent partout et me dirige vers la porte pour filer en douce. Il me rattrape dans le hall. J'arrive à lui glisser des mains et je dévale l'escalier.

Il me poursuit en criant: «Tu vas faire une bêtise. Natalie, tu as besoin de mon aide. Où vas-tu? Où vas-tu te planquer? Tu n'as personne, personne pour te protéger, tu vas finir à la morgue!»

Je me marre intérieurement. Paul ne me fait plus aucun effet. Mon amour pour lui s'est évaporé le jour où ses mains m'ont prise à la gorge. Je sais ce que je fais. Et ses invectives ne font que me donner plus de force et de volonté.

J'arrive à la porte d'entrée, mais il réussit de nouveau à m'empoigner. Je me débats avec une telle énergie que je déboule dans les marches de l'entrée. Un passant voit la scène et appelle le 911. Quelques minutes plus tard, la police est là. Un policier me propose de faire un rapport et de mettre en route le processus classique pour l'établissement d'une ordonnance de protection (similaire à une injonction restrictive).

Je refuse. Les flics sont déçus.

Tout est fini entre Paul et moi. Je ne le reverrai jamais, je le sais. Je sais aussi qu'il n'essaiera pas de me retrouver pour me cogner dessus. J'ai fini par le détester, mais je ne lui veux pas de mal. Une ordonnance de protection est la dernière chose dont il a besoin.

Nous avons vécu pas mal de choses: overdoses, problèmes de fric, carrières stagnantes... J'ai souvent essayé de le convaincre de renouer avec ses deux enfants, de redevenir un père.

Aussitôt que je me retrouve dans un taxi, mes vêtements sur les genoux, en route vers l'appartement de Samantha, toute ma culpabilité s'évapore. Quand la voiture vire pour longer Central Park sud, le souvenir des choses désagréables que Paul m'a dites, des coups qu'il m'a donnés revient me hanter. Il ne mérite pas d'être arrêté, mais il ne me mérite certainement pas. Je ne sais pas où ma nouvelle vie va me mener, mais je sais qu'il n'en fera pas partie. Je gagne plus de fric que j'en ai jamais vu, et je suis bien décidée à vivre pour moi, dans mon propre appartement, SEULE. Je me répète que c'est formidable, que ma vie prend un tournant extraordinaire et décisif. Enfin !

Quelques jours plus tard, Samantha quitte l'écurie de Jason. Et nous nous lançons, lui et moi, dans ce que l'on pourrait appeler une aventure capitaliste dans une dynamique relationnelle post-féministe.

***

Vendredi soir. Jason et moi sommes en train de nous prélasser dans notre QG d'Hoboken. Le téléphone est muet. Jason est assigné à résidence dans son appartement, son bracelet électronique à la cheville. En fait, quand je ne frotte pas le mien contre un client, nous sommes, Jason et moi, comme cul et chemise.

Je jouis enfin d'une pause après avoir travaillé pendant un mois sans une minute de répit. Jason plane grâce à son Special K ; la conversation languit. En fait, mon ami tue le temps en attendant que son assignation à résidence soit levée.

C'est dans ces moments-là que des pensées s'insinuent dans ma tête et sèment la pagaille dans mes émotions. Je pense à mon ex, Paul, et aux bagarres, aux récriminations et aux souffrances que nous avons traversées. Je suis optimiste de nature, mais il faut bien reconnaître une dure réalité : je n'ai toujours pas l'appartement dont je rêve ; je n'ai pas passé d'auditions depuis des semaines ; et je n'ai pas beaucoup d'amis. Et en plus, j'ai mes règles. Une nuit plutôt moche en perspective.

Le téléphone sonne ; Jason s'extirpe du divan. Deux secondes plus tard, il dépose le combiné et me dit : « Natalia, je connais ce mec depuis longtemps. Il s'appelle Finn. Je fais l'idiot ou je lui dis ce que je suis devenu ?

Je rigole. Même si Jason est un bourreau de travail, il aime plaisanter.

Finn et Jason ont des points communs. Finn est lui aussi un fils à papa, un gars qui a fait sa *prep school*, une grosse tête pensante de l'Ivy League qui a choisi d'être un des play-boys les plus débauchés du bas de la ville plutôt qu'un rupin de Park Avenue avec femme et enfants.

Jason vient de lui dire que les affaires marchent tellement bien ce soir qu'il n'a plus qu'une fille disponible. Malheureusement, même si cette fille est une perle rare, elle a ses règles, donc elle ne travaille pas.

Finn flippe à l'idée de rester seul. «Envoie-la-moi, envoie-la-moi!», crie-t-il.

Jason couvre le combiné de la main et me regarde, interrogateur.

«C'est vrai? lui dis-je. Ce type est bizarre, tu ne trouves pas?

C'est une première: j'ai déjà couché avec des copains que ça ne dérangeait pas de faire l'amour avec une fille qui a ses règles, mais jamais avec un gars qui aimait ça.

«Elle sera là dans une demi-heure.»

Il note l'adresse; je me prépare à sauter dans la douche.

«Non, ne te douche pas!

– Jason, ça m'est égal qu'il aime ça. Mais je me douche!»

Finn me garde pendant six heures. En fait, jusqu'à cinq heures du matin, au lever du soleil. Entre nos marathons charnels, il me dit qu'il a reconnu Jason au téléphone. Il l'a rencontré au début des années 90, sous son vrai nom, Jason Sylk. À Miami, mon petit ami avait la réputation d'être le roi du sexe par téléphone. À cette époque, Finn était l'éditeur d'un magazine porno haut de gamme – aujourd'hui mort et enterré – et sa famille possédait quelque chose comme quarante autres revues. Il se rendaït parfois à des séminaires sur le sexe par téléphone pour y proposer de la pub aux annonceurs. C'est là qu'il a rencontré Jason. Ça a collé immédiatement entre eux. Les types qui étaient dans le business étaient généralement de gros ploucs, mais Jason était tout le contraire, et Finn appréciait son charisme. Quant à Jason, il aimait le «pedigree» de Finn et son penchant pour la nouba. Il m'a raconté qu'une nuit, au Caesars Palace de Las Vegas, il a vu Finn miser 20 000 $ au poker. Jason dépensait entre 60 000 et 70 000 $ par mois pour de la publicité dans le magazine de Finn. C'est là-dessus que s'était forgée leur amitié.

Mais cette décennie d'amitié n'empêche pas Finn de me mettre en garde contre Jason. Et en plein milieu de notre conversation, il n'hésite pas à appeler mon mac pour lui dire qu'il a trouvé un diamant et qu'il serait complètement dingue s'il ne m'offrait pas de devenir sa partenaire de business.

Puis il raccroche et on baise une dernière fois. Je rentre à Hoboken un peu déprimée, essayant d'oublier la mise en garde de Finn et de me concentrer sur le positif: la bonne impression que j'ai faite à un mec épatant.

# Chapitre quatre

# Du fuel pour les gagnants

Un jour, alors que nous revenons à l'appartement après avoir fait des emplettes dans un Staples géant du New Jersey où nous avons acheté des registres et tout le matériel de bureau imaginable, je demande à Jason de m'expliquer pourquoi j'ai eu si peur de lui pendant ma première semaine à Hoboken. J'ai attendu très longtemps avant de me décider, mais l'occasion ne s'est jamais vraiment présentée. Tout le monde semble connaître le fin mot de l'histoire, et Jason se conduit comme si tout cela n'avait pas grande importance. Mais ce jour-là, nous sommes coincés dans un embouteillage, et je vois bien qu'il commence à flipper. Il essaie de le cacher, mais il panique à l'idée de ne pas être rentré à temps chez lui. Ce qui veut dire qu'il peut se faire coffrer. On arrive finalement à l'heure. Il est soulagé. Alors je me dis que le moment est venu de le questionner...

« Pourquoi es-tu assigné à résidence ? »

Il soupire, comme s'il s'attendait à cette question embarrassante. Puis il me raconte qu'il sortait avec Mona, la fille du bureau qui s'est montrée si glaciale avec moi. Ils étaient ensemble depuis un an. C'était à l'époque où j'ai fait sa connaissance au bureau de la 54e rue. Puis les choses ont commencé à se gâter. Ils étaient en plein milieu de leur rupture quand Mona a lâché sa bombe : elle était enceinte. Mais il ne voulait pas d'enfant.

Après leur dernière bagarre, elle a pris rendez-vous pour avorter.

Apparemment, il y avait eu beaucoup de cris et de larmes. Mais Jason reste vague ; il ne me donne pas les détails importants. Donc, elle voulait le bébé, et lui ne voulait pas, c'est ça ? Je n'ai pas le courage de formuler la question.

Leur histoire était peut-être finie, mais pas le conflit. Elle a appelé les flics. Quand ils sont arrivés, elle leur a dit que Jason l'avait poussée dans les escaliers. Le problème, c'est qu'il était en liberté surveillée pour trafic de drogue. Elle n'a pas porté plainte, mais les dégâts étaient faits. Il était en violation de liberté conditionnelle. On l'a assigné à résidence pendant 90 jours. C'est pour cela qu'il doit rester confiné dans son appartement, avec permission de sortir pendant trois heures le matin. C'est pour cela qu'il porte un bracelet à la cheville.

Jason ajoute que Mona a écrit à son officier de probation pour démentir les accusations qu'elle a portées contre lui. Moi, je le crois. Je le connais suffisamment pour savoir qu'il peut être méchant en paroles, mais qu'il est incapable de gestes violents. Je viens de quitter Paul, ne l'oublions pas, mon radar est en alerte maximum, mais j'ai bien vu que Jason était différent. Je ne me sens jamais menacée. (Même quand nous romprons, huit mois plus tard, et que tout s'écroulera autour de nous, je ne me sentirai pas en danger.)

Peu après ses confidences, Jason est délivré du bracelet électronique, et les termes de sa liberté conditionnelle se relâchent. Il n'est plus assigné à résidence, mais il doit voir son officier de probation chaque semaine et subir un contrôle antidrogue.

La bonne nouvelle, c'est qu'il peut enfin échapper au purgatoire du New Jersey.

Je suis folle de joie. Je hais cet endroit. En plus, les 50 $ que je donne au chauffeur de taxi pour rentrer à Hoboken font une sérieuse ponction dans mon porte-monnaie. En outre, dans la mesure où il est affreusement difficile de recruter des filles pour l'agence – personne ne fait confiance à un souteneur qui vit dans un immeuble sans ascenseur d'Hoboken – je travaille tellement que c'en est devenu inhumain.

Jason veut qu'on emménage ensemble. Je lui dis que je n'y tiens pas. Je lui rappelle que ma motivation principale, en devenant une escorte, est d'acquérir mon indépendance et d'avoir un endroit à moi. Je veux un appartement à moi, un téléphone à moi, une vie à moi.

Mais je suis prête à l'aider à trouver un appartement agréable en ville, qu'il pourra aussi utiliser comme bureau... et dans lequel il y aura une jolie chambre pour moi.

J'épluche chaque jour la Craiglist. Et je finis par trouver la perle rare : un loft à Tribeca. La description de l'endroit correspond parfaitement à ce que souhaite Jason. Lorsque nous allons voir le loft, je reste bouche bée ! L'agent immobilier un peu louche nous indique qu'il fait 10 000 pieds carrés ! Étant Canadienne et ne connaissant que le système métrique, je n'ai aucune idée de ce que cela veut dire. Mais je n'ai jamais vu d'appartement aussi grand[8].

Je suis émerveillée devant les plafonds très hauts ; je me promène de pièce en pièce. Puis je grimpe des escaliers menant à un des balcons et je m'assieds à terre, les jambes pendant entre les barreaux de la balustrade.

Jason inspecte les lieux pendant deux minutes, puis il se tourne vers l'agent et s'informe des conditions. L'homme lui répond qu'il veut simplement, dans l'immédiat, 21 000 $ en liquide pour le premier et le dernier mois de location, plus un dépôt de garantie. Si nous sommes preneurs, il faut payer tout de suite. Plus sa commission, en liquide. Il ne nous demande pas quel métier nous faisons, en fait il ne veut pas le savoir, du moins pas dans les détails. Mais il se doute bien que ce n'est pas légal. C'est du reste comme ça que les gens se conduiront désormais avec nous. Certaines personnes ne voudront rien savoir de nos occupations ; la plupart ne se mêleront pas de nos affaires, mais elles seront néanmoins très excitées à l'idée de se frotter à des activités sexy et peut-être dangereuses.

---

8.　Plus tard, j'ai découvert que l'appartement ne faisait que 5000 pieds carrés. Et que l'agent immobilier de Manhattan était un escroc. Tout un choc. (NDA)

Jason me demande ce que j'en pense. Je me contente de le regarder avec des yeux extasiés. L'endroit est magique. Pour moi, il est évident qu'il doit embarquer. Je le lui dis. Il secoue la tête et me répond : « Non, tu ne comprends pas ce que je veux dire. Je veux que nous emménagions ensemble. »

J'essaie de protester, puis je regarde autour de moi. Le loft est fabuleux.

« Combien comptais-tu dépenser pour ton appartement ? », me demande-t-il.

Pas plus de 1500 $. Je sais que c'est irréaliste : on ne peut pas trouver un appartement avec une chambre à Manhattan à moins de 1800 $, mais je me dis que j'aurai peut-être de la chance.

« Très bien. Alors voici ce que je te propose : tu donnes 1500 $, je donne un certain montant, et l'agence se charge du reste. Si on se sépare, ou si tu ne veux pas partager mon lit, tu pourras t'installer dans la seconde chambre. Tu resteras aussi longtemps que tu le désires. Et si tu veux t'en aller au bout d'un mois, je ne ferai pas d'histoires. »

Comment résister ? Jamais je n'aurai les moyens de m'offrir un appartement comme celui-là. Je saute au cou de Jason et je lui dis oui.

Notre nouveau foyer est situé rue Worth, à Tribeca, au rez-de-chaussée arrière d'une ancienne fabrique. En fait, il est commodément situé à proximité (sept pâtés de maisons) du poste de police n° 1, la brigade des mœurs qui installera un jour une équipe de surveillance dans l'appartement au-dessus du nôtre. Le loft est entièrement peint en blanc. La pièce principale est ornée de superbes colonnes, et une immense baie vitrée allant du sol au plafond orne le mur du fond. Du centre du loft au mur du fond, le plafond forme un angle de 45 degrés ; un torrent de lumière s'engouffre par les jolies tabatières percées dans cette section du plafond. Il y a un piano à queue en plein milieu du loft, un grand bar en marbre et une cuisine équipée, avec réfrigérateur à glacière. Les deux chambres sont immenses. La plus grande va devenir notre chambre, à Jason et à moi. J'ai une penderie de la taille d'un appartement, avec un immense miroir entouré de lampes, comme dans une loge d'artiste. C'est mon salon de maquillage.

En hommage à notre ami Peter Beard, qui nous a présenté l'un à l'autre, nous aménageons le côté droit du loft sur le thème «Marrakech accueille le Kalahari». Le bureau est au second étage, où deux mezzanines jumelles surplomblent le loft, ce qui donne à l'ensemble l'atmosphère d'un bordel très branché.

Mais le top, ce sont les vingt-six chandeliers Swarovski. Oui, j'ai bien dit vingt-six! Jason prétend qu'ils coûtent trois mille dollars chacun.

Et le top du top, c'est que les voisins ne pourront pas se plaindre du va-et-vient continu dans le hall, à toute heure du jour et de la nuit… puisque nous sommes au rez-de-chaussée.

\*\*\*

Le Cipriani du bas de la ville est l'un de ces restaurants chic dans lequel on ne va pas nécessairement pour manger. L'endroit est fréquenté par les snobs du jet set, qui commentent bruyamment leur vie de jetsetteurs afin que les passants sachent qu'ils ont passé l'été à Monaco, l'hiver à Gstaad, et qu'ils ont festoyé sur le yacht du rappeur Sean Puffy Combs. Guiseppe Cipriani, le propriétaire, est un play-boy pilote de course qui semble constamment mêlé à l'un ou l'autre scandale avec les syndicats et la mafia.

C'est l'un des repaires préférés de Jason.

Nous sommes quasiment inséparables, sauf bien sûr lorsque j'ai un rendez-vous. Quand le premier rapport à mon sujet a paru sur TER, le téléphone n'a pas arrêté de sonner. Ils veulent tous rencontrer la nouvelle, la superstar. Les réservations pleuvent: deux rendez-vous par après-midi et, bien souvent, un autre la nuit, vers les deux ou trois heures du matin. Il dure généralement quelques heures. C'est ma nouvelle vie. Je suis lancée, je suis même sur le point d'atteindre mon but: économiser suffisamment d'argent pour avoir mon propre appartement.

Nous sirotons les fameux Bellini du Cipriani avec des gens riches et célèbres, dont les propriétaires de clubs les plus importants de la ville – ceux que Jason veut impressionner en ramassant la note. Un promoteur lui demande : «Alors, Jason, qu'est-ce que tu fais de beau ces jours-ci?»

Sans se démonter, Jason répond nonchalamment : «Je suis le mac n° 1 de New York.»

Ça me fait rougir. Les autres convives, un assortiment hétéroclite de modèles et de financiers, des gens dont j'ai entendu parler mais que je ne connais pas, tendent l'oreille. Il y a un moment de silence. A-t-il vraiment dit «mac», ou parle-t-il d'un *white boy* du hip-hop?

Jason précise : «Les meilleures filles de la ville font partie de mon agence.»

Croyant encore qu'il plaisante, quelques personnes se mettent à rire. Le reste prend un air dégoûté, tout en écoutant avidement la suite. Le promoteur, un arriviste consommé, bondit. Il meurt d'envie d'écraser Jason.

«C'est Jason Silk, les gars. Ou bien est-ce Lubell?»

Lubell est le nom de la mère de Jason.

«En fait, c'est Itzler, déclare-t-il sans se démonter.

– Eh bien, Jason Itzler, tu ne diriges donc pas une autre agence de modèles à SoHo?

– À SoHo?», demande une des modèles assise à la table.

Elle vient manifestement de débarquer en ville.

Le promoteur poursuit : «Ouais, il fut un temps où Jason forçait des modèles à se mettre nues pour des webcams, et en leur ôtant leurs vêtements il leur ôtait toutes leurs chances de faire carrière.»

J'avais entendu parler des modèles de SoHo, à l'époque, et j'avais même failli me retrouver parmi elles avec des amies. Mais je partais le lendemain pour une retraite de yoga d'un mois et, sagement, pour la première fois de ma vie, j'avais décidé de rentrer et de me coucher tôt. Quand je suis revenue en ville, Jason et les modèles de SoHo avaient disparu du paysage. Puis il m'a montré un magazine, *Details*, dans lequel toute l'affaire était racontée de long en large. L'article prétendait qu'il avait piégé de jeunes aspirantes modèles et leur avait fait signer un formulaire d'agence apparemment légal, dans lequel il leur promettait des séances de photos avec des photographes dans le vent, comme Peter Beard. Quand les filles s'apercevaient qu'elles ne gagnaient pas un sou (Jason n'avait aucune connexion dans le monde de la mode), il ouvrait une porte secrète donnant sur des activités tout à fait différentes. Il expliquait aux filles qu'elles pouvaient se faire un tas de fric en participant à des *chats* sur des webcams (autrement dit des *sex shows*) avec des gars en chaleur de l'Utah ou de l'Ukraine – des gars qu'*elles ne rencontreraient jamais : les émissions étaient en direct, ce qui voulait dire que ni leurs parents ni leurs amis n'avaient aucune chance de les voir.*

Les filles se faisaient quelques centaines de dollars à chaque séance, dans une parfaite clandestinité, et tout le monde était heureux, non ? Faux, selon *Details*, les filles avaient raconté à des journalistes du magazine qu'elles s'étaient fait piéger dans ce qu'elles appelaient un « atelier d'exploitation sexuelle » et qu'on les avait filmées à leur insu. Après la parution de l'article, les affaires de Jason avaient sérieusement battu de l'aile, et il s'était retrouvé un jour suspendu à la fenêtre d'un sixième étage de Canal Street, où un type qui travaillait pour un gars dont le nom se terminait par une voyelle – et à qui Jason devait du fric – le tenait suspendu par les poignets au-dessus du vide. Ça n'arrive pas que dans les films.

Jason prétendait que l'article n'était que foutaises – les filles *voulaient* faire ces webcams – et je le croyais. Personne ne forçait ces nénettes à s'asseoir devant ces ordinateurs. Mais il avait bien appris sa leçon. Il n'essaierait pas de faire de New York Confidential une œuvre de charité. Il en ferait un business prospère.

« Voici ma carte », dit-il au promoteur avec un grand sourire. Il vient tout juste de faire imprimer de nouvelles cartes métallisées argent, gravées à nos deux noms et pourvues de notre numéro de téléphone et de notre devise : « Du Fuel pour les Gagnants ».

Le promoteur examine la carte avec un rictus méprisant, mais on voit bien qu'il est impressionné.

Tout cela fait penser à une séquence de *American Psycho*, quand les banquiers de Wall Street se rassemblent pour choisir les caractères de leur carte de visite.

« Ces cartes sont magnifiques, dis-je. Si vous êtes trop défoncés pour appeler une escorte et baiser, vous pourrez toujours vous en servir pour séparer vos lignes de coke. »

Toute la table me regarde, puis éclate de rire.

J'ai l'impression d'être la petite espiègle à la langue bien pendue à la table des grands méchants loups.

Puis Jason reprend la parole.

« Je vous présente Natalia, la top escorte de la ville. »

J'ai envie de rentrer sous terre. Je viens d'amadouer ces snobs, et voilà que Jason me rabaisse à leurs yeux. Je sais que je vais râler toute la nuit.

Mais la vérité, c'est qu'une partie de moi n'est pas mécontente. J'aime faire partie de ces activités de rebelles. Jason et moi on est comme des Bonnie et Clyde qui s'habillent chez Dolce & Gabbana[9].

J'ai toujours été attirée par les extrêmes, surtout quand il est question des gars. C'est peut-être parce que je suis une artiste et que je n'ai jamais vraiment quitté les coulisses de l'art. Mais je crois que c'est plus profond que cela. Je n'ai jamais été assez riche ni assez belle pour faire partie de ce monde-là, et je me suis toujours sentie rejetée par ces *golden boys* et ces *golden girls*. Je n'en veux pas à ceux qui sont nés dans la soie, mais j'ai toujours pensé que tout recevoir tout cuit dans la bouche est trop facile, et que ces gens doivent s'emmerder. J'aime les gars qui sont en marge. Je ne peux pas résister à un type qui s'est fait lui-même.

Jason est l'ultime *self-made-man*, dans l'excès et parfois jusqu'au délire.

Nous avons des plans grandioses pour New York Confidential. Jason veut créer un empire d'agences d'escortes incontournable, de style *Playboy* – dont les premières succursales seront Vegas Confi-

---

9.  Compagnie de prêt-à-porter de luxe basée près de Milan, en Italie. (NDT)

dential et Miami Confidential. Il n'a pas l'air de s'inquiéter le moins du monde à l'idée que les autorités pourraient porter un regard assez désapprobateur sur les activités d'un mec qui vend des nanas à l'heure et qui glisse des photos d'elles dans des revues hi-fi.

Mais à tout seigneur tout honneur : Jason a l'art de transformer ses projets en réalité. Il affirme, aussi bien à des étrangers attablés dans les restaurants les plus branchés de la ville qu'à sa propre famille, qu'il possède l'agence d'escortes la plus exclusive de New York. Et cela va se confirmer.

***

Tout se met doucement en place quand, tout à coup, Mona refait surface. Elle appelle. Jason et elle bavardent comme si rien ne s'était jamais passé.

Je n'en crois pas mes oreilles.

Si quelqu'un m'avait fait boucler chez moi pendant trois mois, je n'accepterais plus jamais de lui adresser la parole. Mais Jason dit qu'il sait très bien qu'elle a mal agi, mais qu'elle était si fragile à l'époque qu'il ne peut pas lui en vouloir.

Je ne suis pas d'accord. Elle essaie peut-être de lui faire un autre coup vache. Je lui conseille de ne pas lui donner notre adresse.

« Du calme, Nat. Elle veut tout simplement s'excuser.

– Très bien, mais ne l'invite pas chez nous. »

Je tombe sur elle chez Cipriani, où je me suis arrêtée pour souffler un peu après des courses exténuantes. Et pas n'importe quelles courses ! Équipée consommatrice thérapeutique : robes de D&G, dessous léopard et soutiens-gorge de Patricia Field, de l'Hôtel Vénus. Et quelques petites broutilles : un lourd bracelet en argent d'inspiration Tiffany orné d'un cœur de cristal d'un magenta profond, des boucles d'oreille et collier assorti, et des anneaux géants en or blanc.

Après ces courses, je me dis que Jason sera peut-être prêt à me dire exactement ce que veut cette salope.

Je rentre au loft avec tous mes paquets. Au moment où je pénètre dans la pièce principale, je crois entendre des sons indiquant qu'un film porno passe à la télé. Erreur. Mona est étendue sur la table de massage, en plein milieu du salon, et Jason est couché sur elle.

Elle a donc trouvé l'endroit où nous vivions.

Ce n'est pas simplement une de ces filles avec lesquelles il fait l'amour à l'occasion. Je connais ça et n'en prends pas ombrage. Cette fois c'est différent. Mais je ne dis rien. Je me contente d'aller dans une autre pièce.

Ils mettent fin à leur petit intermède, viennent me rejoindre pour me saluer. Nous nous comportons comme si de rien n'était.

\*\*\*

Elle revient deux semaines plus tard et, croyez-le ou non, on bavarde comme deux bourgeoises. Je lui parle de l'agence. Elle a l'air impressionnée.

Chaque fois que Jason lui demande si elle veut revenir, elle répond non. Mais je vois bien qu'elle est sur le point de flancher. Elle ne peut tout simplement pas rester à distance.

«Comment peux-tu faire suffisamment confiance à cette fille pour lui demander de faire partie de notre vie?» dis-je à Jason. Mais il fait la sourde oreille. Il a désespérément besoin de quelqu'un pour gérer nos activités. Les affaires prennent une rapide expansion, et il n'arrive plus à s'occuper de la logistique. Recruter des filles et noter les rendez-vous prend tout son temps. Mais où trouver une personne capable de gérer une agence d'escortes? La réserve de candidats possibles est très limitée.

Finalement, l'inévitable se produit, et la garce qui a accusé faussement mon petit ami de l'avoir jetée dans les escaliers revient à la maison… pour prendre les affaires en main. Elle arrive comme un boomerang, crée un nouveau tableau de roulement et un nouveau système de rendez-vous, affiche des photos de filles aux murs. Bref, elle s'active à saccager tout ce que j'ai si soigneusement mis au point.

Si vous pensez que votre bureau est un champ de bataille, dites-vous que le nôtre, c'est Fallujah !

\*\*\*

Être une top girl, c'est comme être la fille la plus populaire de l'école. J'ai de l'argent, des vêtements luxueux, un sac à 1000 $. Je vis dans le loft du maître ! J'ai une servante qui prépare mon petit-déjeuner, lave mon linge, le repasse, et s'occupe même de me préparer ma ration de drogue.

En dessous de moi s'alignent les filles les plus *hot* que j'ai jamais vues. La plupart sont comme moi : l'air innocent, nord-américaines, jeunes, fraîches et passionnées par leur nouvelle carrière. Au moins 75 % d'entre elles ont un plus beau corps que le mien. Certaines sont plus grandes, ont les seins plus gros, ou un visage digne de figurer sur la couverture de *Maxim*. D'autres ont été stripteaseuses et ont le regard propre à la profession, autrement dit elles ne voient pas les gars – comme s'ils étaient transparents. Je suis différente. Je n'ai pas été abîmée. *Pas encore.*

Mona s'en fiche éperdument. New York Confidential s'est déjà fait un nom grâce à des filles toutes fraîches. Mais quand *son* Nouvel Ordre s'installe, elle se met à louer les services de filles qui ont fait du striptease. Elle ne comprend pas, ou se fout pas mal de la philosophie que Jason et moi partageons au sujet du type de filles que nous voulons employer.

Avant qu'elle n'arrive, quand un gros client appelait, le rendez-vous était pour moi – sauf s'il préférait une Asiatique ou une blonde. Je me suis fait une place solide dans l'agence. J'ai sorti Jason de son horrible New Jersey et je l'ai aidé à construire une existence fabuleuse. Et aujourd'hui, j'entends Mona dire à un entremetteur : « Je ne trouve pas que Natalia soit aussi jolie que ça. Mais j'ai des filles qui sont belles comme des modèles. »

Un autre jour, je l'écoute, au téléphone, traiter une call-girl de garce, de menteuse, de voleuse. La fille est sortie d'un rendez-vous à 4 h du matin et est rentrée chez elle plutôt que de repasser à l'agence pour remettre la commission qui lui revient. Elle a appelé Mona pour lui demander de l'excuser et pour l'assurer qu'elle sera là demain avant midi. Mona gueule : « Je te conseille d'être là, ma vieille, sinon je te garantis que tu n'auras plus jamais un rendez-vous ici ou dans une autre agence de la ville. »

Je me dis que nous sommes uniques, que nous avons un merveilleux karma, que nos clients sont contents, jamais déprimés, et qu'ils ne se sentent jamais coupables. Je me dis que Jason et moi sommes en train de changer complètement le visage de l'industrie, mais pendant ce temps-là, cette Mona n'est qu'une boule de négativisme toxique.

Je découvre que Jason lui a offert une plus grosse commission, ce qui veut dire que ce sont les filles qui paient. En tout cas, ce n'est pas lui.

Cela dit, Mona sait comment diriger un bureau. Grâce à elle, nous avons maintenant plusieurs lignes téléphoniques et un système de rendez-vous rationalisé. Elle a engagé un mordu de l'informatique qui tient notre site Web à jour avec photos et profils des nouvelles filles. Et grâce à son registre de paiement du personnel, les filles reçoivent exactement leur dû. Nous n'acceptons que du liquide : la liasse de billets, à la fin de chaque nuit, est divisée proportionnellement au nombre des rendez-vous – comme les gains au poker où on a joué gros jeu.

Quand on y réfléchit bien, il est préférable que les rendez-vous soient payés en liquide. On ne fait pas un chèque à son *dealer* de pot. Mais certains clients préfèrent utiliser leur carte de crédit. Louer une escorte se fait souvent de façon impulsive, et peu de distributeurs automatiques crachent une somme aussi importante – même pour une heure avec une de nos filles. Nous devons donc ouvrir un compte commercial dans une banque pour nos transactions électroniques.

Jason se rend à la succursale d'une banque et demande à voir la directrice. Il lui explique qu'il s'occupe d'une agence de modèles et qu'il voudrait ouvrir un compte. Puis il l'invite à venir au loft pour se rendre compte de notre sérieux.

Il rentre dare-dare et me prévient qu'une dame nommée Yolanda, directrice de succursale, va venir nous voir. Je dois jouer le rôle de la petite amie, qui évolue parfois dans le monde du mannequinat. Je corresponds mieux au premier rôle qu'au second ! Je ne mesure que 1 m 60 – beaucoup trop petite pour être mannequin.

Yolanda sonne. Nous bavardons quelques minutes et je lui fais visiter le loft. Elle semble impressionnée par le matériel photo. Nous avons des projecteurs et une toile de fond pour photographier les filles pour le site Web.

«Vous voyez, des jeunes femmes qui veulent devenir des modèles viennent nous voir à longueur de journée. Nous les prenons en photo et, pour chacune d'elles, nous créons un dossier sur nos ordinateurs.

Mensonge éhonté. Bien sûr, des filles défilent dans notre loft à longueur de journée, bien sûr, certaines d'entre elles rêvent de devenir modèle, mais nous ne proposons pas leur photo pour la couverture de *Vogue*. Yolanda accepte un verre de vin, puis discute pendant une demi-heure avec Jason. Elle est au milieu de la trentaine. Très séduisante, mais elle passe sans doute inaperçue dans la foule : elle ne correspond pas aux critères new-yorkais. Elle a un joli visage, mais un peu fatigué. Je me dis qu'elle a l'allure d'une mère célibataire, ou de quelqu'un qui en a un peu trop bavé dans la vie.

Jason est satisfait de la visite. «Demain soir, elle viendra avec le gars qui est chargé des entreprises commerciales.»

Quand je rentre, le lendemain, en fin de journée, le loft bourdonne. Yolanda et un jeune mec sont assis sur le divan, un verre à la main. Très à l'aise, le jeune banquier bavarde et rit avec Mona et Jason.

Jason me prend à part. «Natalia, on va devenir très, très gros ! Clark (c'est le jeune mec) va négocier directement avec nous. Jamais plus on ne remballera un client !»

Je souris malgré ma trouille. Je me demande vraiment comment je pourrai ajouter des heures au boulot que je fais déjà.

Clark est charmant. Beau mec, sûr de lui sans être arrogant, et bâti comme un bulldozer. C'est ma première impression. Celle de Mona aussi, apparemment. Ils flirtent, c'est évident. C'est la première fois, depuis qu'elle est devenue l'organisatrice de l'agence, que je la vois détendue et souriante.

Car Mona regarde de très haut les filles qui travaillent pour l'agence – comme si elle était dégoûtée. Elle vient de Las Vegas, c'est peut-être pour ça. Sa mère a peut-être été escorte, ou bien elle l'a été, elle, et elle renie sa vie passée. Mais cela retombe sur nous! Comment avoir le fin mot de l'histoire? Mona est une version *soft* de la Miss Hannigan d'*Annie*, la comédie musicale, et nous, nous sommes les orphelines.

Je suis peut-être Annie. *Cool*, j'ai toujours voulu jouer l'adorable Annie!

***

Jason m'attire dans notre chambre, nous nous caressons gentiment. Après une petite baise rapide, il me demande: «Tu as d'autres rendez-vous ce soir?»

Je fais non de la tête. Je suis tellement contente! Tout ce que je veux, c'est paresser dans notre lit et avoir une bonne nuit de sommeil. Mais il a un autre projet en vue. Il sort du réfrigérateur un gros sac Ziploc plein de champignons magiques, l'agite devant moi. Je ne peux pas résister. Je plonge ma main dans le sac.

Quand nous retournons au salon, Yolanda est assise entre deux escortes, elle a l'air de s'amuser comme une folle. Quant à Clark, il a ôté sa chemise! Mona glousse de plaisir. Elle aperçoit le sac de champignons, se précipite vers nous, l'attrape et en pêche quelques-uns. Clark, les deux escortes et Yolanda font de même. Puis nous allumons nos lampes disco – hé oui, nous avons des lampes disco! – et la machine à fumée. On se marre pendant une bonne heure, puis je me réfugie dans un hamac, me balançant pour retomber doucement sur terre.

Les champignons métamorphosent la réalité ; tout ce que je vois ressemble à une bande dessinée. Avec son Johnny Walker à la main, sa montre Cartier et son large sourire, Jason est une caricature parfaite. Yolanda est étalée sur le divan. La banquière est déchaînée. Elle ne porte plus que la moitié de sa blouse et un soulier, mais elle continue à boire allègrement. Les deux escortes dansent ; elles ont l'air de sortir tout droit d'une production off-Broadway de *Hair*. Clark essaie de remettre sa chemise, mais Jason insiste pour qu'il reste le plus déshabillé possible, car il est « un véritable régal pour les filles ». Pour lui, s'il est tout à fait normal qu'un gars en visite au loft puisse y voir des filles appétissantes, il est tout aussi normal que les filles puissent contempler un mec dans toute sa splendeur. Le jean de Mona est tombé, elle est en sous-vêtements. Clark la dévore des yeux.

Je vais près de Yolanda pour m'assurer qu'elle est satisfaite. Nous sommes aux petits soins pour notre banquière entre deux âges. Elle apprécie, mais elle fait quand même fait allusion au fait qu'elle doit travailler le lendemain. Alors je prends la sage décision de lui permettre de dormir au loft. Je l'emmène dans la chambre d'amis, lui donne un des t-shirts de Jason et je la mets au lit.

Je règle mon réveil sur huit heures. Nous ne voulons pas que nos nouveaux alliés manquent à l'appel du matin et se fassent renvoyer. Je fais une petite prière pour me réveiller à temps. Je n'ai pas dormi depuis près de deux jours ! Mais ça va. Deux jours, ça va. Une fois qu'on dépasse les trois jours, rien ne peut vous réveiller si vous tombez endormi. C'est ce qu'on appelle le sommeil comateux.

Je suis sur le point de m'endormir quand j'entends, venant du salon, des bruits très révélateurs – et très sonores. Je me dirige vers la porte sur la pointe des pieds et je jette un coup d'œil à l'extérieur. Jason a fini par se retrouver sur le divan avec les deux escortes. Je souris : il a l'air heureux. Quant à Mona et Clark, ils sont sur le palier de l'escalier de secours, flambant nus, et baisent avec entrain. Je dis un grand merci intérieur – bien que sarcastique – à Mona pour l'enthousiasme avec lequel elle scelle notre alliance avec le responsable des services commerciaux de notre banque. Mieux encore, si ce petit intermède les transforme en amants, elle lâchera un peu les basques de Jason, sera plus aimable avec moi, et l'atmosphère du loft redeviendra aussi *cool* que par le passé.

Tandis que je reviens à mon sanctuaire, je me rends compte que je n'ai pas encore retrouvé tout mon équilibre. Je titube. Je me recouche prudemment, regarde le plafond, puis mes yeux tombent sur un des vingt-six chandeliers. Quelle horreur! Je n'arrête pas de dire à Jason que ces machins sont vulgaires, que notre loft ressemble à un décor de spectacle de série B de *Masterpiece Theater*. Mais quand je regarde à nouveau le chandelier coupable, je vois scintiller un kaléidoscope d'un million de couleurs dans les énormes boules de cristal.

« C'est magnifique, Jason, maintenant je te comprends. »

En résumé, voici ce qu'est ma vie: je sais que ce que je fais est décadent, très décadent, et très clandestin, et pas du tout légal. Mais je vis dans cet immense loft de Tribeca avec de belles filles et de beaux gars très peu vêtus, je sniffe des lignes de coke, je bois du champagne et danse au son d'une musique envoûtante, et je fais l'amour quand ça me chante… Tout cela en gagnant un paquet de fric, beaucoup de fric: des milliers de dollars dans de grosses enveloppes que me tendent avec reconnaissance des types riches à en crever qui veulent absolument me les donner parce que je leur ai fait des choses que j'aime faire, vraiment… Et je sais que je ne suis plus une fille quasiment sans abri, une actrice de vingt-quatre ans vivant avec un mec qui lui tape dessus. Alors, vous comprenez pourquoi les vingt-six chandeliers Swarovski sont, en quelque sorte, parfaitement à leur place.

*** 

Le lendemain, j'aide notre directrice de banque à se sortir du lit. Je prends mon appareil à vapeur destiné à défroisser les vêtements et m'assure que sa toilette est impeccable avant qu'elle n'entame son long voyage vers la honte. Je l'embrasse sur la joue et la renvoie à son bureau et à notre nouveau compte, dans lequel des centaines de milliers de dollars ne vont pas tarder à s'accumuler.

La semaine suivante, Clark nous arrive après le bureau pour jeter un œil sur nos opérations de facturation électronique. Le jour, il est le banquier à la chemise boutonnée jusqu'au cou ; le soir, il devient la cheville ouvrière financière de notre entreprise. Quand il déboutonne sa chemise, nous l'appelons Clark Kent, ou Superman. Tout ce que je peux dire, c'est qu'il est probablement plus efficace dans son travail diurne : le système qu'il met au point nous fera un jour accuser de blanchiment d'argent. Nous facturons au nom de Gotham Steak, restaurant inconnu au bataillon où l'on sert soi-disant de somptueuses côtes de bœuf à des prix prohibitifs. Une bonne partie des clients paient leurs rendez-vous avec la carte American Express de leur compagnie.

Clark et Mona sont les *bookers* ; il leur arrive de prendre des rendez-vous vingt-quatre heures sur vingt-quatre. À la fin du mois, notre personnel se monte à dix membres, et notre écurie à cinquante filles. Jason a même réussi à voler une des meilleures *bookers* d'une autre agence de la ville. Elle a accepté l'offre à reculons. Cette fille, *booker* depuis plusieurs années, est un véritable bloc de glace. Jason lui a proposé de devenir escorte. Il est comme ça, Jason, compréhensif.

Mais il nous faut un top *booker*. Nous le trouvons en la personne de Hulbert, qui vend ses toiles sur Broadway Ouest. C'est dimanche, nous nous baladons. Le soleil brille, SoHo bourdonne de rires et de bavardages. Les rues sont pleines de belles filles et de beaux mecs extravertis en jean moulant. Quand nous apercevons les peintures de Hulbert, nous restons bouche bée. Beaucoup d'artistes new-yorkais vendent leurs œuvres dans les rues. La plupart sont des croûtes qui ne valent même pas le canevas sur lequel elles sont peinturlurées, mais pour Hulbert c'est différent. Ses toiles sont vibrantes, charnelles. Le peintre présente une douzaine de tableaux, tous des représentations du corps féminin. C'est sa série sur les femmes. Nous découvrirons par la suite qu'il s'est fait connaître dans le quartier grâce à ses murales de conscientisation politique, comme celle qu'il a faite en hommage à Amadou Diallo, un immigrant africain abattu par la police de New York.

Jason lui dit qu'il veut lui commander une œuvre originale faite spécialement pour notre « maison ». Hulbert accepte de passer en fin d'après-midi pour voir de quel espace il dispose.

Quelques heures plus tard, l'affaire est dans le sac. Et Jason a trouvé un nouveau *booker*. Comme toujours, son intuition est bonne. Hulbert est un vendeur-né : un Noir élégant au visage buriné du sud de Chicago. Il incarne tous les attributs du parfait *booker* – beau parleur, charmeur, et capable de mener rondement une affaire.

Au début, je suis un peu indécise, je le trouve trop mielleux. J'ai mis la moitié de mon âme dans cette compagnie et je ne veux pas que quelqu'un essaie d'en profiter sans rien faire. Mais toutes mes inquiétudes à son sujet vont s'envoler en un instant. Lors du premier rendez-vous qu'il boucle pour moi, je suis devant ma coiffeuse, seule, en sous-vêtements. Je me maquille en écoutant Supertramp et en buvant une coupe de champagne. Il frappe. Je me retourne et je vois Hulbert debout, de dos, dans l'encadrement de la porte. Il m'explique en détail le rendez-vous qu'il vient de prendre pour moi – sans se retourner !

Ça me coupe la parole. Je me reprends et je lui dis que je serai prête dans quelques minutes.

Hulbert vient de me démontrer ce que signifie cette marque de respect : il n'est pas là pour surveiller les filles et coucher avec elles. Dès ce moment-là, je l'aime, et ce sentiment ne me quittera jamais. Il devient mon roc. Et il le restera jusqu'à la fin, quand tout va s'écrouler.

Hulbert idolâtre Jason. Pour cet artiste qui a bouffé de la vache enragée, Jason a tout. Il est le rêve américain personnifié. Un jour, il lui demande : « Est-ce qu'il t'arrive d'avoir peur [de te faire prendre] ? » À quoi Jason répond : « La seule chose dont j'ai peur, c'est de ne pas être le meilleur. »

Pour beaucoup de gens, cela peut ressembler à un conte de fées, mais en quelques semaines, Hulbert a gagné plus de fric qu'il n'en a vu de toute sa vie. C'est ce que Jason attend de tous les membres de l'agence : qu'ils se concentrent sur un but et qu'ils foncent, comme il l'a fait lui-même. C'est une leçon en motivation et en productivité dont les écoles de commerce devraient s'inspirer.

Malheureusement, Jason vit dans le mépris de quelques éléments fondamentaux nécessaires pour qu'un lieu de travail reste heureux et exempt de tout drame, comme, par exemple, ne pas voler sa top « gagneuse » qui, en plus, est sa petite amie.

Et ne pas provoquer les flics.

\*\*\*

Les jours et les semaines se succèdent ; mes jours et mes nuits deviennent de plus en plus frénétiques. Je suis allée quatre jours en Floride pour un rendez-vous et, dès mon retour, j'en ai eu un autre, qui a duré dix heures, suivi d'un petit dernier de deux heures. Puis j'ai dormi cinq heures et me suis remise au boulot.

Je travaille à la même cadence depuis trois mois. Ma moyenne à l'heure est de 1200 $. La distribution se fait comme suit : pour un rendez-vous de quatre heures (donc 4800 $), 10 % reviennent au *booker*, ce qui laisse 4320 $, qui sont divisés en deux, soit 50 % pour l'agence (Jason), et 50 % pour moi. Ce qui, en moyenne, me donne 2160 $ par rendez-vous, ou 540 $ l'heure – ce que gagne un avocat new-yorkais haut de gamme. Je travaille entre six et huit heures par jour, avec un ou deux clients. Comme Jason l'a prévu, j'amasse dans les 40 000 $ par semaine, facilement. Parfois, je fais le double.

Difficile de dépenser tout ça. Je suis tellement jeune pour gagner de tels montants que je ne sais pas quoi en faire. Mais j'aime en faire profiter mes amis. Parfois, j'invite, disons, dix d'entre eux à dîner au Cipriani et la note n'est même pas de 1000 $ ! Puis il y a 2000 $ qui vont sur la carte de crédit de ma mère. Après un dernier arrêt au bureau de chômage, elle a repris ses études à l'université.

Ma mère apprécie cet argent, mais les cadeaux la rendent méfiante. J'essaie de ne pas trop lui mentir. Comme elle croit qu'on gagne un max en travaillant derrière un bar, je lui dis que j'ai été engagée par l'exclusive SoHo House, dans le district Meatpacking, où les pourboires sont énormes. Mais je la sens très sceptique. Elle ne peut s'empêcher de faire entendre la voix de la mère, où se mélangent l'inquiétude et la peur. Elle se demande si elle peut me faire confiance. Mais elle finit par croire ce qu'elle a envie de croire, tout comme elle le faisait quand j'étais au secondaire et que je rentrais à la maison avec des vêtements que je m'étais achetés en vendant de la drogue. Ce qui importe pour elle, c'est que je sois heureuse. Elle ne voit pas quand le feu passe au rouge.

En ce qui me concerne, je n'éprouve aucun besoin de me justifier. Je me balade avec au moins 1500 $ dans mon sac, et j'ai toujours 3,5 grammes de coke en réserve. Je les remplace chaque semaine. J'en tire le maximum de plaisir, le partage avec les *bookers*, d'autres filles et nos nouveaux amis (si on peut les appeler ainsi). Personne n'en arrive au point d'avoir besoin d'une désintox, alors ça me paraît sans danger. Mes dépenses personnelles ne sont pas spectaculaires si l'on considère ce que je gagne. Ma part de loyer est de 1500 $, ma facture de téléphone de 400 $. Manucure, pédicure, bronzage et massages me coûtent dans les 500 $ par semaine, et je dépense 100 $ en taxis. Quand je travaillais derrière un bar, ça ne me dérangeait pas de prendre le métro, mais arriver à un rendez-vous avec l'odeur de Canal Street Station incrustée dans ses vêtements n'est pas très sexy. Et puis, les chaussures « baise-moi » ne sont décidément pas faites pour la marche.

En dépit de tous mes efforts pour préserver en moi quelques assises positives, le seul aspect sain de mon existence est l'exercice. Je suis dans une forme olympique, et je n'ai pas un gramme de cellulite. Mes activités sexuelles (et des repas très, très légers) ont rendu mon corps mince et musclé.

Le revers de la médaille, c'est que je suis de plus en plus à la dérive. Quand vous quittez un client avec plus de mille dollars en liquide dans votre sac, vous ne savez pas très bien quoi faire de votre carcasse. Comme je suis censée être disponible vingt-quatre heures sur vingt-quatre, je ne peux pas m'évader très longtemps. Je ne peux pas auditionner pour des spectacles, ce qui monopoliserait mes fins de semaine et mes soirées, je n'ai pas de vacances, pas de soirées avec mes amis. Vivre dans l'instant signifie qu'il faut oublier tout le reste.

Ma thérapie, c'est le shopping, que je fais généralement en planant comme un cerf-volant. Vivre à Tribeca est tout simplement fabuleux. Je marche de Broadway à SoHo et m'arrête dans mes boutiques préférées : Atrium pour les jeans et les vestes ; Big Drop pour les t-shirts ; Lounge pour les sacs et les robes. Les mecs adorent les petites robes d'été : elles ont l'air innocent et sont si faciles à ôter !

Quand je veux vraiment claquer du fric, je vais chez Jeffrey, sur la 14e rue. On y trouve le chic du chic : Yves Saint Laurent, Dior, Galliano... Ma garde-robe est bourrée de ce que la mode fait de mieux dans le bas de la ville : vêtements de D&G, Nicole Miller, Diesel, Miss Sixty et Marc Jacobs ; accessoires de Gucci, Dior, Louis Vuitton et Yves Saint Laurent ; chaussures de Manolo Blahnik, Jimmy Choo et Via Spiga ; jeans de True Religion, Seven et Citizens of Humanity ; lingerie de La Perla et d'Agent Provocateur ; lunettes noires d'Oliver Peoples ; et des tonnes de produits de beauté et de petits riens de l'Hôtel Venus de Patricia Field, et de toutes les petites boutiques de SoHo.

\*\*\*

Un après-midi de semaine délicieusement chaud. Joelle, ma confidente de New York Confidential et moi avons décidé de faire une petite expédition à la boutique Alexander McQueen, sur la 14e rue, dans le district Meatpacking. C'est le genre de boutique dans laquelle j'allais souvent dans ma vie passée, soupirant devant tous ces trésors que je ne pouvais pas m'offrir. C'était comme une torture que je m'imposais à moi-même. Et même quand j'avais économisé suffisamment pour être capable d'acheter une babiole, j'étais trop intimidée par les vendeuses ultra-décontractées qui évoluaient comme des déesses dans la boutique.

On vient tout juste d'ouvrir. Mon sac est bourré de liquide et je suis bourrée de confiance en moi – une combinaison explosive. Joelle et moi bavons d'admiration devant toutes ces merveilles. Les tissus sont si doux, les couleurs si chaudes, si riches. Je trouve très vite «ma» robe. Le corsage est aussi serré qu'un corset, sans bretelles, bâti sur des baleines faites pour enserrer la taille et faire remonter les seins. L'ensemble ressemble au costume classique des danseuses, mais la jupe ne bouffe pas, elle tombe légèrement jusqu'au-dessus des genoux. La longueur parfaite.

Joelle et moi nous regardons en hochant la tête. Je n'ai même pas jeté un regard à l'étiquette indiquant le prix. Je veux essayer la robe. C'est drôle, mais pendant un instant, j'ai presque envie qu'elle ne m'aille pas pour que nous puissions sortir de cet endroit. Puis je me rappelle la liasse de billets dans mon sac.

Je demande à une vendeuse si je peux essayer la robe. Elle veut savoir quelle est ma taille.

«Zéro?»

Je déploie ainsi ma parfaite ignorance de l'univers de la haute couture.

La vendeuse essaie gentiment de m'éduquer.

«Vous voulez dire trente-huit?» dit-elle, traduisant ainsi ma taille en mesure européenne. «Je ne sais pas si nous avons cela. Tenez, ajoute-t-elle en me tendant la robe, c'est une taille quarante, pourquoi ne pas l'essayer? Si c'est trop grand, je vous donnerai une trente-huit.» Tandis qu'elle me conduit au salon d'essayage, nous longeons la section des chaussures. Je suis émerveillée. Je manque renverser ma vendeuse tant je suis distraite. Elle ouvre la tenture d'un salon d'essayage.

Je suis dans un état d'excitation incroyable. J'ôte ma robe et défais la fermeture éclair de la McQueen. Je la fais glisser du cintre et je l'enfile, puis j'ouvre la tenture et cherche Joelle des yeux pour qu'elle vienne remonter la tirette. Zut, la robe est trop large. Je me regarde néanmoins dans le miroir, et je vois une princesse. Pour la première fois de ma vie, je me sens comme une belle et pure et merveilleuse princesse. Mais la robe est trop large. Joelle descend la fermeture éclair, je retourne au salon d'essayage, j'ôte la robe en soupirant.

En la remettant sur le cintre, j'aperçois l'étiquette. Le prix me laisse sans connaissance. Presque trois gros billets. Puis je vois un autre chiffre, en dessous, écrit au stylo. Au stylo? Cela veut-il dire que la robe est en solde? Le chiffre indique la moitié du prix initial. Je ne savais pas qu'on soldait dans ce genre de boutique – d'autant plus que celle-ci est la boutique du couturier.

C'est un signe. Je dois acheter cette robe. Mais il faut qu'on me donne la bonne taille.

« Natalia ? »

Joelle m'appelle. Je passe la tête hors du salon d'essayage. La vendeuse est là, qui me tend *la* robe en souriant. J'en ai le vertige. C'est un trente-huit.

Puis elle demande combien je chausse. Cette fois, en pointure européenne. « Trente-six. »

Je veux me voir dans la robe à ma taille. Joelle m'aide. Puis je virevolte sur moi-même. La vendeuse attend avec une paire de talons aiguille argent parfaitement assortis à ma robe de princesse. Je les enfile, puis je me contemple dans le miroir. *Maintenant* tout est devenu vrai. Je suis heureuse d'avoir quitté Paul, heureuse de gagner beaucoup d'argent, heureuse d'être libre... et jeune... et belle.

J'achète la merveille, dépensant un peu moins de 2500 $ pour la robe et les chaussures. Soit cinq heures de rendez-vous. Nous sortons de la boutique, Joelle me dit qu'elle est fière de moi. Même mon sac à main est fabuleux.

J'ai des ailes. Je me tourne vers mon amie et je lui dis : « Louons une chambre. »

Le choix le plus évident est l'hôtel Gansevoort, à un pâté de maison. Pourquoi une chambre en plein milieu de la journée ? En partie parce que je veux me retrouver dans un lieu privé et délicieusement décoré pour sniffer une ligne de coke et prendre un verre – en dehors du loft. Mais aussi parce que je veux, pour une fois, me rebeller contre tout contrôle et jouir de tout mon temps libre.

Le gérant cligne de l'œil en voyant mes sacs de courses. Je lui souris. Mon aura doit avoir le velouté et la couleur du satin rose.

Il me demande ce que je fais dans la vie, je lui réponds que je suis actrice.

« Vous êtes en visite à New York ?

– Non, je vis ici. Mais je fais parfois l'école buissonnière. »

Il aime ma réponse, nous donne une suite et nous offre une bouteille de champagne.

Nous nous déshabillons et sautons sur le lit comme des gamines de dix ans. C'est l'extase. Je n'arrive plus à me contrôler.

Je gagne plus de fric que dans mes rêves les plus fous. Je porte des vêtements qui sortent tout droit de *Vogue*. Je peux me procurer toutes les drogues que je veux, et davantage. Nous vivons dans un monde de clichés, et nous adorons ça. C'est un univers de fantasmes qui ne durera pas, mais, pour l'instant, nous planons comme des alouettes, nous sirotons du Veuve Clicquot et nous gloussons comme lorsque nous étions à une soirée d'ados. La vie est belle.

Rien ne dure, et nous allons en avoir la preuve. Nos cellulaires se mettent à sonner comme des dingues. Le mien d'abord, puis celui de Joelle. Toutes les trois minutes. Nous laissons sonner pendant une demi-heure. Nous mettons nos cells sur *buzz* et faisons de notre mieux pour les ignorer, mais ils n'arrêtent pas, l'un après l'autre, comme des abeilles dans un parterre de rhododendrons.

Nous nous regardons en soupirant.

« Allons sur le toit pour admirer le coucher de soleil, dis-je à Joelle.

– Tout à fait d'accord.

– Attends, je vais mettre ma nouvelle robe ! »

Avant de sortir de la chambre, je jette mon téléphone sur le lit, dans un ultime geste de défi.

Le toit de l'hôtel Gansevoort est l'endroit idéal pour voir le soleil se coucher sur le New Jersey. On peut s'y allonger sur des chaises longues, se baigner dans la piscine, avoir une vue à 360° et y fréquenter des gens très sexy.

Nous nous emparons d'une petite banquette près d'un groupe particulièrement bruyant, dans lequel palabre Steve-O, de *Jackass*. Le gars descend des verres d'alcool comme si sa vie en dépendait.

C'est l'un de ces couchers de soleil new-yorkais classiques, lorsque le ciel passe du rose barbe à papa à l'orange profond. Je suis fascinée par ces couchers de soleil. Nous n'en avons pas d'aussi étranges au Canada. Plus tard, j'apprendrai que c'est la mauvaise qualité de l'air venant du New Jersey qui rend les couleurs si vibrantes. Mais le spectacle n'en est pas moins fantastique.

Joelle et moi commandons un Cosmos, puis nous continuons à nous plonger dans nos fantasmes d'école buissonnière.

Jusqu'à ce que la réalité débarque.

Jason fait une entrée brutale. Il est dans une colère bleue. Comme je suis dans une humeur « mode », ma première réaction est de me dire qu'il est vachement séduisant. Il a adopté le style « bas de la ville », et j'aime ça. Il a développé une excellente relation avec les vendeurs de Jeffrey, et ça lui va très bien.

Il est accompagné de Bill, son gars des comptes. Pas son comptable, non, son gars des comptes. Jason a purgé sa peine pour escroquerie et trafic de drogue, mais il ne peut toujours pas avoir de carte de crédit, et encore moins un cellulaire, un bail, et un compte en banque commercial. Bill est le mec qui signe les contrats. Pour le remercier, Jason lui a offert, à lui et à sa femme enceinte, un voyage à Las Vegas. Un gars sympa, mais qui n'a pas inventé la poudre.

Mon homme est sur le sentier de la guerre. Je vois très bien qu'il est sur le point de se lancer dans une tirade semblable à celles que j'ai entendues, le premier jour, au New Jersey. Puis il voit ma robe et en reste baba. Il semble indécis. Bill fait une tentative pour essayer de limiter les dégâts. Il doit protéger son investissement, ce pauvre Bill. C'est son nom qui figure sur notre bail, et si je ne gagne pas de fric, le loyer ne sera pas payé.

Avant qu'il ait le temps de prononcer une phrase entière, je dis à Jason d'aller se faire f... C'était moi qui paie le loyer, ainsi que son gros salaire. Je mérite un peu de respect.

Si je veux souffler un peu et me faire griller sur un toit avec mon amie, je peux souffler un peu et me faire griller sur un toit avec mon amie. Aussi simple que ça.

Je dois reconnaître que je suis pas mal hérissée, sous ma robe de satin.

Jason n'a pas l'air de comprendre. Il commence à élever la voix, me disant qu'il est mon patron et qu'il m'ordonne de retourner immédiatement au boulot.

Suivent les mots « clients » et « rendez-vous », ce qui attire tous les regards sur nous. Je me lève et m'éloigne sans répondre. Je trouve que Jason, cette fois, dépasse vraiment les bornes. Je tiens à ce que cette partie de ma vie reste secrète. C'est la seule chose à laquelle je tiens mordicus.

J'appelle l'ascenseur en retenant mes larmes. Je n'arrive pas à croire à ce déballage public. Tout allait tellement bien, tout était si parfait.

Jason, Joelle et Bill se pointent juste au moment où la porte de l'ascenseur s'ouvre. Nous entrons dans la cage en silence. Puis je vais vers la chambre, je mets la clé dans la serrure et j'ouvre la porte.

Une fois dans la pièce, Jason reconnaît qu'il n'a même pas de rendez-vous pour nous. Mais il ne peut pas supporter que je prenne un peu de bon temps avec quelqu'un d'autre que lui. Il me traite de connasse et crie que Joelle a une mauvaise influence sur moi.

*Elle* a une mauvaise influence sur moi ?

Les macs sont réputés pour leur absence d'humour.

Je hurle. « Alors tu vas devenir comme Paul, c'est ça ? Pourquoi ne me frappes-tu pas ? »

J'éclate en sanglots. Bill et Joelle vont dans l'autre pièce pour nous laisser seuls. Jason essaie de me prendre dans ses bras, mais je le repousse. Il veut retourner au loft. Je refuse. Je veux rester seule.

Après quelques minutes, je réalise que la récréation est finie. Le charme est rompu. À quoi bon?

J'accepte de rentrer.

Une fois au loft, mon humeur ne change pas. Jason veut renvoyer Joelle chez elle, bien qu'elle n'en ait pas du tout envie. Et je n'ai pas envie qu'elle s'en aille, ce qui me met de très méchante humeur. Alors Jason décide de la renvoyer pour de bon. Il me défend de la revoir. Et je choisis le fric plutôt que l'amitié. Je ne la connais que depuis quelques jours, mais cela ne m'empêche pas de me sentir coupable. Mais je la sors de mon esprit pour me réconcilier avec Jason. J'ai un but bien précis dans la vie, devenir indépendante. Quitter l'entreprise qui m'aide à gagner beaucoup d'argent pour une fille que je connais à peine m'empêchera d'atteindre mon but. Est-ce que ce boulot commence à me prendre le meilleur de moi-même? Je ne sais pas. Tout ce que je sais, c'est que Joelle et moi avons tiré le meilleur parti possible de la belle suite du Gansevoort. Jason me *booke* un rendez-vous avec un client et deux filles. Cela me rapportera 15 000 $, de quoi payer plusieurs fois ma nouvelle robe et mes chaussures.

Chapitre cinq

# Petits profils de clients

Petit à petit, mon attention se déplace vers mes clients : banquiers, producteurs de l'industrie du disque, entrepreneurs, placeurs de fonds en fidéicommis, et même une icône du sport. Ils m'emmènent dans les sphères enchantées des riches et des débauchés. Je passe trois jours et trois nuits au Waldorf, dans une suite à 5000 $ ; mon client commande nos repas au service aux chambres. Je bois du Dom Pérignon à Miami Beach comme si j'avalais du Sprite. Je savoure du filet mignon dans un penthouse du Bellagio, à Las Vegas. Des dizaines de milliers de dollars sont virés au compte de New York Confidential, à la plus grande satisfaction de la compagnie.

Après avoir été obligée de me reposer sur mes petits amis pour payer mon loyer et mes dépenses, je sais maintenant comment Steve Rubell et Ian Schrager devaient se sentir avec tout ce fric caché dans les murs et le plafond du Studio 54[10].

Je suis entrée dans l'univers des escortes avec un plan bien défini. Je vais me conformer aux lois de Wall Street : prendre le temps nécessaire pour gagner assez d'argent, puis tirer ma révé-

---

10. Steve Rubell et Ian Schrager étaient les propriétaires et les animateurs du fameux Studio 54, où tous les excès étaient permis, à condition que l'on soit bien habillé. En décembre 1979, une perquisition policière révèle une fraude fiscale évaluée à 2,5 millions de dollars. On trouve une importante quantité de cocaïne dissimulée dans les murs. (NDT)

rence. J'ai fixé mon objectif à 100 000 $ pour la fin d'août. Ce que j'apprendrai par la suite, c'est que la loi de Wall Street ne marche même pas pour les banquiers – pas toujours. Mon fameux plan foire, et mon mode de vie temporaire se transforme en moins de temps qu'il ne faut pour le dire en mode de vie permanent.

Loyer, salaires, drogues, magnums de champagne, costumes Dolce & Gabbana, publicité nécessaire pour la réputation de l'entreprise – tout cela coûte très cher. Pour permettre à la compagnie de continuer à se dépasser, Jason me demande de faire de plus en plus d'heures – jusqu'à dix-huit heures par jour, parfois pendant trois à quatre jours d'affilée. Je tiens le coup, puis je dors douze heures avant de remettre ça. C'est éreintant. Pas étonnant que j'aie très vite besoin d'une grosse quantité de substances chimiques pour être capable d'assurer le rendez-vous suivant.

Si c'était un épisode de *Behind the Music*, ce serait celui où on remporte le platine pour le premier album et où on se dit que le *party* ne finira jamais.

Le riff de la guitare peut commencer.

***

Je rentre au loft à dix heures du soir. Pas un chat ! C'est extrêmement rare. Il y a toujours au moins une fille qui y traînaille, ou des membres du personnel qui glandent sur les divans à 10 000 $, fumant, se faisant les ongles, ou sniffant une ligne de coke sur le miroir baroque tarabiscoté posé sur la table.

La première chose que l'on fait en entrant au loft est de jeter un coup d'œil au registre de rendez-vous. Le registre liste toutes les filles, leurs rendez-vous, et les notes de Jason concernant les clients : métier, lectures et films préférés, taille, poids, en plus d'un mot détaillé sur l'aspect de la fille et l'attitude qu'elle doit avoir avec le client (certains mecs souhaitent une Christina Aguilera, mais un peu salope ; d'autres veulent une fille distinguée qu'ils pourraient faire passer pour une demoiselle d'honneur au mariage de leur sœur). Aucun détail sexuel dans la littérature de Jason. Mais il veut tout savoir sur le gars : personnalité, excentricités, intérêts. Il construit des profils élaborés qui nous aident à fournir au client ce qu'il désire vraiment.

Je crois en ce que nous faisons. J'en suis arrivée au point où je suis convaincue que le fait de « choisir une escorte » est, pour un homme, un style de vie. Choisir une escorte plutôt que sa secrétaire, minimiser ses sentiments de culpabilité et réduire à néant le risque de ruiner sa vie de couple et familiale, et maximiser ainsi plaisir et sensualité. Tirer son inspiration d'activités sexuelles enrichissantes avec une fille. Tout cela me paraît procéder du plus grand bon sens.

Quand tout le monde est absent et que la top girl est au loft, c'est elle qui doit répondre au téléphone. Je n'ai jamais aimé prendre des rendez-vous pour moi. Ça me met mal à l'aise. Cela peut paraître ridicule de la part d'une personne qui fait ce métier, mais je déteste mélanger affaires et plaisir. Lorsque j'ai à marchander avec un gars avant notre rencontre, cela affecte la dynamique du rendez-vous.

Tandis que je consulte ma propre liste, je remarque qu'un client a réservé trois filles pour le week-end. Ce n'est pas courant, alors qu'en réserver deux l'est. Mais trois ! En outre, le gars a dit à Jason qu'il était lui-même agent. Il a du reste donné le nom de son agence. Je le connais bien, comme toute aspirante actrice, comme tout réalisateur, comme tout scénariste. C'est de loin le producteur le plus puissant de L. A., et probablement du monde entier. Il arrive qu'un client donne son identité, mais c'est très rare, surtout s'il œuvre dans une industrie aussi branchée que le cinéma ou le spectacle.

Le téléphone sonne. C'est lui. Il veut confirmer le rendez-vous. Je sens un poids émotionnel me tomber au fond de l'estomac.

Je plaisante souvent avec Jason sur ce sujet, lui disant que je gagnerai un jour un Oscar dans un *remake* de *Pretty Woman*. Mais au fond de moi, je sais que le métier que je pratique n'est pas la meilleure entrée en matière pour obtenir un rôle au cinéma – et encore moins pour gagner un prix prestigieux. Mais la Canadienne naïve que je suis reprend le dessus quand j'entends la voix du producteur. Je lui demande pourquoi il n'a pas réservé un rendez-vous avec moi. Je lui dis mon nom et, me sentant tout à coup en confiance, je déclare : « Je suis une actrice. » Puis, avec toute la séduction dont je suis capable, j'ajoute que j'adorerais le rencontrer.

Nous prenons rendez-vous pour le lendemain à sept heures.

Le problème est que je suis passablement submergée par mes autres rendez-vous. La plupart du temps, je n'y suis pour rien. Je suis tellement surbookée que j'ai parfois des rendez-vous à chaque bout de la ville avec seulement un quart d'heure pour me rendre d'un endroit à un autre. Quand les rendez-vous ne se chevauchent pas, tout simplement. Il faut absolument faire quelque chose, ou bien Jason va contacter une autre fille et me demander de la convaincre de devenir escorte.

C'est une nuit très chaude, je prends tout mon temps pour me faire belle. J'opte pour une de mes plus belles robes d'été, une Dolce & Gabbana verte, et pour des souliers de chez Manolo Blahnik à talons de 10 cm. Un des précieux avantages, dans ce business, c'est que lorsqu'on ne voit les clients qu'une seule fois, on peut porter les mêmes vêtements. La robe Dolce est parfaite. Pendant la journée, ou en début de soirée, on veut être fraîche et mignonne, mais pas question de porter une camelote qui va se défraîchir et se chiffonner. Je m'engouffre dans un taxi, un peu nerveuse. En route pour le St. Regis, vieil hôtel majestueux au sud de Central Park.

Tandis que nous nous rapprochons du parc, la circulation devient infernale. Il est plus de sept heures et nous en sommes encore à quinze pâtés de maisons de ma destination. Je commence à flipper. Je supplie le conducteur de faire quelque chose, n'importe quoi, pour que j'arrive à temps à mon rendez-vous, mais nous sommes affreusement coincés dans un embouteillage. C'est classique à cette heure de la journée. Le misérable filet d'air froid et poussiéreux du climatiseur qui rafraîchit mes chevilles est la seule chose qui m'empêche de péter les plombs. Je transpire – abondamment, ce qui n'est pas recommandé dans mon boulot. J'en ai assez. Je jette une poignée de billets au conducteur et je sors du taxi. Je suis à deux pâtés du St. Regis. Je me mets à courir. Disons plutôt à galoper comme une pute pressée traversant un embouteillage apocalyptique sur ses talons aiguille à 600 $.

Mais où avais-je la tête quand j'ai pris ce rendez-vous ? Comment tout cela va-t-il se terminer ? Mais voilà, l'actrice ingénue que je suis, avec ses rêves de contes de fées hollywoodiens, s'imagine être Lana Turner se dirigeant d'un pas nonchalant vers le siphon d'eau de Seltz – et non une escorte courant vers une chambre de palace.

Quand je tourne le coin, non loin de l'hôtel, j'ai déjà une heure de retard. Attaque de panique. Le chaos du centre-ville commence à tournoyer autour de moi. Les gens se pressent sur le trottoir, vivant leur vie, complètement ignorants de ce monde secret dans lequel je me débats. Je me sens affreusement loin de la vraie vie.

À bout de souffle, mais enfin arrivée devant la porte à tambour couverte de dorures, j'appelle mon amie Andrea, la seule personne de ma vie d'antan qui est au courant de ma nouvelle activité. C'est une ancienne escorte, et elle m'a encouragée à entrer dans la profession.

« Andrea, que dois-je faire ? Le gars est un producteur de premier plan !

– Tu sais qu'il y a un tas d'actrices qui tueraient pour avoir la chance de passer cinq minutes avec lui ? Et toi, tu as deux heures ! Alors, vas-y, fonce. »

Elle a raison.

Le portier me sourit chaleureusement en me voyant pousser l'énorme porte à tambour.

J'ai toujours aimé le St. Regis. Cet hôtel a de la classe. Le personnel est charmant, personne ne m'y a jamais mise mal à l'aise. Les gardiens de sécurité, les portiers et les employés des grands hôtels savent très bien repérer les escortes, ils les connaissent toutes et savent ce qu'elles viennent faire chez eux. Certains vous traitent comme du pus. Les autres vous fichent la paix, à condition que vous vous montriez discrète. D'autres encore sont gentils, accueillants. Les employés des hôtels ont leur propre philosophie sur la manière avec laquelle ils veulent vous voir vous comporter dans vos fonctions. Certains préfèrent que vous vous présentiez à la réception, comme un simple client. Cela peut parfois tourner à la confusion. Pendant la convention républicaine, la sécurité d'un hôtel était tellement sur les dents qu'on m'a demandé mes papiers d'identité et qu'on m'a fait signer un registre avant d'appeler la chambre de mon client. Heureusement, j'avais utilisé mon vrai nom, qui correspondait à mes papiers. Beaucoup d'hôtels, cependant, sachant que leurs gros clients veulent garder secrètes leurs occupations nocturnes, préfèrent que nous gardions un profil bas. Alors, on marche tête baissée jusqu'à l'ascenseur. Chaque fois que je dois me comporter de la sorte, je déteste les lobbys : je me sens si vulnérable, traversant ainsi le hall avec mon sac plein de condoms, de lubrifiant, de reçus pour cartes de crédit et d'un millier de dollars en coupures de cent dans une enveloppe... J'ai un cauchemar récurrent : je traverse un hall huppé rempli de gens riches et célèbres. Je me prends les pieds dans un tapis, mon sac s'ouvre et tous mes accessoires se répandent sur le magnifique sol de marbre blanc.

Je passe devant le poste de sécurité sans lever la tête, puis je pousse sur le bouton d'appel de l'ascenseur.

J'arrive à la chambre et c'est le producteur lui-même qui m'ouvre. Il a l'air d'être un peu en rogne à cause de mon retard, mais il ne dit rien.

Je lui donne un baiser sur la joue et me mets au boulot.

« Bonjour, je m'appelle Natalia. Ça vous dérange si nous nous occupons d'abord de la question financière ? C'est tellement plus facile.

– Pas de problème. »

La première chose à faire quand vous arrivez chez un client est de vous occuper d'abord et avant tout de votre rémunération. C'est un préambule très peu romantique à une séance amoureuse, mais il est absolument nécessaire. J'ai ma manière bien à moi de passer au travers de cette formalité, et le client se sent toujours à l'aise. Tout débute donc sur de très bonnes bases, et je suis soulagée de m'être débarrassée de cet aspect délicat du rendez-vous.

Si le client paie cash, ce qui arrive souvent, je ne recompte jamais les billets devant lui, bien que ce soit une règle établie. S'il utilise une carte de crédit, je place la carte sous deux reçus superposés, aligne le tout correctement, et frotte l'ensemble avec un crayon (ou un rouge à lèvres) de manière à l' « imprimer ». C'est ce que font les gens qui livrent des mets chinois. Je déteste ça. Je trouve le geste très vulgaire.

Le producteur me tend une enveloppe gonflée de billets. Je m'efforce de briser la glace.

« Je vous ai dit que j'étais une actrice, mais ne vous faites aucun souci, je ne vous ennuierai pas avec ça. Mais si vous me trouvez à votre goût et que vous pouvez faire quelque chose de chouette pour moi, ce serait *cool*, mais si ce n'est pas le cas, je peux vous assurer que je ne pleurerai pas, que je n'en ferai pas une maladie. Tout ce que je veux, c'est rester avec vous sans me dire que j'ai une autre idée en tête. »

Parfois, je ne peux pas m'arrêter de déconner.

« Il est peut-être déjà trop tard », grogne-t-il en se dirigeant vers le minibar pour se servir un verre.

Il débouche une bouteille de vin et me dit de me déshabiller. Ce n'est pas Ari Gold, mais c'est manifestement un gars habitué à donner des ordres à ses laquais sans perdre de temps avec des s'il vous plaît et des mercis. Il est étonnamment bien bâti et porte des chaussures très luxueuses – ce qui me plaît. J'ôte ma robe lentement, puis je fais glisser ma culotte sur ma chatte rasée. Il ne manifeste pas la moindre émotion. Un bloc de glace.

Il y a deux types de clients : les hommes qui ont envie de sortir avec vous, et ceux qui veulent baiser, point final. Je peux dire sans hésiter que ce mec n'est pas intéressé le moins du monde par une petite aventure romantique.

C'est la première fois que je me sens balourde et pas sexy. Ma confiance en moi s'est évaporée, et un millier de questions se bousculent dans ma tête. Quand je suis devenue escorte, j'ai développé un désir presque envahissant, et même un besoin, de plaire à mes clients. Leur plaisir compte énormément pour moi. Et voici que j'ai déplu à l'un d'eux. En essayant d'obtenir quelque chose de lui, j'ai complètement ruiné l'atmosphère de la rencontre.

Ce qui ne l'empêche pas de bander immédiatement et de se jeter sur moi. Impossible de me relaxer, il me martèle comme un sourd. J'essaie désespérément de faire le vide dans ma tête – surtout, ne pas penser au pouvoir que ce type a d'exaucer tous les rêves qui m'ont poussée à venir dans ce pays. Je m'efforce de le considérer comme n'importe quel quidam, mais mon anxiété ne me lâche pas. Alors je décide de vivre mon fantasme. Chaque femme se crée un fantasme récurrent. Je me dis : *cet homme est pour moi, il m'aime vraiment*. Oui, les femmes se disent ce genre de choses, même si elles savent très bien que c'est faux.

Alors, je me mets à baiser comme si j'étais Julia Roberts et lui Richard Gere. Je veux qu'il me regarde et qu'il s'aperçoive que je suis la plus belle, la plus talentueuse de toutes les femmes qu'il a jamais rencontrées. Alors il me présentera à un grand réalisateur, me distribuera dans la prochaine production de MGM et j'aurai la vie dont je rêve depuis toujours. Je ne sais pas à quoi il pense, lui, ou ce qu'il ressent, mais moi je vis la vie d'une superstar d'Hollywood. Je jouis. Puis je lui fais une pipe comme si sa queue était mon Oscar.

Après, je traîne un peu et essaie de bavarder. Mais il n'a pas été impressionné par ma performance. En fait, il se fiche royalement de moi.

Quand l'heure est terminée, je file sans rien dire. Il grommelle quelque chose qui ressemble vaguement à un « salut ».

Je suis furieuse contre Jason quand il essaie de piéger une jeune fille innocente – ce qu'il fait parfois même devant moi – ou qu'il me demande de l'aider. Je suis comme l'ange sur son épaule qui essaie de l'empêcher de devenir un démon. Il y a des femmes qui sont prêtes à faire n'importe quoi pour du fric, mais il y en a d'autres qui ne sont pas du tout équipées, sur le plan émotionnel, pour faire ce genre de métier, et on les repère si facilement! Il suffit de les regarder dans les yeux. Je me croyais immunisée, je croyais que j'étais une actrice capable de se glisser quatre fois par jour dans la peau d'une nouvelle fille, et de sortir de là sans dommages. Mais tandis que je refais la route inverse, sur la 5e avenue, essayant d'arrêter un taxi, je me demande, pour la première fois : *Est-ce que tu t'es surestimée, cette fois ?*

***

Un beau jour, un lord britannique appelle l'agence, disant qu'il aimerait «regarder». Il explique qu'il a une escorte «mâle» et qu'il veut me voir – moi et personne d'autre – faire l'amour avec lui. Quand je rappelle pour lui demander l'heure et l'endroit du rendez-vous, il me prévient que la fameuse *escorte*, qui se nomme Taylor, est si craquant que toutes les filles tombent amoureuses de lui. Tandis que je l'écoute décrire les charmes de son Taylor dans son accent *british* presque comique, j'ai l'impression qu'il me parle d'une sorte de héros mythique de la trilogie *X-Men*[11].

Je lui réponds que je suis prête à relever le défi.

Quand j'arrive à la suite du Waldorf Astoria, l'endroit était déjà sens dessus dessous : bouteilles de champagne vides, de la coke partout, un porno à la télé. Mon client me tend sa carte de crédit où le mot «Lord» brille de tous ses feux. Si je ne la laisse pas tomber par terre, c'est parce que ma mâchoire est serrée au maximum à cause de l'énorme ligne de coke que je viens de m'envoyer.

Taylor est aussi séduisant que le lord l'a dit. Il a des yeux et des cheveux de beau ténébreux – imaginez un Brad Pitt supersexy, mais

---

11. Série américaine créée par Stan Lee et Jack Kirby, mettant en scène un groupe de superhéros doués de superpouvoirs. (NDT)

brun, et grand. Ce Taylor mesure au moins un mètre quatre-vingt-dix et a des muscles de nageur olympique. Il pourrait me soulever d'une main. Je suis un peu nerveuse mais, je l'avoue, très excitée par ce mec superbe. On voit qu'il connaît bien le lord, je les ai vus se donner l'accolade. Après avoir parcouru la chambre du regard, l'Apollon me dit : « Nous aurons une petite conversation plus tard, tu ne peux pas continuer à te droguer comme ça, mais pour l'instant… » Il me regarde droit dans les yeux et, avec un chaud et doux sourire : « On va s'amuser un peu. »

Taylor s'assied sur le lit et m'invite à prendre place sur ses genoux, face à lui, jambes écartées. Nous nous embrassons – de vrais baisers, lents, profonds, passionnés et en parfaite synchronie. Je suis pourtant un peu hésitante. Je jette un coup d'œil au lord. Est-ce que je fais ce qu'il attend de moi ?

« Chut ! » fait Taylor. Il saisit mon menton et tourne mon visage vers lui. « Contente-toi de te concentrer sur moi comme je me concentre sur toi, et il adorera chaque minute qui passe. »

Je souris, un peu rougissante. Meilleurs seront nos ébats amoureux, plus mon client sera comblé.

La séance commence. Elle va durer deux heures. Quand je fais une pipe à Taylor, j'ai l'impression de voguer dans l'espace. J'aime ça autant que lui. La seule conscience que j'ai de la présence du lord est notre position, l'angle dans lequel se trouvent nos corps. À part cela, je n'ai pas la moindre idée de ce qu'il fait en nous regardant.

Avec son accent sorti tout droit de *Brideshead Revisited*, il fait de temps à autre un commentaire, comme : « Taylor, pourquoi ne la retournes-tu pas ? J'aimerais te voir la prendre par-derrière. » Mais il ne rompt jamais notre rythme, et sa voix est si belle que j'ai l'impression que Lord Olivier en personne nous dirige. Il m'apporte de temps à autre un plateau d'argent avec une ligne. Taylor n'y touche pas. Je me dis qu'il craint que cela ne le fasse débander. Il n'arrête pas de jouir. Je suis sur lui quand, soudain, je sens que mon corps et mon esprit se « connectent » et qu'un orgasme intense commence à monter. Il éclate. Je le fais durer, longtemps. La jouissance est inouïe. L'orgasme à peine terminé, j'en ai un autre. Je n'y comprends rien, mais c'est extraordinaire, et je laisse ce second orgasme me submerger. Je crois que, dans tout ce que j'ai vécu jusqu'ici, c'est ce qui se rapproche le plus d'une expérience tantrique.

Quand notre séance est terminée, Taylor m'emmène dîner à côté de l'hôtel. Il me dit qu'il se fait du souci pour moi et me sert une sérieuse mise en garde : je ne durerai pas longtemps si je continue à me consumer à petit feu avec la drogue. Il ajoute que je suis la preuve vivante qu'une escorte peut avoir une bonne clientèle et une vie merveilleuse et saine. Mais sans drogue.

Jusqu'à ce jour, Taylor est le seul homme qui a suffisamment d'estime pour moi pour me donner un conseil amical. Hélas, je ne suis pas prête à l'écouter. Mais nous deviendrons des amis, et nous le resterons jusque dans mes moments les plus sombres. Après le café, il me dépose au loft, où je reprends mon train-train habituel.

\*\*\*

Taylor est une exception. Quatre-vingt pour cent des escortes fument du pot, prennent de la coke et du Special K, se shootent à l'héroïne, avalent de l'ecstasy, du Valium, du Vicodin, de l'Oxycotin, du Percocet, du Xanax, du Ritalin, de l'Adderall et de la Dexidrine… la liste est sans fin. Beaucoup d'agences se spécialisent en soirées de défonce. Leurs call-girls sont payées entre 300 et 400 $ l'heure, et elles peuvent même vendre de la coke aux clients. Il y a un gros paquet de fric à gagner dans ce trafic. Leurs rendez-vous s'étalent sur pas mal d'heures, parfois même sur plusieurs jours. En théorie, si la fille aime planer, la rencontre se transforme en expérience complètement déconnectée de la réalité. En fait, les filles sont payées pour planer et baiser. Le problème, c'est que c'est souvent épuisant, et que cela tourne parfois au cauchemar. Des filles m'ont raconté que des mecs complètement défoncés flippaient quand la drogue cessait de faire effet, parce qu'ils ne pouvaient plus bander – ou le contraire : ils avaient un effet Viagra de quatre heures sans arriver à débander, mais sans jouir. En plus, ils se disaient qu'ils avaient claqué plusieurs milliers de dollars pour rien, car la fête était terminée et qu'ils devaient retourner à leur bureau de Wall Street sans avoir dormi pendant plusieurs jours.

Dans les premiers temps, je participe à ce type de rencontres. Ce n'est pas aussi terrible qu'on pourrait le croire. Mais lorsque mes rémunérations passent de 800 à 1200 $ l'heure, tout change. Le Hyatt, le W et le Marriot sont délaissés au profit du St. Regis, du Four Seasons et du Peninsula. La plupart de mes clients ne se défoncent pas. L'atmosphère devient bien meilleure, et beaucoup plus saine.

*  *  *

Financièrement parlant, mon meilleur client est Neil. Fortune ancestrale. Neil est le PDG de la compagnie familiale. Il dirige une de ces obscures industries qui passent complètement inaperçues.

Un rendez-vous a été pris pour le mois suivant, mais avec une autre fille. La date approche, Jason appelle Neil pour lui parler de moi et lui suggérer de me rencontrer, moi, à la place de la fille. Neil hésite, il n'aime pas les changements de dernière minute. Nous discutons un moment, il me demande de lui parler de moi. Je lui dis que je suis une actrice, canadienne de naissance, et que je ne suis escorte que depuis quelques semaines. Je lui demande ce qu'il attend d'une fille afin de voir si nous sommes compatibles.

« Je veux quelqu'un avec qui passer une soirée agréable. Une belle fille, à l'intérieur comme à l'extérieur. »

Son accent traînant du Midwest me paraît un peu exagéré, je n'ai jamais rien entendu de pareil, surtout à New York.

Je lui réponds que, sans me vanter, je me considère comme une belle fille, mais surtout à l'intérieur, là où c'est vraiment important. Et j'ajoute :

« Mais on m'a souvent dit que j'étais très agréable à regarder. »

Il rit et je lui passe Jason, qui confirme, bien sûr. Ils bavardent pendant quelques minutes, puis Jason me fait signe que c'est dans le sac.

Je pars à Chicago.

La première fois que nous nous rencontrons, Neil tombe amoureux de moi. Son mariage n'avait qu'un objectif: la famille. Il adore son fils, mais sa relation avec sa femme est dénuée de passion et de sexualité. Je lui fais une fellation, puis nous faisons l'amour. C'est très sommaire, mais en ce qui le concerne, il dit qu'il n'a jamais rien vécu d'aussi exaltant depuis son premier pantalon long. Il est si content que je ne peux réprimer un sentiment de compassion et d'empathie. C'est le client que je vais rencontrer le plus souvent. Ce premier rendez-vous à Chicago dure quatre heures. Nous baisons, nous dormons, et le lendemain matin je reprends l'avion pour New York avec 6000 $ en poche. Je reste en contact avec lui par courriel, et il me donne rendez-vous pour le week-end suivant. Il vire 26 000 $ sur le compte de New York Confidential et nous passons trois jours sur une île privée en Floride.

Pendant les dix mois qui suivent, nous nous retrouvons une douzaine de fois. Neil me donne 6000 $ par jour, et nous passons généralement deux ou trois journées ensemble. Il n'est ni très grand ni très séduisant. Natif de l'Ohio, maigre, teint terreux, très conservateur. Il est romantique, mais de façon traditionnelle, et s'il y a un client avec lequel je dois jouer un rôle, c'est bien lui. Jamais il n'accepterait une séance à trois, même si je lui ai présenté Jordan, ma meilleure amie, une fille un peu dingue avec qui il m'arrive de travailler. Si je le lui avais proposé, je crois qu'il aurait pris le premier avion pour rentrer à Cincinnati. Mais c'est mon client le plus attentionné. Il m'écoute, et je suis toujours honnête avec lui. Sauf quand je ne le suis pas.

Nos rendez-vous à New York sont tous bâtis sur le même topo. Nous allons dîner, partageons une bouteille de vin et revenons à son hôtel de Central Park South. Une nuit, le chauffeur de taxi nous y dépose après un très élégant dîner au Cirque. J'ai bu pas mal, je suis un peu pompette. Je prends un bain, ôte les étiquettes de ma nouvelle robe du soir La Perla en soie noire, et je l'enfile. Puis j'ouvre la porte de la salle de bain et reste dans l'encadrement, dans une pose de star. Il me regarde avec un demi-sourire.

«Tu l'aimes?»

Je sais qu'il l'aime, cette robe. Il me l'a offerte!

«Je l'adore.

– Alors, ne la porte que pour moi.»

Je promets. Mais c'est bien sûr un mensonge. Ma garde-robe n'est pas bourrée de robes à 600 $ – une pour chaque client. Mais je penserai à lui chaque fois que je la porterai.

Mais ce n'est pas cela qu'il a en tête.

Je vais lentement vers lui. Il déboutonne la robe, embrasse mes seins et mon ventre. Je me couche sur l'immense lit et je l'attire contre moi. Nous nous embrassons, il me demande s'il peut me prendre. Je me mords les lèvres: je déteste quand un gars me demande la permission. Mais je lui souris néanmoins. Il commence à lécher ma chatte, et ma bonne humeur revient. C'est bon, mais je n'arrive pas à me concentrer. Comme d'autres clients, Neil peut être carrément assommant. Après deux ou trois bouteilles de vin, je suis prête à m'envoyer joyeusement en l'air, mais aujourd'hui, pas la peine d'espérer. Tandis que sa langue contourne le bout de mes seins et caresse ma chatte, j'essaie de penser à mes amies qui s'éclatent à soixante pâtés de maisons de l'hôtel.

Je m'efforce de me mettre en harmonie avec lui, d'épouser son rythme, de devenir l'autre moitié de ce type qui me prend pour Aphrodite réincarnée. Ça marche. Je commence tout doucement à mouiller. Tout compte fait, ce n'est pas si ennuyeux.

Je décide de le récompenser avec une pipe de première. Je sais ce qu'il aime. Gentiment, doucement, pas trop intense. Quand j'y vais trop fort, il jouit tout de suite et… finie la récré!

Je sors un condom de mon sac et je coiffe son pénis. Il aime être sur moi et me regarder dans les yeux. Je le laisse faire. Il tombe endormi immédiatement après l'orgasme. Je descends dans le hall, fume une cigarette sous la pergola de l'entrée en regardant les bagnoles tourner le coin de l'avenue pour longer le parc. J'attends impatiemment les 12 000 $ que Neil me donne pour nos deux jours ensemble. C'est d'une facilité incroyable!

Le lendemain, quand je me réveille, il est assis au salon. Il semble avoir changé d'humeur. Mécontent.

Je me dis qu'il est frustré de me voir me réveiller à onze heures. Après tout, il ne me paie pas pour dormir. Peut-être pense-t-il que j'ai pris de la drogue. Neil est le genre de mec qui n'a probablement jamais vu un joint de sa vie – et encore moins sniffé.

« Ne te tracasse pas, me dit-il. J'ai commandé le petit-déjeuner, mais comme il refroidissait, je l'ai pris sans toi.

– Que se passe-t-il, Neil ?

– Natalia, je ne suis pas heureux. » Wow, une grande première ! J'ai beaucoup de clients qui se montrent très ouverts avec moi, mais aucun d'eux ne m'a jamais fait une telle révélation. Je l'écoute. Je veux entendre pourquoi il n'est pas heureux. Mais cela me rend nerveuse. Je veux me conduire comme une amie, être vraiment à l'écoute, mais je suis totalement prise au dépourvu.

« Je voudrais que notre relation m'apporte davantage. »

*Quoi ??? Que veut-il dire ?*

« Je ne vois pas où tout cela nous mène », ajoute-t-il.

Il me dit que notre relation ne progresse pas et que cela le rend triste. Il veut plus que cela. Il veut que je déménage à Cincinnati, où il me louera un appartement. Je deviendrai alors sa maîtresse à plein temps.

Je suis sans connaissance. J'aurais dû le voir venir, avec tous ces dîners romantiques et ces cadeaux ! Il me comble de présents : une incroyable robe du soir bordeaux de John Galliano (que je n'ai jamais portée), des gants Gucci, des bottes Christian Dior, plusieurs ensembles, la robe La Perla…

Je suis abasourdie. Que penser d'un gars qui se conduit de la sorte ? « Mon vieux, tu as vu trop souvent *Pretty Woman* ! »

Mais je retrouve mes esprits et me lance dans une magistrale interprétation de l'amie sensible et compréhensive. « Mais, Neil, nous sommes si bien ensemble ! Tout a toujours été si merveilleux entre nous ! »

Je lui dis que nous avons une relation parfaite – simple, sans limites précises, et que c'est bien ainsi. Je veux que mon talent d'actrice soit reconnu, et pour cela il faut que j'habite New York. Je sais qu'il m'aime et qu'il veut ce qu'il y a de meilleur pour moi. Il veut que je sois la plus heureuse des femmes.

«Mais toi, tu as ta famille à Cincinnati, ne l'oublie pas!»

Il est anéanti. Et moi je me trouve horrible. Sa personnalité ne m'intéresse pas beaucoup, mais le sentiment qui m'attache à lui ressemble à de l'amour. À de rares exceptions près, je m'attache à tous mes clients, même si cela peut paraître invraisemblable.

Incroyable le pouvoir que j'ai sur des gars comme Neil! Je fais d'eux ce que je veux, je pourrais même vider leur compte en banque. Pis que cela, je pourrais les soumettre au chantage en les menaçant d'appeler chez eux et de détruire leur vie. (Cela arrive plus souvent qu'on ne le pense.) Ce qui différentie les escortes qui manipulent et ruinent l'existence de certains hommes de celles qui ne le font pas est un sentiment qui a un rapport étroit avec la fraternité. Il y a des femmes qui soutirent tout ce qu'elles peuvent d'un mec sans même ressentir un gramme de remords. Pour elles, c'est ce qu'une prostituée est censée faire. Le code non écrit du business est simple: prendre tout ce qu'on peut prendre, aussitôt qu'on le peut. Les escortes sans cœur qui liront ce livre me prendront sans doute pour une idiote, mais je n'ai jamais profité d'un homme et, à un niveau purement intuitif, tous mes clients le savaient. Je n'ai jamais perdu mon humanité. C'est pour cela que j'étais la meilleure.

Ma petite conversation avec Neil se termine sur une note positive. Il ne quittera pas sa femme, je ne déménagerai pas dans un condo du magnifique centre-ville de Cincinnati, et il continuera à envoyer de coquettes sommes d'argent à l'agence pour avoir le plaisir de passer du temps en ma compagnie.

Cet homme est mon pain quotidien. Il paie mon loyer, me permet d'acheter de la drogue, et nourrit ma dépendance aux chaussures fabuleuses de Manolo Blahnik. Il faut que je m'efforce de le convaincre que son fantasme pourra se poursuivre… à condition qu'il ne laisse pas la réalité se glisser insidieusement entre nous.

***

Scott est l'héritier d'une des familles les plus cossues d'Amérique du Nord. Cheveux brun foncé, yeux bleu cobalt et bronzage impeccable. Un mètre quatre-vingt-quinze, bâti comme un joueur de volley-ball. Pensez à JFK junior, mais un JFK junior sniffeur de coke, républicain plein d'avenir, capable de baiser des nuits entières.

Il va devenir, pour des raisons évidentes, mon client préféré.

Un soir, il appelle New York Confidential et demande un rendez-vous avec moi. Il connaît mon prénom. Je suis assise près de Jason, qui s'occupe, comme toujours, de planifier les rendez-vous. Tandis qu'ils organisent la rencontre, une discussion survient : ils ne sont pas d'accord sur la rémunération. Jason dépose le combiné et me demande si j'accepte de travailler à 1000 $ l'heure.

« Ça dépend. »

Tout d'abord : « Quel âge a-t-il ? » J'ai eu mon quota de croulants depuis quelque temps et j'ai besoin de muscles fermes et de peau lisse.

Jason : « Vingt-huit ans et le feu au pantalon. Il a une petite amie supersexy, qui sera là elle aussi. »

Moi : « D'où vient-il ? » Les Russes me fichent la trouille.

Jason : « Il vit en Californie, mais il est originaire de New York. »

Moi : « Où est-il descendu ? » L'hôtel est un bon indicateur du style d'un gars.

Jason : « Le W. »

Bien.

Choisir la toilette à porter est la démarche la plus aisée. La plupart des robes qui pendent dans mon placard sont très décolletées, coûteuses et sexy. Comme il est 2 h du mat, je n'ai pas à me faire du souci si j'ai vraiment l'air de ce que je suis, au cas où nous ferions *media noche* au Bernardin. Je range soigneusement dans mon sac Louis Vuitton tous mes jouets sexuels : godemiché double-face, sangles et lanières (les essentiels), et je me mets en route.

Quand la petite amie m'ouvre la porte, mon visage s'empourpre. C'est presque mon sosie! Enfin, pas exactement, mais elle est sexy, petite, et a des cheveux bruns ondulés. Un élément à ajouter à ma longue liste d'excentricités sexuelles: je suis attirée par les filles qui me ressemblent. C'est comme ça.

Elle se présente: Amanda. Puis elle me prie d'entrer. Elle suggère ensuite que nous nous asseyions pour boire un verre de champagne. Amanda est très élégamment habillée, comme si elle revenait d'un endroit chic. Je lui demande où ils sont allés. Au Marquee et au Pink Elephant, répond-elle. Les deux endroits branchés du moment.

*Plus cool que ça tu meurs*, me dis-je.

Comme elle me paraît en veine de bavardage, je lui demande ce qu'elle fait dans la vie. Elle me dit qu'elle est comédienne! Elle et Scott se fréquentent depuis un an. Ils vivent à L. A., mais ils séjournent à New York une grande partie de l'été. Amanda est nerveuse, car Scott va la présenter à ses parents la semaine prochaine. Je lui dis qu'elle est belle, qu'elle a l'air d'être une fille très chouette, et que les parents de son ami l'aimeront sûrement.

Scott fait son apparition avec sa carte de crédit à la main. Quand je vois le nom sur la carte, je dois me mordre les lèvres pour ne pas laisser échapper un cri de surprise. C'est la carte de son père, un homme très connu et riche comme Crésus. Le fait que je l'aie tout de suite reconnu en dit très long sur sa réputation d'homme d'affaires. Je ne suis pas abonnée au *Wall Street Journal*, mais tout le monde le connaît. Cela me paraît un peu imprudent, de la part de Scott, d'exposer ainsi son père!

«Pourquoi ne paieriez-vous pas en liquide?»

Je m'attends à ce qu'il me donne la réponse classique, soit qu'il ne peut pas retirer une telle somme au distributeur automatique. C'est aussi l'excuse dont se servent les gars qui ne peuvent pas, ou ne veulent pas dépenser une grosse somme d'argent.

Mais tout cela n'a rien à voir avec Scott. Il me fait ses excuses, explique qu'il n'a pas accès à ses fonds personnels en ce moment. Il reçoit une sorte d'allocation mensuelle et a déjà tout dépensé. Il expose tout cela sur un ton embarrassé, timide, comme s'il avait honte de disposer d'un fonds en fidéicommis.

J'en conclus que la facture sera payée directement par le compte de papa. À en juger par le train de vie du vieil homme, Scott doit savoir que le comptable ne regardera pas à la loupe une dépense de trois mille dollars.

Scott me demande s'il doit ajouter un pourboire. Bien sûr ! lui dis-je, même si je sais que je devrai le partager avec Jason – si j'en vois le moindre sou ! En liquide, je pourrais au moins le garder.

Amanda m'emmène dans la salle de bain et propose que « nous nous changions ».

Je ne sais pas très bien ce qu'elle veut dire, mais ils ont déjà gagné le concours des clients les plus *hot*. Je suis prête à les suivre, quoi qu'ils me demandent. Mais la requête d'Amanda est assez bénigne. Elle sort un porte-jarretelles et des bas en filet de son sac. « Scott adore ça.

– Tout comme moi », dis-je.

Nous nous déguisons en nanas de bordel, puis nous retournons au salon. Du coin de l'œil, j'aperçois un plateau d'argent embossé avec une montagne de coke de la taille du Kilimandjaro. Je suis très déconcertée. Voyagent-ils vraiment avec ça ? Je parle du plateau, pas de la coke. Je ne crois pas que l'hôtel W mette ce genre de merveille à la disposition des clients. Puis je me souviens du mot d'ordre de cet établissement très chic : « N'importe quoi, n'importe quand. » J'ai entendu des rumeurs parlant de drogue, et je ne serais pas surprise d'apprendre que les portiers et les réceptionnistes se font pas mal d'argent de poche en vendant des substances prohibées à leurs clients VIP. Mais un plateau d'argent est un article plutôt étrange à commander au service aux chambres.

Scott prépare une longue ligne bien épaisse et me tend une paille. D'habitude, je préfère utiliser ma propre paille, mais je suis en présence de l'équivalent nord-américain de la royauté britannique et je ne veux pas faire de manières. De toute façon, Scott n'a pas l'air de porter le virus de l'hépatite – bien qu'il soit plutôt difficile de voir une bestiole aussi minuscule.

Je sniffe ma monstrueuse ligne tout en me disant : « Voilà donc le genre de soirée qui se prépare ! »

Nous attachons Scott. Puis ce sera notre tour. Il nous regarde nous caresser. Il a repris de la coke. Nous bavardons. Le charisme lui sort par tous les pores. Amanda est le sexe incarné.

Je m'allonge sur le divan. Buvant à même la bouteille de champagne, je la regarde sucer la queue de son mec dressée comme un roc. Et je me dis : *Je ne peux pas croire que je sois payée pour ça.*

Au cours de la nuit, il jouit cinq fois, tout comme Amanda et moi. Quand tout est fini, je les embrasse tous les deux sur les joues. Scott m'offre un peu de coke et quelques billets de cent dollars en liquide. Un petit plus. Un beau geste. Je leur fais mes adieux et je rentre au loft.

*** 

Le rendez-vous avec le quart-arrière est prévu pour neuf heures. Quelqu'un dit qu'il est très connu, mais le registre donne peu de détails sur sa personne. Je suis néanmoins intriguée et excitée.

Dans le hall du W, sur Union Square, je suis accostée immédiatement par un mec de petite taille, souffrant d'embonpoint, pas du tout sexy et vêtu d'un débardeur fatigué sur un polo rose. Je n'en crois pas mes yeux. C'est vraiment le quart-arrière ? Comment a-t-il pu se laisser aller comme ça ? Je ne connais pas grand-chose au football américain, mais je n'aurais jamais cru que les quarts-arrière pouvaient être aussi petits et mal foutus.

Quand nous entrons dans l'ascenseur, le mec me dit qu'il m'emmène chez quelqu'un. Ouf, c'est l'agent ! Je m'efforce de ne pas montrer mon soulagement. Je suis un peu nerveuse tandis que nous parcourons le hall interminable et peu éclairé. Il y a toujours une partie de moi-même qui espère que je vais rencontrer le grand amour de ma vie. Ce jour-là, je me dis que ce grand amour est l'homme que je suis sur le point de rencontrer : une légende du sport.

La suite est spacieuse et assez belle, mais rien de particulièrement excitant. Ce n'est que le W, après tout. Mais peut-être ai-je fréquenté trop d'endroits de ce genre.

L'agent me laisse seule pendant quelques secondes et passe dans l'autre pièce. Quand il revient, seul, je me mets à paniquer. Peut-être le client ne me trouve-t-il pas à son goût. Peut-être attendait-il Gisèle plutôt que Natalie Portman. En dépit de mon statut de top escorte et de mes superrapports sur TER, mon ego est aussi chatouilleux que celui de n'importe quelle fille. Aussi, quand l'agent me tend mon enveloppe, je souris, soulagée. J'adore quand on me paie sans que j'aie besoin de demander.

L'homme disparaît sans un mot, et mon quart-arrière fait son entrée. Il est plus âgé que je ne le pensais, sans doute à la retraite, mais il semble être dans une forme maximale et son visage est amical et chaleureux. Il sort une bouteille de champagne du seau à glace et me sert un verre. Puis il s'allonge nonchalamment sur le lit où il se reposait avant mon arrivée.

Il allume le téléviseur et choisit un film de Keanu Reeves dans la liste des films payants. Personne n'a jamais dit que les athlètes avaient un goût très sûr en cinéma.

Nous sommes allongés l'un près de l'autre et regardons ce film ridicule. Mais cela ne m'empêche pas d'examiner mon client. Même s'il mène une vie plus rangée depuis plusieurs années, mon quart-arrière a encore le tonus musculaire d'un athlète. Je caresse sa peau, bronzée et bien hydratée. Nous comparons nos cicatrices. Il l'emporte haut la main, évidemment. Ses épaules, ses hanches et ses genoux en sont couverts – autant de souvenirs d'une décennie de rentre-dedans dans la LNF. La mienne commence à hauteur de l'estomac, contourne mon nombril et s'arrête juste au-dessus de ma chatte. Je me demande toujours si elle ne va pas faire débander mes clients, ou si un gars ne va pas faire une remarque déplaisante sur TER, ce qui ruinerait à coup sûr ma carrière. Dieu merci, ça n'est jamais arrivé. C'est une des grandes vérités que j'ai apprise dans le boulot : les hommes ne recherchent pas la perfection. Les femmes qui croient ça se trompent. Ce que veulent les hommes, c'est être appréciés. Être adorés. Et la perfection les intimide.

Il a loué les services d'une escorte, mais je vois bien qu'il est moins intéressé par le sexe que par le désir de se réapproprier ses jours de gloire : soirées dingues après le Super Bowl où il invitait des stripteaseuses, où des fans complètement folles se jetaient à son cou. Certains gars veulent être dominés, même s'ils ne l'avoueraient jamais. Mais pas mon quart-arrière. Quand je suce son pénis, je le fais avec une intensité qui frise l'adoration. Je sens bien qu'il a besoin de savoir à quel point je suis heureuse d'être avec lui.

Peut-être est-ce à cause de son corps d'athlète fatigué, ou parce qu'il veut que je gagne mon salaire, mais au début il me laisse faire toute la besogne. Je donne un dernier coup de langue à sa glorieuse queue, puis je prends un condom et je l'en coiffe. Je monte sur lui, saisis son pénis et l'introduis en moi. C'est le sommet de ma carrière. Je suis dans une forme olympique et je peux rester dans cette position pendant quarante-cinq minutes sans la moindre fatigue. Je le regarde droit dans les yeux. Il me soulève, me fait rouler sur le dos. Je vois bien qu'il veut me montrer ce dont il est capable – les athlètes ne perdent jamais ce besoin qu'ils ont de gagner. Il me pénètre, son va-et-vient se prolonge si longtemps que, même si j'adore ça, je finis par me demander comment je vais pouvoir l'arrêter. Quand je le félicite pour son extraordinaire performance, il me répond avec un petit sourire : « J'ai toujours été davantage un donneur qu'un receveur. »

J'éclate de rire.

Il veut baiser encore. Il me retourne sur le ventre et me martèle de toutes ses forces. Mais là, tout ce que je veux, c'est qu'il jouisse. Sentir qu'un gars est prêt à exploser est, généralement, ce qui m'incite à exploser moi-même. Nous jouissons presque simultanément.

Puis nous restons étendus, épuisés. Je suis couchée en travers de sa poitrine. Il me confie qu'il ressent des douleurs perpétuelles. Je le caresse tendrement, nous regardons la fin du film, riant à gorge déployée devant le jeu «particulier» de Keanu. Mais je suis devenue aussi ponctuelle qu'un réveille-matin : sans l'aide d'une montre, je suis capable de dire quand le rendez-vous est terminé. Deux heures ont passé.

Il m'offre son sourire à un million de dollars et nous nous souhaitons bonne nuit. Je lui dis que je me suis bien amusée et le remercie de m'avoir invitée.

Revenue au loft, je consulte immédiatement un des ordinateurs. Je suis canadienne et je peux nommer toutes les icônes du hockey, mais dans le nord, nous ne jouons pas beaucoup au football. Je me demande avec qui je viens de faire l'amour. L'agent m'a donné son prénom quand nous étions dans l'ascenseur, mais rien d'autre. Nantie de ce prénom, je recherche sur Google les quarts-arrière célèbres... et, tout à coup, je reste bouche bée.

Je rejoins Jason et je lui raconte. Je suis au septième ciel. Comme Jason adore baiser des stars, je sais d'avance qu'il sera impressionné.

«Devine qui était mon dernier client.»

Il me regarde d'un air absent. Il n'a sans doute pas entendu un mot de ce que je viens de lui dire. Il est complètement gelé par sa dose de Special K. Je lui dirais que je viens de m'envoyer en l'air avec Bill Clinton qu'il ne broncherait même pas.

Parfois, j'ai l'impression que Jason tombe dans un trou. Je sais que dans ces moments glauques, il pense à son séjour en prison. Alors je me couche près de lui, regarde ses pupilles dilatées, et je me dis que sa mémoire du présent est tout à fait occultée...

J'essaie de réveiller son cerveau afin qu'il l'aide à refaçonner son destin.

«Jason, tu ne retourneras pas en prison. Jason, tu n'as pas à retourner en prison.» C'est ce que je lui répète, comme un mantra. Je suis convaincue que s'il le croit de toute son âme, il empêchera la catastrophe de se produire. Ses choix de vie le protégeront. Si vous croyez qu'un dard peut vous tuer, tenez-vous loin des abeilles.

Mais Jason a construit une ruche, et son agitation nous vaudra à tous d'être cruellement piqués.

# Chapitre six

# La fleur parfaite

Les affaires étant en pleine expansion à New York Confidential, nous avons besoin de nouveaux talents. Pour les dénicher, Jason est constamment en chasse. Comme un faucon, il observe sa proie, décrit des cercles au-dessus d'elle, puis attaque en piqué. Ce qui se résume, pour lui, à promettre de l'argent facile. Mais, tout d'abord, il se présente, engage la conversation – sourire éclatant à l'appui – puis, comme s'il venait tout juste d'y penser, glisse à la donzelle sa carte métallisée en lui chuchotant que lorsqu'elle voudra s'amuser tout en gagnant de coquettes sommes d'argent, il lui suffira de l'appeler. Il dégote des filles dans tous les lieux possibles et imaginables, mais les boîtes de nuit – où les décibels atteignent l'intensité maximum, où une odeur de sexe flotte dans l'air et où les filles saoules et/ou droguées sont légion – sont ses terrains de prédilection. Son autre endroit favori est le Gansevoort, l'hôtel du district Meatpacking où Joelle et moi avons passé cette journée d'école buissonnière qui s'est terminée dans les larmes.

C'est lors d'une de ces sorties de recrutement dans notre repaire préféré que Jason a découvert Ashley, ma dernière complice. Il l'a attrapée avec son hameçon magique et s'est assuré qu'elle ne pourrait pas lui échapper.

Après que le nouveau trésor a passé sa petite « audition » très déshabillée, elle a renfilé son jean Seven et son petit haut, puis a remis ses talons aiguille (presque identiques à ceux que je portais lors de ma première rencontre avec Jason à Hoboken). Quelques heures seulement après avoir repéré et engagé Ashley, notre cher mac s'est mis en tête de nous mettre immédiatement à l'ouvrage. Mais Ashley voulait d'abord rentrer chez elle pour se changer. Nous avons trouvé un compromis : je lui ai prêté un corsage, et je me suis habillée de manière que nous soyons bien assorties. Je lui ai tendu l'instrument adéquat afin qu'elle se rase les jambes et la chatte, puis elle a emprunté mon maquillage et mon sac D&G. Je lui ai offert quelques condoms, et je lui ai appris comment utiliser la carte de crédit des clients. Nous étions de sortie ensemble, mais je voulais qu'elle apprenne d'emblée tous les petits secrets du métier.

Un client fabuleux attendait le bon vouloir de Jason… et le nôtre. Jason voulait un formidable rapport sur TER pour Ashley. Il voulait que le premier client de ma petite copine soit un gagnant. En fait, la plupart des clients étaient formidables – le genre de gars avec lesquels j'aurais aimé sortir en d'autres circonstances, à condition qu'ils ne me trompent pas avec des escortes !

Nous formons, Ashley et moi, une sacrée paire. J'aime son corps. Elle n'est pas maigre ; on n'a jamais peur de la briser, mais elle n'a pas un gramme de cellulite. Elle est musclée, sa silhouette est superbe, solide, harmonieuse. La seule partie de son corps que je n'aime pas, ce sont ses seins. Elle a des implants, et ils ne sont pas du meilleur effet. Elle m'a avoué qu'elle les avait fait poser quand elle avait seize ans. Cela m'a choquée. Je me sens très différente. Qu'y a-t-il de plus américain que de se faire remodeler les seins à seize ans ?

Quand j'aperçois sa chatte, je suis submergée par le désir de la sucer, de la dévorer. Et je ne m'en lasse pas – elle goûte tellement bon ! Ashley en est au stade où la jeune fille se mue en femme, et c'est spectaculaire. Nous sommes avec un client, je dois me contraindre à m'éloigner de son pubis, je ne veux pas me montrer égoïste. Mon attitude gourmande inspire sûrement le mec. Il nous dit de nous allonger l'une à côté de l'autre, sur le dos, et pendant qu'il la pénètre, nous nous embrassons, doucement, tendrement. Puis il change de chatte, puis retourne à elle, et ainsi de suite. Je participe activement, mais en même temps j'observe Ashley, car je vais devoir faire mon rapport à Jason. Je ne lui révélerai pas tous les détails – il est *mon* petit ami, non ? – mais je lui donnerai franchement mon opinion : cette fille a tout ce qu'il faut pour devenir notre prochaine superstar.

Mais quand elle jouit, je m'abstiens de juger. Pour le client, l'orgasme est probablement authentique, mais je vois bien qu'elle fait semblant. On ne peut pas jouir chaque fois, je sais ! Moi, je jouis presque toujours, mais quand la jouissance ne vient pas, je sais exactement quoi faire, car j'ai observé mes propres orgasmes. Je connais les réactions de mon corps et il me suffit de les répéter : mes yeux se révulsent un peu ; mon corps bouge différemment. Mes jambes tremblent légèrement après l'orgasme, comme si je venais de courir le marathon. Tout cela fait partie du spectacle.

Quand Ashley et moi rentrons au loft, je prends immédiatement Jason à part pour lui dire : « Tu dois engager cette fille. Elle a la plus jolie chatte que j'ai jamais vue. »

Bien sûr, il veut des détails. Je cherche les mots justes. Rose ? Petite ? Mignonne ? Comment décrire une chatte parfaite ? C'est la grande question existentielle. Comment décrire la fleur parfaite ? Le coucher de soleil parfait ?

Je me contente de dire : « Tu ne me fais pas confiance ? Tu ne crois pas que je peux reconnaître une petite merveille quand j'en vois une ? »

Il craque.

Ashley devient, officiellement, Victoria, et nous lui portons un toast au champagne.

\* \* \*

Il est environ sept heures du soir, un mercredi. Le loft n'est pas bondé, mais huit à neuf personnes y déambulent quand même. Dieu merci, j'ai mon petit royaume, sinon je n'aurais jamais la moindre intimité. Jason est agacé quand je m'enferme dans notre

chambre, mais j'ai besoin de temps et de solitude pour décompresser. Sans cela, je deviendrais dingue. Il faut que j'économise mon
énergie pour mes clients.

Ashley frappe au chambranle de mon petit salon, entrouvre la
tenture. Elle comprend parfaitement pourquoi je me mets à l'abri
du chaos et du bruit qui règnent dans le loft.

« Ça te dirait, des sushis ? » lui dis-je.

Elle fait non de la tête. J'appelle mon bar à sushis favori et commande du tempura et des sashimis, priant le ciel d'avoir le temps
de les déguster avant mon prochain rendez-vous. Je suis toujours
prête à bondir. *C'est ce que doivent ressentir les pompiers*, me dis-je.

J'ai rarement faim, mais à cette époque je suis à la limite de la
maigreur. J'aime mon corps qui approche du zéro en matière de
cellulite, mais je n'ai plus mes règles depuis un mois – très pratique
pour le boulot, mais un peu inquiétant pour ma santé. Beaucoup
de filles doivent absolument prendre un ou deux jours de congé par
mois. C'est ce que je devrais faire moi aussi.

Dans le cadre de mes responsabilités au loft, je suis devenue une
experte en menstruations. J'apprends aux filles tous les secrets du
métier, et en particulier comment cesser de saigner pendant quelques
heures. Je les envoie chez Duane Reade, où elles achètent, dans la
section maquillage, une éponge de mer. Puis je leur apprends
comment l'utiliser en guise de tampon. Il stoppe le flux menstruel
pendant quelques heures, et le client n'y voit que du feu. CVS, le
compétiteur de Duane Reade à Manhattan, vend un dispositif qui
s'appelle « Instead ». Ça ressemble à un diaphragme jetable, soit une
sorte de petit disque que l'on introduit dans le vagin et qui donne le
même résultat que l'éponge. Moi, je préfère l'éponge de mer. C'est
plus naturel et le client ne risque pas de sentir le bidule de plastique
de « Instead » et de se demander ce que ça peut bien être.

Je scrute le visage d'Ashley. « Comment te sens-tu ? »

Je lui verse un verre de champagne.

« Au fait, d'où viens-tu, Ashley ? Tu me l'as sûrement dit mais
j'ai oublié.

– Du New Jersey. »

Le souvenir du New Jersey me plonge toujours dans une sorte de stupeur incrédule. L'image que j'en ai, c'est celle d'un ghetto. Newark. Jersey City. Trenton… Mais j'ai vu *Les Sopranos* et je sais qu'il y a des régions du New Jersey qui sont agréables… dans le style nouveau riche banlieusard. Je me dis que si Ashley a pu s'offrir des implants mammaires à seize ans, c'est que sa famille dispose de revenus appréciables. Mais c'est tout ce que je sais et je brûle du désir d'en apprendre davantage.

*** 

Ashley est couchée sur mon lit. Je suis à l'ordinateur, sur le site de TER, afin de voir si de nouveaux rapports ont été ajoutés. Les gens normaux ont Facebook, nous avons TER. Je fais défiler le site afin d'y trouver Victoria. Elle est là. Je clique et lis un rapport sur Ashley.

Elle bondit et se met mise à lire au-dessus de mon épaule : 10 sur 10 ! Je la serre dans mes bras. Le rapport commence par une description de sa personnalité (douce), puis parle de ses aspirations (devenir chanteuse).

« Attends ! Tu es vraiment chanteuse ?

– Oui. Tu ne savais pas ? Je croyais te l'avoir dit ! »

Pendant quelques secondes, je me demande si je ne devrais pas la présenter à Peter, mon client producteur de disques. Il œuvre dans les coulisses de la scène pop punk. Mais je me ravise. Je ne vais tout de même pas envoyer cette jeune et brillante émule chez un de mes meilleurs clients !

Il faut que j'y pense sérieusement.

« C'est chouette », dis-je.

J'ai envie de lui demander de me parler de sa famille, mais je m'abstiens. C'est le genre de questions que l'on ne pose pas au loft. Les filles ne parlent jamais de leurs parents. Et de toute façon, je crois qu'il faut toujours s'attendre au pire.

Mon cellulaire sonne. C'était ma mère. J'enfonce la touche *MUTE*. Ce n'est pas le moment. Les coups de fil avec maman exigent de la patience, de l'intimité, et au moins trente minutes. Je soupire, hoche la tête, essaie de maîtriser mon émotion : un cocktail de culpabilité, de frustration, d'ennui et de tristesse.

« Ma mère », dis-je à Ashley en montrant le téléphone. Elle ne réagit pas. C'est comme si elle ne m'avait pas entendue. Nous ne sommes vraiment pas prêtes à partager nos secrets de famille.

Elle ne me révèle donc rien de son passé. Comme tout l'Occident, j'apprendrai son histoire lorsqu'elle se retrouvera mêlée à l'un des plus gros scandales politiques des dernières années. Mais quand tout cela se produira, nous serons loin l'une de l'autre, pour de multiples raisons.

Lorsque l'agence mettra la clé sous la porte, je cesserai de prendre les appels concernant mon métier d'escorte. Je changerai de numéro, que je ne donnerai qu'à certains clients. Tous les autres auront débarqué de mon réseau social. Quant à nos amis mutuels, à Ashley et à moi, peu nombreux, ils disparaîtront du tableau.

Ashley et moi évoluons dans des cercles différents. Elle est motivée par son ambition de chanteuse, et son cercle est constitué de personnes évoluant dans l'industrie du disque. Mon univers périphérique est celui du monde du spectacle et des New-Yorkais amateurs de soirées folles.

Après New York Confidential, nos univers ne se rencontreront plus, ou très occasionnellement.

Mais pour l'instant, nous travaillons ensemble, et je crois savoir pas mal de choses sur elle, même si elle garde le secret sur son passé familial. Lorsque je consulte sa page MySpace, cependant, je constate que je ne la connais pas aussi bien que je le pense. Nous partageons la même vie, je crois la connaître mieux que beaucoup de gens, mais il y a un tas de choses que nous n'avons jamais explorées et un tas de choses que nous nous cachons l'une à l'autre.

Ce que je déduis du peu que j'ai deviné, c'est que son enfance a été sabotée. Il lui est arrivé de faire allusion à des sévices sexuels et à sa dépendance à la drogue. Elle a grandi dans une banlieue riche du nord du New Jersey, avec sa mère et son beau-père chirurgien-dentiste. En plein secondaire, elle a déménagé en Caroline du Nord pour vivre avec son père biologique, et elle n'est revenue à New York qu'après avoir obtenu son diplôme. Sa famille doit avoir un tas de fric, mais, comme moi, c'était une enfant incontrôlable et, comme moi, elle a atterri à New York dans l'espoir d'y trouver une vie meilleure.

Je me tracasse un peu à son sujet, me disant que si elle a la même nature que moi, elle vit dans une agitation permanente. Dans notre boulot, il faut faire preuve de prudence et réfléchir sérieusement avant d'agir.

«Ashley, tu sais comment faire pour te protéger?»

Elle saisit un condom sur ma table et le tient en l'air avec une expression dégoûtée. «Beurk!»

J'éclate de rire. «Ce n'est pas de ça que je parle. Je veux dire "légalement". »

Elle fait non de la tête.

Je lui explique les arcanes du métier dans les mêmes termes que ceux qui ont été utilisés à mon intention. En tant qu'escortes à New York, nous vivons dans une zone grise, mais légale. Nous ne sommes pas considérées comme des prostituées qui sollicitent le client au coin d'une rue et demandent 50 $ pour une fellation ou 75 $ pour "monter au septième ciel". Nous sommes "louées" et rémunérées, légalement, pour notre temps et notre compagnie. Tout se passe entre adultes consentants. Aussi longtemps qu'il n'est pas prouvé que nous échangeons du sexe contre de l'argent, on ne peut pas nous inquiéter.

«En fait, c'est comme lorsque tu vas chez le coiffeur. Il te coupe les cheveux, te coiffe, et tu décides ensuite de faire l'amour avec lui. Ce n'est pas illégal, n'est-ce pas? »

Elle hoche la tête.

«Mais tu dois être prudente. Par exemple, si un client fait ne fût-ce qu'allusion au sexe, ou essaie d'avoir un contact physique avant qu'une transaction ne soit acceptée de part et d'autre, il y a beaucoup de chance que ce soit un flic, et tu dois prendre immédiatement la poudre d'escampette. Si un client t'offre davantage d'argent pour avoir un rapport anal, ou pour faire l'amour sans condom, tu dois filer aussi vite, car les flics ont l'ordre d'arrêter les escortes qui ont des rapports sexuels non protégés. Ne fais jamais l'amour sans condom et – c'est mon avis – ne te laisse pas sodomiser. C'est dangereux. Tu pourrais être gravement blessée.

Autre hochement de tête.

«Tu as des questions?»

Non.

«Je n'ai jamais rencontré tes amis. Est-ce qu'ils sont au courant?»

Maintenant que j'en ai terminé avec les questions légales, je suis curieuse de savoir si, comme la mienne, la vie d'Ashley est pleine de secrets. Je meurs d'envie de me confier à quelqu'un. Une partie de moi déteste ma double vie, mais l'autre partie se dit que j'ai dégoté un raccourci vers le bonheur et le succès, que j'ai trouvé une faille dans le système et que je veux partager ma découverte avec une fille qui fait le même métier que moi. Tout ce que je fais est illicite et en opposition avec le courant dominant, mais cette activité me paraît si naturelle, et je m'amuse tellement que je commence à penser que l'ensemble de la société occidentale se trompe, et que nous sommes les seules à avoir compris.

«Non, ils ne savent pas. Et je ne veux pas leur dire. Cela pourrait me jouer un vilain tour.

– Tu as tout à fait raison. Je te comprends. Alors, dis-moi qui est ton client préféré.

– Le gars du fonds spéculatif. Trente-cinq ans environ. Il a un appartement dément à Central Park. La nuit dernière, il m'a emmenée au Quo et m'a prise dans les toilettes. Quelle baise! Je n'ai pas la moindre idée de ce qu'est un fonds spéculatif, mais les gars de ces fonds-là sont si *hot*! ajoute-t-elle en imitant Paris Hilton.

– Complètement», dis-je, dans ma meilleure imitation de Nicole Richie, l'illustre camée.

Je lui demande si elle compte le revoir.

Elle sait exactement ce que j'entends par là.

« S'il me demande, oui. Je l'espère. »

Ashley me plaît beaucoup, mais je dois surveiller les filles au cas où l'une d'entre elles essaierait de voler des clients à l'agence. Ça arrive souvent. Après tout, je suis la petite amie du boss, je dois me montrer loyale. Mais Ashley sait qu'elle doit jouer le jeu. Elle sait que meilleure elle sera, plus elle empochera. C'est pour cela qu'elle se tient si souvent avec moi. Et ça me plaît. De toute façon, nous sommes faites pour être amies.

***

Après un brunch élégant au Balthazar – avec champagne/jus d'orange à gogo – je me retrouve dans une Escalade avec chauffeur en compagnie de Jason et d'Isabella. On rentre au loft. Jason a discuté toute la matinée avec une Russe qui a déjà travaillé pour lui, ainsi qu'avec Bruce, son ex-partenaire de business – celui avec lequel je l'ai entendu se disputer si violemment au téléphone à Hoboken. La rupture entre Jason et Bruce a créé un certain méli-mélo : une bande de filles n'ont pas été payées pour leurs derniers rendez-vous, mais ni le premier ni le second ne veut s'acquitter de cette obligation. La Russe est furax et crie que Jason doit retirer ses photos du site Web de New York Confidential. Il lui a promis de le faire et remet cette corvée de jour en jour.

Lorsque nous tournons le coin et entrons dans la rue Worth, son cellulaire sonne. C'est un avocat qui appelle au nom de sa cliente, la Russe en question ! Je ne sais ce que lui dit cet homme, mais ses paroles vont droit au but : Jason pâlit et, pour la première fois depuis que je le connais, reste sans voix. Mais il retrouve très vite son sang-froid et fait ce en quoi il excelle : du charme. Il pose une série de questions au gars et découvre qu'il s'appelle Mel Sachs et qu'il a été un des meilleurs copains de sa mère.

Jason est très excité. Sa mère était tout pour lui, et tous ceux qui la connaissaient et qui l'appréciaient faisaient instantanément partie de la famille.

Le but primordial du coup de fil est oublié. Mel accepte de passer au loft dans la soirée. Jason s'est engagé à retirer les photos de la Russe du site Web.

Quand nous arrivons au loft, Hulbert me dit qu'Ashley ne va pas tarder. Elle sait que si nous sommes là, elle aura un nouveau rendez-vous.

Jason laisse toujours entendre aux filles que si elles se baladent dans le loft en petits dessous, ou mieux, à poil, il sera plus enclin à les *booker* pour des rendez-vous. Il aime ça. Il aime avoir des jolies filles nues autour de lui. Il ne s'en lasse pas. Ça l'inspire, le motive. Un désir qui remonte au premier harem, sans doute. En tout cas, cela fait partie de la philosophie de Jason qui, fondamentalement, se réduit à son obsession pour la beauté. On pourrait dire que cette obsession pour la beauté rejoint en quelque sorte celle des nazis. Il affirme parfois que les gens beaux sont plus intelligents et plus dignes de confiance que les moches. On a parfois l'impression que tout ce à quoi il pense, tout ce qui lui importe, c'est d'être entouré de belles gonzesses. Quand on y pense bien, c'est assez pathétique. Comme s'il voulait compenser pour un manque de personnalité ou pour un défaut physique. D'autre part, on pourrait dire qu'il est un esthète vieux jeu : la culture occidentale est pleine de grands artistes, de penseurs et de dirigeants qui veulent être entourés de beauté. Je ne veux pas comparer Jason à Degas ou à Gauguin, rassurez-vous, mais peut-être à Caligula – sans ses légions.

La philosophie de Jason fait partie intégrante de sa manière de «vendre» les services de New York Confidential à des clients potentiels : «Achetez une de mes filles et votre vie sera meilleure. Sa beauté et son énergie sexuelle vous rendront plus heureux et plus productifs. Pensez-y comme à un investissement pour votre bien-être personnel. »

Je pense qu'il y a un grain de vérité dans ce conseil. Le sexe est l'ultime libération, et les attentions d'une jolie fille rehaussent l'importance qu'un homme accorde à sa propre personne, même si ces attentions sont éphémères et qu'il doit les rémunérer. Mais ce que Jason ne comprend pas, c'est que la plupart des clients ont une conscience. Il est si égaré dans ses illusions qu'il ne voit plus que ce qu'il «vend» crée culpabilité et remords, surtout chez les hommes mariés ou engagés dans une relation sentimentale. Chez ces hommes, les pensées négatives peuvent détruire toutes les pensées positives qui sont censées les libérer et leur permettre de vivre intensément cette libération. À l'autre extrémité du spectre, un grand nombre de nos clients sont aussi accros aux escortes qu'ils le sont à la drogue ou au jeu, et le «bonheur» dont Jason fait le trafic n'est qu'une infime partie de leur dégringolade vers la déchéance.

\*\*\*

C'est l'une de ces rares soirées d'été, lorsque l'air est tiède et pur. Ashley et moi avons toutes les deux un rendez-vous. Le sien est d'une heure; le mien de deux. Nous nous arrangeons pour étirer le temps qui nous est imparti – une heure de plus chacune. Quand je rentre au loft, Jason est aux anges: il travaille dur pour nous fournir les meilleurs rendez-vous possible, et quand nous arrivons à prolonger la séance et gagner ainsi plus de fric, il est ravi.

Mel Sachs – dont j'apprendrai bientôt qu'il est devenu légendaire dans le monde juridique (il a, entre autres, défendu Mike Tyson, David Copperfield et Derek Jeter) est venu au loft pendant mon absence. Jason n'arrête pas de chanter ses louanges. Mel était un ami de sa mère. Il sait tout sur le statut et les biens de la famille. Pour Jason, la famille est tout.

Mon cher petit ami s'appelle Jason Sylk. Son père «spermatologique», comme il dit, est Leonard Sylk, fils d'un magnat des drugstores qui, autrefois, a eu des parts dans le club des Eagles de Philadelphie. Cet homme s'était remarquablement bien débrouillé avec son héritage et s'était fait un nom dans le monde des affaires. Selon Jason, il était connu dans la communauté juive pour être copain-copain avec tout le monde, des bookmakers au « bagelmakers ». Quand Jason était petit, il était le seul petit Juif à des milles à la ronde dans la banlieue très WASP de Philadelphie. Sa famille avait un garage pour dix-huit voitures et une piste d'atterrissage pour hélicoptères. Jason m'a raconté que le premier ministre d'Israël avait séjourné dans leur propriété.

Enfant, Jason passait l'été dans les Catskills, où il se mêlait aux riches rejetons de la mafia juive. Il faisait des excursions, nageait, mangeait des boulettes de poisson avec les copains – comme Jason Binn, par exemple, qui allait fonder plus tard les magazines *Hamptons* et *Los Angeles Confidential* réservés aux gens friqués. Jason l'idolâtrait. Bien que son père fût un millionnaire, Binn avait créé son propre empire à la force du poignet. Le nom que Jason avait donné à notre entreprise était un hommage au culot de Jason Binn.

Lorsque ses parents ont divorcé, mon Jason a perdu le contact avec son père biologique et est devenu très accro à sa mère. Il n'arrêtait pas de vanter sa beauté auprès de ses potes. Pour lui, sa mère était l'Ève originelle, la femme avec qui tous ses copains avaient envie de baiser. Elle s'est remariée, cette fois à Ron Itzler, un avocat de premier plan qui vivait dans un quartier chic de Jersey. Puis elle est morte du cancer, et Jason s'est effondré. Il était dans la vingtaine. Sur un plan pratique du moins, Ron est devenu son père.

Comme le dit Jason lui-même, son seul objectif a toujours été de faire la fierté de sa maman. Le magazine *New York* a parfaitement résumé sa vie: la mini-épopée d'un Juif américain obsédé par le statut social. Un drame psycho-socio-sexuel regorgeant, à parts égales, de racolage génial (parfois brutal) de filles et de gars, d'idéalisme néo-hippie sincère et d'une tendance prononcée à l'autodestruction.

\*\*\*

Lorsque le mégapromoteur Noël Ashman nous invite à l'ouverture de son nouveau club, le NA, Jason fait venir notre longue limousine Escalade – son char préféré. Il rêve d'en disposer vingt-quatre heures sur vingt-quatre. Un simple appel et elle serait à notre porte! Il pense que ce mode de locomotion serait *cool* pour les filles: une fois assise sur les sièges moelleux, elles auraient l'impression d'être des vedettes de cinéma. Mais ce dont je le soupçonne, moi, c'est de rêver d'avoir une chambre flottante dans laquelle il pourra organiser davantage de rendez-vous. Les suites, dans les hôtels luxueux de Manhattan, sont coûteuses. En outre, elles sont rares pendant les saisons touristiques et autres. Il n'y a rien qui agace plus Jason que de voir ses petites abeilles dans l'incapacité de lui faire gagner des sous parce qu'il n'arrive pas à leur dégoter une chambre suffisamment belle.

Je suis très excitée à la perspective de sortir comme une simple mondaine. Je ne tiens pas en place. Envie de danser, de bondir. J'ai travaillé non-stop toute la semaine. Après m'être habillée, j'avale une coupe de champagne et sniffe une énorme ligne de coke. J'en offre une à Ashley. Elle fait non de la tête, mais j'insiste et elle finit par accepter mon cadeau. Je réalise à ce moment-là qu'elle n'est pas sortie très souvent. La pauvre petite n'a que dix-neuf ans, elle n'a même pas l'âge légal pour boire de l'alcool! J'ai un pincement au cœur: je me sens coupable de l'entraîner ainsi sur une pente aussi dangereuse, mais je suis si égoïste. Tout ce que je veux, c'est une amie qui soit capable de me suivre dans toutes mes virées, aussi risquées soient-elles.

Son visage se crispe quand la poudre atteint ses sinus. Quand le corps n'est pas habitué, c'est comme si on sniffait du Drano. J'en ai tellement inhalé que ça ne me fait pas plus d'effet qu'un espresso. C'est mon fuel. Jason et Isabella sont déjà dans la limo. Nous nous précipitons vers la sortie, gloussant comme des gamines. Puis nous bondissons dans l'Escalade et Ashley crie au chauffeur: «Réveille-moi cette vieille casserole!»

Jason, lui, dit au chauffeur d'augmenter le son sur la station 97. La limousine vibre au rythme du hip-hop lourd, écrasant de Funk-master Flex. Les basses, l'excitation et la cocaïne se liguent pour faire battre mon cœur à du cent à l'heure. Je regarde les autres avec un sourire complice, ils me sourient à leur tour. Je me sens invincible.

Le chauffeur se range devant la porte du club. Le portier nous fait entrer. L'atmosphère est *cool*, mais on sent le flux d'énergie qui circule. La soirée commence. Mel nous souhaite la bienvenue et nous demande d'attendre un instant : il veut nous présenter Noël, le propriétaire. Ce dernier nous place dans le premier box, là où tout le monde peut nous voir. J'adopte immédiatement le mot d'ordre du club : danser sur la banquette. Ashley fait de même. Elle est un peu limite. Ce que veut dire « limite » ? Simple. Vous ne vous sentez pas très bien dans votre peau, au point où vous n'avez plus le contrôle total de votre corps. Le remède ? Un drink. Ou dix. Alors je joue les barmen avec la bouteille de Grey Goose qui vient d'apparaître miraculeusement sur la table. Ashley fait non de la tête, une fois de plus. Mais je lui mets le verre dans les mains et nous avalons une longue gorgée. Ma copine commence à comprendre quelle est la marche à suivre.

Nous nous installons plus confortablement pour observer notre entourage. Pour une ouverture de boîte, c'est plutôt moyen. On n'y voit pas la troupe habituelle de modèles mineures. Nous sommes donc l'attraction principale.

Ashley étincelle. Littéralement. Nous l'avons frictionnée avec ma lotion qui fait chatoyer la peau. Ses jambes, ses bras, son décolleté brillent, mettant merveilleusement en valeur son bronzage. Vous vous rappelez la robe Versace que portait J. Lo aux Grammys, il y a quelques années ? Verte, vaporeuse, coupée de façon à laisser voir le nombril ? Un peu plus courte et on aurait vu sa chatte. La robe d'Ashley lui ressemble, mais elle est sans manches. Ashley est magnifique. Je jette un regard sur mes seins et me dis que je devrais peut-être réévaluer mon opinion sur les implants mammaires. Mais quand j'essaie d'imaginer à quoi mes seins ressembleraient, mon fantasme « et si » se volatilise. J'aime mes petits seins ; j'aime être menue, à la Kate Moss. Et je décide de laisser le look Carmel Electra à Ashley.

Isabella, qui n'est pas du tout mon type, soit dit en passant, est très sexy dans sa robe blanche. Elle a l'air d'arriver tout droit de Miami ou de Caracas. Mais je n'ai jamais apprécié ses longs ongles à la française, ni son look sud-américain un peu clinquant. Jason et moi tenons beaucoup à l'image de New York Confidential. Vous vous rappelez le jour où il m'a dit d'aller acheter de nouvelles chaussures chez Manolo avant mon premier rendez-vous et mon premier rapport sur TER ? Ce jour-là, je ne les ai pas achetées moi-même, mais au cours des semaines qui ont suivi, je suis devenue une pro : les clients paient un max pour me voir, il est normal que je leur en mette plein la vue.

Isabella est sous surveillance. Ma surveillance. Je la complimente quand sa tenue me plaît, je la critique quand elle s'attife. Elle ne m'en tient pas rigueur, mais j'ai l'impression qu'elle ne comprend pas très bien ce que je veux, ce qui fait d'elle un éternel projet de réforme. Il n'y a pas que l'image de l'agence qui est en jeu, je crains que son look latino et son étalage de chair n'attirent un peu trop l'attention, surtout celle de la police. Je lui prête des robes et l'aide à mettre la pédale douce dans son maquillage, mais je n'arrive à rien avec ses longs ongles en acrylique manucurés à la française.

J'ai décidé de m'aventurer moi aussi dans les extrêmes – style Carrie Bradshaw[12]. Je porte un petit haut au dos nu en métal argenté, foncé, une jupe de cuir noir très fin, et le nouveau présent de Jason : les souliers les plus chers jamais fabriqués par Manolo. Des petites merveilles ornées d'une multitude de cristaux Swarovski. J'ai l'impression d'être une star du rock. Beyoncé les a portés quand elle a chanté aux Grammys. Entre mes chaussures Beyoncé miroitantes, le décolleté plongeant d'Ashley et sa robe J. Lo, l'accent

---

12. L'actrice excentrique de *Sex and the City*. (NDT)

colombien d'Isabella et son cul qui tangue, la limo Escalade et notre manager Jason avec sa montre Cartier sertie de diamants et ses dix billets de mille dans la poche, on pète le feu – la version de l'industrie du sexe de *Drôles de dames*[13]. Les vibrations qui émanent de notre trio me font mouiller. Je prie pour avoir un rendez-vous dans la nuit.

Le visage de Jason est rayonnant. Mel lui a présenté Andrew, un gars divinement habillé, la petite trentaine, décorateur et propriétaire, dans les années soixante-dix, d'une boutique branchée sur Madison Avenue. C'est du moins ce qu'il me dit quand je lui demande, plus tard dans la nuit, qui est ce mec. À part ça, à cause des décibels qui explosent dans ma tête et de la coke qui flotte dans mes veines, je n'entends strictement rien.

Ashley veut danser. Jason saute en piste comme P. T. Barnum, nous aide à quitter notre banquette et nous présente à la foule. Je colle Ashley contre moi, nous commençons à nous peloter. Jason est très fier, et moi j'ai beaucoup de plaisir. Il est devenu l'être le plus important dans ma vie, j'aime le voir sourire, surtout quand c'est grâce à moi. Ashley est aussi experte que moi pour jouer à ces petits jeux. Notre séance attire tous les mâles. Ces types rêvent de faire partie de notre cercle. Les gars fourmillent autour d'Ashley; elle sait quoi faire pour rendre les hommes à moitié dingues. Je me sens un peu menacée, mais j'aime les défis. Mon amie se conduit exactement comme je l'ai prévu.

Mais l'ambiance change, petit à petit, et la boîte devient ennuyeuse. On ne peut pas danser sur une banquette jusqu'à ce qu'elle s'use. Nous avons fait le tour de l'assistance, rencontré et parlé à tout le monde, et notre intérêt s'est émoussé. Nous nous levons pour sortir, Mel et Andrew dans notre sillage. Jason demande au chauffeur de nous ramener rue Worth. J'examine Mel. Il porte un costume fait sur mesure, une chemise de soie et un nœud

---

13. Série télévisée américaine mettant en scène trois jeunes femmes qui travaillent pour une agence de détectives privés. (NDT)

papillon – c'est, apparemment, son uniforme. Andrew n'est pas ce qu'on peut appeler un beau mec, mais il s'habille comme un dieu. Je m'installe sur les genoux de Jason. Mel me dévore des yeux, me complimente sur ma beauté et mon énergie. Il a une voix de velours, mais un velours un peu râpeux. Jason me chuchote à l'oreille le nom du dernier client de Mel.

« Wow ! Vous représentez Lil' Kim ![14] » Je suis passablement ivre et je ne peux plus contenir mon enthousiasme.

« Natalia, il faut que tu viennes jeudi soir. Tu la rencontreras. Elle se produit au Marquee. Je te présenterai, ce sera génial. »

Je n'ai jamais entendu un hétéro prononcer ce mot-là. C'est formidable. Quand nous arrivons au loft, Ashley, Isabella et moi nous précipitons dans ma chambre pour nous regarder dans le miroir. Nous sniffons une ligne, puis je me dis : *Bon, c'est assez pour cette nuit. Il faut que je dorme de temps en temps.*

« NATALIA ! » L'appel de Jason se glisse dans mon petit salon.

Ashley et Isabella sont allées rejoindre les deux invités, me laissant seule devant ma coiffeuse.

« NATALIA ! Sors de là ! J'ai un rendez-vous pour toi ! »

Mon sourire s'évanouit. Je me regarde dans le miroir et ferme les yeux, satisfaite. Je retouche mon maquillage, attrape quelques condoms, un formulaire de carte de crédit et glisse le tout dans mon sac. Puis je me redresse et j'accroche un sourire sur mes lèvres. Jason me donne les détails du rendez-vous.

« Il me fait l'effet d'être le gars le plus *cool* du monde. Il est au Mercer. Son nom est Alex. C'est un acteur. Trente-deux ans. Tu vas l'aimer. Une heure et demie, 1800 $. Prends la limo, elle est toujours devant la porte. Appelle-moi dès que tu seras arrivée. »

Très bien, boss. J'ai souhaité un client de fin de soirée. Je l'ai. Je me faufile hors du loft.

---

14. De son vrai nom Kimberly Denise Jones, Lil' Kim est une star du hip-hop. Elle a été en procès pour n'avoir pas remis sa biographie à l'éditeur qui l'avait commandée – et pour laquelle elle avait reçu une avance. (NDT)

Avant de sortir, j'entends Jason dire à Mel et aux filles : « Vous verrez qu'elle va encore avoir un 10 sur 10 sur le rapport du mec. »

Tandis que la limo s'engage dans la rue, je me donne pour mission de revenir avec un score parfait.

***

Les semaines passent, Ashley et moi devenons de plus en plus proches à chaque « sexcapade ». Elle est ma protégée, mon amie et ma complice en délits cri… je veux dire en activités nocturnes et légalement douteuses. Mais elle a encore besoin que je veille sur elle comme une grande sœur.

Nous avons, elle et moi, après quelques heures dans un club, été invitées à une fin de soirée dans un loft près d'Union Square. Comme elle n'a pas l'habitude de participer à ce que j'appelle « certaines activités », ou « aventures extrêmes », elle est vannée quand nous échouons à l'agence vers les neuf heures du matin. Elle s'effondre sur mon lit et tombe immédiatement endormie.

On peut rester longtemps assise à se préparer des lignes et à les sniffer en écoutant de presque étrangers déconner à la coke avant de trouver ça ennuyeux. Mais après mes nuits folles, j'aime m'occuper. Rien de trop stressant, rien qui exige trop de concentration ou de réflexion. Le shopping est mon passe-temps favori. En sandales, lunettes noires sur le nez, un ou deux gros billets dans mon sac, je me mets en route.

Quand nous nous réveillons, Ashley n'a pas l'air très en forme. Elle me regarde d'un air ahuri quand je lui suggère de m'accompagner au D&G, sur West Broadway.

Je suis habituée à ses réactions.

« Ashley, fais-moi confiance. Une fois qu'on sera dehors, tu t'amuseras. »

Elle n'a pas l'air convaincue. Il faut que je la persuade.

« C'est comme une aventure, tu verras ! »

Elle pose sans enthousiasme ses énormes lunettes noires Dior sur son nez, et je lui prends le bras. Nous marchons d'un bon pas. Je bavarde, m'efforçant de garder son esprit occupé. Je suis sûre qu'une fois entrée dans la boutique, elle se sentira mieux.

Je glane quelques petites robes et blouses pour qu'elle puisse les essayer, je lui passe un sac et un chapeau de paille et je la laisse dans le salon d'essayage. Puis je découvre les souliers les plus mignons qui soient et je demande à la vendeuse si elle les a dans ma pointure. Je m'assieds en attendant qu'elle vérifie, me demandant pourquoi l'essayage d'Ashley prend tant de temps. Je remets mes sandales et je vais frapper à la porte de la cabine. « Tu es toujours là ? »

Elle entrouvre la porte. Je jette un coup d'œil à l'intérieur. Mon Ashley est assise sur le petit banc, l'air affreusement misérable. Les vêtements pendent encore sur les cintres. Il faut la sortir de là au plus vite et rentrer dare-dare au loft. Et mes souliers ? Merde, ils étaient si beaux ! Mais ce serait faire preuve d'insensibilité que de faire attendre cette pauvre petite sous le prétexte que je veux essayer des godasses. Elle n'a pas l'air bien du tout. Nous retournons sur West Broadway et, heureusement, un taxi s'arrête tout de suite. SoHo n'est pas la partie de la ville la plus facile pour les taxis. Nous nous engouffrons à l'intérieur. Elle met la tête sur mon épaule.

J'ai compris : dorénavant, tu feras tes courses seule.

« Ça va aller. On sera là dans deux minutes. »

Mais nous passons devant Toys in Babeland, un grand sex-shop. Et je commence à manquer dangereusement de condoms – ce qui est déconseillé pour une escorte.

L'épuisement d'Ashley est contagieux. Quand nous nous traînons à l'intérieur du loft, je suis prête à m'effondrer moi aussi. Nous ôtons nos vêtements et, en petite culotte, nous nous enfouissons dans mon grand lit supermoelleux sans même prendre la peine d'enlever nos lunettes noires. Nous faisons une merveilleuse sieste. Avant de m'endormir, j'ai posé un baiser sur le front d'Ashley et je me suis dit : *il faut que je m'occupe un peu plus sérieusement de cette petite fille.*

Quelques heures plus tard, Jason nous réveille en se pelotonnant contre nous. D'habitude, je suis exécrable quand on me réveille, mais là, je souris. Ashley roule sur elle-même, Jason me questionne du regard.

« On a un peu trop fêté la nuit dernière… je veux dire, ce matin… », dis-je.

« Mais où as-tu la tête, Natalia ? Personne ne peut prendre autant de coke que toi ! Comment va-t-elle pouvoir travailler, maintenant ?

– Tout ira bien. » Je saute du lit. Une jolie petite ligne de coke m'attend sur ma table à maquillage. Les yeux de Jason restent fixés sur moi. Je vais dans la salle de bain, ouvre la douche, m'assieds sur la toilette pour faire pipi. Il faut que je ralentisse. Je ne suis pas stupide. J'ai vu *Scarface*.

# Chapitre sept

# Fête d'anniversaire

Ashley et moi sommes au sommet du succès. Je fais partie d'un New York Confidential prospère depuis cinq mois endiablés et j'ai accumulé dix-sept rapports 10 sur 10 consécutifs sur TheErotic-Review.com. Ashley se classe directement derrière moi, avec plusieurs 10 sur 10 et quelques 9 sur 10. Nous gagnons un minimum de 1200 $ l'heure.

Nous sommes inséparables. Nous nous sommes même découvert une foule d'amis communs. La plupart d'entre eux se demandent d'où nous vient notre nouvelle richesse, et les trésors récoltés pendant nos séances de magasinage ne passent pas inaperçus, surtout aux yeux des filles avec qui nous sortons. Mais personne n'a assez de culot pour nous poser des questions, ce qui va créer deux petites brèches dans notre amitié.

Je me sens de plus en plus à l'aise avec les gens qui savent que je suis une escorte – à New York Confidential et pour Jason. Ils l'ont appris petit à petit : à aucun moment je n'en ai fait la révélation officielle. En fait, je n'avais pas vraiment le choix dans la mesure où Jason dit à tout le monde qu'il est le mac le plus important à New York et que je suis sa grande vedette. Cette situation atteint un top niveau quand il loue une demi-page hebdomadaire dans le magazine *New York* où l'on voit une photo de mon visage faite par un des professionnels de la mode les plus en vogue.

En ce qui me concerne, je pense que c'est un gaspillage de temps et d'argent. Aucun de nos clients ne regarde la dernière page du magazine *New York*. Ils nous appellent parce que des amis leur ont parlé de notre agence, ou parce que nous avons acquis une réputation dans l'underground. Nous gagnons des sommes folles à cette époque, mais ces pubs représentent quand même une grosse dépense : plusieurs milliers de dollars par semaine ! Jason sait que ces annonces ne rapportent pas grand-chose, mais il veut que notre nom et mon visage soient connus de tous.

Quoi qu'il en soit, je mets les choses au point lorsqu'il suggère que je paie la moitié de cette dépense, sous prétexte que c'est mon visage et mon nom que l'on voit. Je lui réponds qu'il devrait, au contraire, *me* payer, moi, pour les mêmes raisons.

Le rêve d'Ashley – devenir la prochaine diva – signifie qu'elle ne veut pas que l'on sache comment elle paie son loyer. Je me suis gourée à plusieurs reprises en l'appelant Victoria devant nos amis. Je me rattrape toujours en précisant que c'est le surnom que je lui ai donné, *parce qu'elle est aussi chic que Victoria Beckham*[15]. Tout le monde achète cette explication, mais je vois bien que ma distraction l'agace.

* * *

Une nuit, Victoria – pardon, Ashley ! – et moi sommes seules au loft. Un petit miracle. Les coups de fil à l'agence sont transmis au cellulaire de Jason. Hulbert a pris congé jusqu'au lendemain – le seul que je le verrai jamais prendre. Mona et Clark ont disparu. Pour un bref moment, le bureau/bordel va se transformer magiquement en terrain de jeux.

« Hé, les sushis sont arrivés ! »

Nous les dégustons au salon. Je verse de la sauce soja dans le nombril de ma copine et j'y trempe un gros morceau de sashimi au

---

15.  Chanteuse, styliste, femme d'affaires, parolière et actrice. (NDT)

thon. Elle met du wasabi sur ses tétons et me propose de les lécher. J'obéis, bien sûr… puis je cours autour du loft pendant cinq minutes, les sinus en feu ! Wasabi et sinus irrités par la coke ne font pas bon ménage.

Ashley a mis un enregistrement *custom house* de hip-hop que notre ami DJ Lee Kalt a fait spécialement pour moi. On en a marre de la fixation de Jason sur Frank Sinatra. Ça nous donne envie de vomir. Ashley saute sur le divan avec la bouteille de Taittinger que nous avons vidée en quelques minutes et accompagne Mary J. Blige dans « No More Drama ». Je me couche sur le sol et me roule par terre en la voyant agiter son cul comme une gonzesse dans une vidéo de rap.

Tout à coup, elle s'immobilise. « Oh, mon Dieu, c'est l'anniversaire de Nas. J'allais l'oublier ! »

Je hausse les épaules. J'aime bien Nas, en tout cas autant que les petites Blanches qui passent leur temps à aller d'une boîte à l'autre, mais pas assez pour paniquer à l'idée d'oublier son anniversaire (ou même d'en connaître la date). Je demande à Ashley si elle veut lui envoyer une carte, ou un cadeau.

Elle me prend par la main et m'entraîne dans ma chambre. « Habille-toi, nous allons au Select. »

Ashley est en mission, et je suis tenue d'y participer. Elle est fermement convaincue que sa carrière de chanteuse prendra son envol si elle se trouve au bon endroit au bon moment, là où un foutu producteur la verra et sera sidéré par sa simple présence. Elle parle souvent de Mariah Carey, qui a shampouiné dans des salons de coiffure et tenu un vestiaire avant que Tommy Motolla la découvre alors qu'elle était serveuse dans un bar miteux de l'Upper East Side. Ashley avait un an de moins que Mariah quand cette dernière a été catapultée dans l'univers des superstars, mais elle a davantage de connexions qu'une simple serveuse, et elle est certaine d'avoir le culot nécessaire pour se faire une place au sommet.

Elle prend le téléphone et appelle le Select. « Salut. Il est encore là ? Chouette, je me pointe dans quinze minutes. »

Elle raccroche et me regarde. «Nas est encore là, mais il faut qu'on se grouille. »

J'enfile une minuscule robe Miss Sixty, mes souliers Manolo et j'attrape mon sac, dans lequel j'ai fourré un petit contenant plein de coke. Puis nous sautons dans un taxi. Dix minutes plus tard, nous faisons notre entrée au Select. Un des avantages qu'il y a à vivre la nuit, c'est qu'on n'est jamais embouteillé dans la circulation.

Ashley prononce le mot de passe à l'oreille du portier, un type pesant au moins 250 kilos ! La tenture de velours s'ouvre comme la mer Rouge. Quand nous entrons, nous remarquons tout de suite que l'atmosphère est curieuse. Il est une heure du matin et l'endroit est presque désert. Ce n'est pas du tout ce à quoi je m'attendais dans l'antre de l'un des rappeurs les plus connus de la planète. Il doit y avoir une vingtaine de personnes alors que le club peut certainement en contenir vingt fois plus.

La première soirée de l'industrie du hip-hop à laquelle j'ai participé, quelques mois après mon arrivée à New York, est une soirée de lancement de Tang Clan. C'était le chaos total. J'étais la seule fille blanche et j'ai dû me réfugier plusieurs fois dans la cuisine. Les mecs devenaient de plus en plus dingues, ils se frottaient constamment contre moi et j'étais trop novice pour savoir comment les rembarrer.

Quand je vois la piste de danse vide et le petit groupe entourant Nas et la chanteuse Kelis, sa petite amie (qui est devenue sa femme), je suis comme qui dirait soulagée. Les deux sont au sommet du hit-parade. «Milkshake», une chanson de Kellis, est la rengaine de l'été, et Nas est... Nas est Nas. Si vous ne connaissez pas le hip-hop, vous ne comprenez sûrement pas.

Le propriétaire de la boîte nous place à une table proche de celle du rappeur. Je suis sidérée : *je suis près du grand Nas.* J'ai si souvent dansé jusqu'à épuisement total sur ses tunes, comme «On Mic», par exemple... Je ne suis pas particulièrement dingue des rappeurs, mais Nas est un de mes préférés. Il est fort, intelligent, et il n'est jamais tombé dans les clichés habituels. Il ne parle jamais de casser la gueule des gens, ni de leur botter le cul, et il ne traite jamais les femmes de garces. C'est un innovateur. C'est pourquoi le simple fait d'être près de sa table me donne des frissons. Il irradie de sa personne cette lumière propre à tous ceux qui se sont hissés au sommet. Une aura intangible émane des gens célèbres, qui éclaire les endroits où ils se trouvent et attire l'attention des simples mortels. Mais c'est peut-être les produits qu'ils utilisent pour leur peau.

Je suis très excitée, mais Ashley, elle, est en proie au vertige. Elle peut à peine se contenir. Je ressentirais la même chose si je me trouvais soudainement à proximité de Robert De Niro ou de DiCaprio.

C'est alors que j'ai une idée brillante.

«Ashley, offrons une bouteille de champagne à Nas!»

Elle me dévisage, un peu déroutée. Puis comme si j'avais perdu l'esprit. Mais elle me fait un grand sourire et hoche la tête.

«Je vais aller voir ce qu'ils ont», dis-je.

Je demande au propriétaire quelle marque de champagne il a. Veuve Clicquot et Dom Pérignon. Combien? Trois cent cinquante pour la Veuve, quatre cent cinquante pour le Dom. Nous choisissons le Dom. C'est plus *cool*. Cinq cents biftons à nous deux, c'est pas la fin du monde.

Je passe la commande. Ashley et moi on se sent un peu gangsters, un peu hip-hop, et très très riches.

Tandis que nous guettons la serveuse chargée d'apporter la bouteille à la table de Nas, Ashley m'explique comment nous avons pu atterrir dans la soirée apparemment hyperprivée du chanteur. Le propriétaire du club n'a invité que les gens personnellement approuvés par Nas, mais comme Ashley lui a confié son rêve de devenir chanteuse – tout en flirtant outrageusement avec lui, je parie – il lui a donné deux invitations sans même prévenir Nas. Ashley est comme Charlie quand il reçoit un bonbon entouré de papier doré.

La serveuse dépose notre présent d'anniversaire sur la table de Nas, accompagné de nos meilleurs souhaits. Il est un peu déconcerté, puis il nous fait signe de venir les rejoindre. Ashley prend un air de circonstance.

Nous nous présentons. Je fais exactement ce qu'il faut pour ne pas donner à Kelis l'impression que nous sommes des groupies en chaleur, et pour lui démontrer que notre présent n'est qu'un innocent cadeau de fête. Nous restons un moment en leur compagnie. Deux des gars nous draguent, et nous devons manœuvrer très habilement et très poliment pour garder nos distances. Notre temps, c'est de l'argent, et nous sommes là pour frotter la manche de Nas, pas celle de ses copains.

Il commence à se faire tard, et je suis à point pour faire une petite pause à la salle de bain (le mot de code pour coke) et profiter d'une petite montée d'adrénaline. Mais au lieu de cela, j'ai une idée brillante.

« Pourquoi n'irions-nous pas tous chez moi ? » dis-je en gazouillant.

Nas regarde Kelis, interrogateur. Elle hausse les épaules. Nous nous empilons dans deux Escalade. J'indique l'itinéraire tandis que nous fonçons vers Tribeca.

Tous, y compris Nas, ouvrent de grands yeux en entrant dans le loft. J'ai acheté une bouteille de champagne, mais ce n'est pas pour ça. La hauteur des plafonds à elle seule suffit à sidérer nos visiteurs.

« Vous vivez ici ? » demande un des gars.

– Oui, elle vit ici, répond Ashley. Et elle y vit seule. »

Je remets le CD sensass que nous avons écouté avant de partir et prépare les drinks – des Johnny Walker Blue pour les mecs, du champagne pour les filles. Je me sens un peu coupable lorsque je sers le scotch de Jason à ces types, mais nous ne recevons pas souvent des mégastars au loft (d'accord, ça n'est jamais arrivé), alors je me dis qu'il faut leur en mettre plein la vue. Nous échangeons quelques pensées profondes, mais hélas l'intermède se termine aussi rapidement qu'il a commencé. Nas et Kelis rassemblent leur cour, disent gentiment merci, et s'éclipsent. En oubliant deux mecs, malheureusement.

Ce sont les plus costauds et les moins amicaux de la bande. C'est tout dire. Ils commencent à déambuler dans le loft, inspectant tout, de l'écran plat à la stéréo, en passant par les chandeliers.

Mon téléphone sonne. Je me dirige vers la table où il se trouve en gardant un œil sur nos invités. Je frémis : juste à côté de mon sac à main se trouve un exemplaire du magazine *New York* de la semaine, ouvert, bien évidemment, à la page où s'étale notre annonce avec mon visage maquillé regardant fixement la planète tout entière. Je le retourne prestement, me demandant si les deux arsouilles l'ont vu. Puis je jette un œil sur mes appels manqués. Cinq, tous de Jason ! Je le rappelle de ma chambre. J'ai fermé la porte derrière moi.

« Où étais-tu ? » me demande-t-il. J'ai un rendez-vous pour toi. »

Oh non ! Pas maintenant ! Il est si tard.

« Jason, je suis épuisée !

– Allons, allons, Natal, c'est seulement pour une heure !

– Je ne prends plus des rendez-vous d'une heure, Jason.

– Quinze cents. Pour une heure. Prends note. »

Je soupire, attrape un crayon, note l'adresse : 60, Thompson. Puis le nom du client et le numéro de la chambre. C'est un des hôtels les plus branchés de la ville. Ce ne sera pas trop moche, me dis-je.

J'appelle Ashley.

« J'ai un rendez-vous. »

Elle fait une drôle de tête.

« Il faut qu'on arrive à les faire sortir d'ici », chuchote-t-elle.

Je ne sais vraiment pas quoi faire. On ne peut tout de même pas les flanquer dehors ! Il faut que je trouve quelque chose. Il n'est pas question que je laisse Ashley seule au loft avec ces deux voyous.

Je retourne au salon et leur dis que je suis vraiment fatiguée, et que nous pourrions peut-être nous voir un autre jour. Je note leur numéro de téléphone (que j'efface aussitôt) et je les accompagne jusqu'à la porte, leur expliquant qu'Ashley est déjà endormie. Elle est épuisée, elle aussi. Je prends quelques minutes pour m'assurer que j'ai tout ce dont j'ai besoin pour le rendez-vous, y compris le formulaire de carte de crédit. Mille cinq cents dollars cash, a dit Jason, mais mes expériences passées au 60, Thompson m'ont appris qu'un rendez-vous aux petites heures de la nuit comprend une copieuse quantité de drogue et dure longtemps. Je me glisse dans un taxi.

Quelques semaines plus tard, sonnerie à la porte d'entrée. Quand Hulbert va voir, quatre mecs baraqués sont plantés sur le seuil. Heureusement, Hulbert ne les fait pas entrer. Tandis qu'il parlemente avec eux, il remarque qu'ils sont munis de bâtons de base-ball et de tuyaux de métal. Il a juste le temps de mettre le verrou. Puis il les voit sauter dans une VUS et partir sur les chapeaux de roues.

Jason, ses avocats, et toute l'agence se mettent à paniquer. Ils ont tous leur théorie sur les malfrats qui ont tenté de forcer notre porte. Les Russes, les Arméniens, la mafia, une agence rivale, des flics pourris. C'est Ashley et moi qui avons la bonne réponse, mais nous nous gardons bien de la donner !

Si nous l'avions fait, nous aurions dû expliquer pourquoi nous avons pensé que c'était une bonne idée d'inviter des voyous dans un loft plein à craquer de matériel électronique valant des milliers de dollars, d'argent liquide, de drogues en suffisance pour faire planer Amy Winehouse[16] pendant un mois et d'une garde-robe tellement bourrée de vêtements griffés qu'elle aurait pu garder Carrie Bradshaw heureuse pendant un an.

---

16. Grande dame du blues à la Billie Holiday. Dans ses chansons, Amy raconte ses peines de cœur et sa dépendance à l'alcool et à la drogue. (NDT)

# Chapitre huit

# La fille à 2000 $ l'heure

Au cours des mois suivants, les clients deviennent de plus en plus exclusifs et les liasses de billets de plus en plus épaisses. Tout ce dont Jason a rêvé se réalise. Ce succès donne presque le frisson. On a l'impression qu'un vent de magie souffle sur l'agence. Tous nos fantasmes nocturnes attisés par la drogue se transforment en réalité.

Puis Jason a une de ses brillantes idées. Il croit fermement à la stratégie commerciale de Grey Goose : plus vous faites payer cher votre produit, plus les acheteurs se sentent importants – même si votre formule de grain fermenté reste la même. Même si les filles ont le même cul, la même chatte, la même bouche…

« Natalia, je vais augmenter ton tarif à deux mille. Qu'en penses-tu ? »

Ce qui veut dire que mon tarif horaire sera le double de ce que demandent les top escortes de la ville – y compris les nôtres. On peut dire que je l'ai bien mérité. Grâce à l'annonce en couleurs du magazine *New York* et surtout aux dix-sept rapports 10 sur 10 sur le site The EroticReview.com, je suis devenue en quelque sorte une légende de l'underground. Tout le monde veut savoir ce que cette Natalia, l'escorte la plus *hot* de la ville, a de si extraordinaire.

Ce qui est dingue, c'est que je n'ai rien du supermodèle – loin de là. Je suis pas mal, mais je n'ai rien d'une nana devant laquelle on se pâme. D'accord, j'ai un cul magnifique, j'aime le sexe comme une nymphomane[17], mais mon secret, c'est que les mecs qui me connaissent ne veulent personne d'autre que moi. Pourquoi ? Parce que je les écoute quand ils se vantent de l'argent mirifique qu'ils gagnent ou quand ils délirent à propos de leur club de base-ball favori. On plaisante, on fête, on s'éclate, puis je les baise à brides rabattues.

« Ce que j'en pense ? Je me demande qui va accepter de payer ça. Tu as une idée ?

– On trouvera. Au prochain appel, je fonce. »

Selon lui, on va non seulement s'en mettre plein les poches, mais on pourra se servir de ma réputation de fille la plus chère en ville comme outil de marketing pour l'agence.

Nous attendons le fameux coup de fil. Vingt minutes passent. Rien. Puis le téléphone sonne. Un nouveau client. Un Asiatique qui travaille pour une société de financement avec ses propres capitaux. Impec. Jason me regarde, me sourit et se lance. Il demande d'abord au nouveau client s'il a déjà vu notre site Web.

« Regardez la page de Natalia et cliquez sur le lien qui permet de voir les rapports qui la concernent. Lisez-en deux ou trois et rappelez-moi. »

Il raccroche. Nouvelle attente. Quelques minutes plus tard, téléphone. Nous triomphons.

Jason parle le premier. « Alors, qu'est-ce que vous en pensez ? »

L'homme fait une remarque qui fait rire Jason. « Elle est justement à côté de moi. Alors, vous êtes prêt à avoir l'aventure sexuelle la plus incroyable de votre vie ? »

Jason écoute la réponse, puis il me fait un clin d'œil. « Combien ? Son tarif est de 2000 $ l'heure, avec un minimum de deux heures. »

Je peux voir son pouls s'accélérer. Je n'arrive pas à le croire ! L'affaire est dans le sac ! La technique de Jason a évolué : maintenant, ce sont les clients qui sont interrogés. Jason veut savoir s'ils *me* méritent.

---

17. J'ai consulté le *Diagnostic and Statistical Manual of Mental Disorders* de l'Association psychiatrique américaine : Je corresponds au profil jusqu'à la lettre T. (NDA)

« Parlez-moi de vous », dit-il. Vous m'avez tout l'air d'être un homme qui sait que les meilleures choses ont un prix. »

Il inverse le jeu. C'est absolument fascinant.

« Excellent… Où dois-je l'envoyer ? Non, j'ai une meilleure formule à proposer. Nous avons un somptueux loft à Tribeca. Pourquoi n'y viendriez-vous pas ? »

Mon excitation se volatilise. Je pousse un petit grognement intérieur. Je n'aime pas, mais pas du tout, recevoir mes clients au loft. L'énergie émanant de l'endroit est un obstacle à une bonne baise et la séance est beaucoup moins intime.

*Raisonne-toi*, me dis-je. Il ne faut pas que mes réticences détruisent ce moment magique. J'imagine l'adrénaline qui coule à flot dans les veines de Jason tandis qu'il promet au gars qu'il en aura pour son argent.

Il raccroche.

Je pousse un cri de joie.

En un éclair, je suis devenue la top escorte la plus chère de la ville de New York.

Je jette un coup d'œil à Mona pour voir sa réaction. Ses yeux sont pareils à des poignards.

« Fais bien attention, Natalia, me dit-elle avec un mauvais sourire. Tu as intérêt à faire gaffe. Tu sais à quel point Jason déteste rembourser un client. »

Je sens les larmes m'emplir les yeux, prêtes à déborder. Je dois faire un effort surhumain pour les contenir. J'ai fait tellement de sacrifices pour mériter ce moment. À peine trois mois plus tôt, je n'étais qu'une petite artiste sans contrat et sans logis, affligée d'un petit ami qui la battait, et voici que je suis devenue la fille la plus chère de la ville et que des hommes se préparent à faire la queue et à débourser un max pour passer deux heures avec moi. Ça me paraît irréel. À mes tout débuts, je suis devenue instantanément accro à la poursuite de l'insaisissable *plus*: plus de sexe, plus de plaisir, plus de fric. Ma nature compétitive m'a permis de franchir les sommets, et j'ai toujours voulu qu'on me considère comme la meilleure. Eh bien, voilà, c'est fait. Pourtant, si on y pense bien, quelle femme voudrait bâtir son existence sur une telle activité? Moi. Je suis si détachée des mœurs conventionnelles que cela a détruit mon estime de soi. Mais ce moment! Ce moment, c'est mon Oscar! Si seulement Mona condescendait à me laisser profiter de mon bonheur.

Je me promets de ne plus jamais me laisser blesser par elle. Ce n'est pas facile... Ses paroles sont pur venin. Mais voilà, elle n'est pas seulement notre administratrice, elle est aussi l'ex-petite amie de Jason, et elle sait comment toucher mes points sensibles. Qu'elle aille se faire foutre! me dis-je. Après tout, ce ne sont que des mots. Quand Jason raccroche, je me donne un nouveau défi: faire de l'homme que je vais recevoir bientôt un client régulier. Cela fera taire cette vipère de Mona. En plus, avec tout ce fric en perspective, je pourrai commencer à économiser au lieu de tout dépenser en fringues et en drogues. Alors je pourrai saluer définitivement la compagnie – et cette grognasse par-dessus le marché.

Hulbert arrive avec des canevas et des sacs pleins de pinceaux et de tubes de peinture. Jason lui permet de peindre au loft. Cela ajoute à l'ambiance.

« Hé, Hulbert, je viens tout juste de *booker* Natalia pour un rendez-vous de deux heures à 4000 $. Avoue que je suis le meilleur.

– C'est ce qu'elle aurait toujours dû gagner », répond Hulbert. Il me fait un petit sourire en coin.

J'aime Hulbert.

\*\*\*

En dépit de ma nouvelle célébrité clandestine, mes rendez-vous ne se terminent pas toujours avec des bisous et des sachets bourrés de coke. Parfois les choses se gâtent sérieusement, tout devient FUBAR[18] et je dois me tenir à carreau pour que la situation ne s'envenime pas.

---

18. *FUBAR* (« *Fucked Up Beyond All Recognition* »). Autrement dit : « Tout tourne mal au point où les dégâts peuvent devenir irréparables. » (NDT)

Ashley et moi sommes en train de nous prélasser. Il est plus de minuit. Nous n'avons pas de rendez-vous en vue, et nous avons l'impression que notre énergie nous abandonne. C'est alors que le téléphone sonne. De ma chambre, nous entendons Jason discuter, mais nous ne comprenons pas ce qu'il dit. Nous nous regardons, pleines d'espoir. C'est peut-être le client que nous attendons.

Jason se pointe avec les détails : moi, Ashley, plus une troisième fille. Chez Finn, sur Wooster Street. Finn est l'éditeur d'un magazine porno avec qui j'ai couché dans les tout premiers temps. C'est un de mes clients préférés. Il sait comment gâter une fille. Nous allons nous éclater, boire et baiser dans son énorme loft et nous en sortirons toutes les deux avec un petit plus de 1000 $.

C'est tout ce dont nous avons besoin pour sauver notre nuit.

Puis Jason flanque la pagaille dans notre bonne humeur.

« À propos, j'oublie de te dire que la troisième fille est Brigit.

Je le regarde avec stupeur. Le regard « *tu te fous de moi ou quoi* ? » Brigit est une ex-stripteaseuse grande consommatrice de pilules et adepte inconditionnelle de la chirurgie esthétique, dont l'ex-petit ami volage dirigeait une agence rivale réputée pour ses filles partouzeuses et vendeuses de drogue. L'agence a fait faillite, et le petit ami est devenu un des « invités » du département des services correctionnels de l'État de New York. Brigit est une bombe à retardement. Elle a la réputation d'être complètement fêlée et d'assommer ses clients avec un tas d'histoires : elle leur raconte qu'elle a été violée un nombre incalculable de fois, qu'elle a survécu à un cancer du col de l'utérus, et qu'elle est sur le point d'être mise à la porte de son appartement. À chacun ses fantasmes.

Elle est aux antipodes des filles de New York Confidential.

Jason et moi avons déjà discuté du cas de Brigit, mais je fais une nouvelle tentative. Je lui dis carrément pourquoi il ne doit JAMAIS, en aucune circonstance, envoyer cette dingue à un client. Loin de moi l'idée de priver une fille de sa subsistance, mais l'ex-petit ami est une excellente raison de se tenir à l'écart. Pour la police, le gars est devenu l'ennemi public numéro un de l'industrie du sexe, ce qui veut dire que sa copine est sûrement dans leur collimateur. Je tente d'expliquer à Jason que si elle est arrêtée, elle nous dénoncera en moins de temps qu'il ne faut pour le dire, rien que pour éviter la prison. La salope essaiera même d'avoir une réduction de peine pour son homme en échange de renseignements sur l'agence la plus *hot* en ville. J'ai observé les flics, je sais comment ils procèdent. En outre, elle *sabotera* notre réputation. Je fais la liste des nombreux rendez-vous au cours desquels elle s'est liquéfiée devant les clients en ma présence. Dieu seul sait ce qui se passe quand je ne suis pas là !

Jason m'écoute, mais je vois bien que ça n'entre pas !

«Les gars se fichent pas mal de ce qui sort de la bouche d'une fille quand elle a un corps sexy. »

Faux. Elle *n'a pas* un corps sexy. Une grande partie de ce corps ne lui appartient même pas. Et même si elle était sexy, cet argument ne tiendrait pas devant la philosophie qui est celle de notre petite entreprise. Nous vendons des rendez-vous sains, positifs, dont chacun sort satisfait.

Cette fille n'est que poison en soutien-gorge pigeonnant.

Peut-être Jason se sent-il désolé pour elle, peut-être veut-il lui donner une chance, peut-être est-il plus compatissant que je ne le pense. Mais il n'est peut-être, au fond, qu'un salaud cupide qui veut disposer du plus grand nombre possible de filles avides de fric et de sexe – même si elles sont bonnes à enfermer. Encore aujourd'hui, la raison pour laquelle il garde cette fille reste pour moi une énigme enveloppée de mystère dans un Trojan.

Ashley nous regarde d'un air interrogateur. Elle n'a pas eu l'insigne honneur de rencontrer Brigit !

«Tu te rendras compte par toi-même», lui dis-je, découragée.

Quand nous arrivons à la porte d'entrée menant au loft de Finn, je n'ai pas encore réussi à oublier ma trouille de revoir cette fille.

Il nous accueille à bras grands ouverts, puis me serre dans ses bras.

«Où étais-tu ? Tu m'as foutument manqué ! »

Ses yeux caressent Ashley.

« Et qui est cette jeune personne ? Nom de Dieu ! Jason ne se fout pas du monde ! »

Il est comme un poisson dans l'eau dans son énorme loft de SoHo. L'endroit lui va comme un gant. La dernière fois que j'y suis allée, nous avons passé la dernière demi-heure de notre rendez-vous nus sur le tapis du salon, allongés l'un contre l'autre. Il a pointé du doigt toutes les merveilles qui nous entouraient et m'a donné une minileçon d'art plastique.

« Cette peinture-là est un Damien Hirst. »

Il a cité tous les noms, les uns après les autres : Kenny Scharf, Kostabi…

« J'attends un Warhol, qu'on va bientôt me livrer. Je ne sais pas ce que je vais acheter après, peut-être un Keith Haring. » Sa voix profonde et râpeuse citait les noms prestigieux comme si c'étaient les noms de camarades d'école.

« Je te présente Victoria », dis-je, utilisant le nom professionnel d'Ashley. Je suis aussi fière de ma protégée qu'il est heureux de faire sa connaissance. « Jason est passé à la case supérieure, tu ne trouves pas ? »

Je saute sur lui en rigolant, entourant sa taille de mes jambes. Il me fait tourner dans ses bras. Puis j'attrape Ashley, toujours sur le pas de la porte, et je la fais entrer dans l'appartement. Je vais lui montrer à quel point ce boulot peut être exaltant.

Nous buvons deux bonnes gorgées de Grey Goose, sniffons chacune une ligne de coke de trois pieds étalée sur la table de marbre, puis j'ouvre mon sac Louis Vuitton. Finn me fait son plus beau sourire de mauvais garçon.

« Tu as apporté des jouets ? »

Bien sûr que j'ai apporté des jouets ! J'ai apporté des jouets *et* des dessous. Je demande à Finn de mettre un disque. Deux minutes plus tard, tout le loft vibre au rythme endiablé de la musique.

Je conduis Ashley dans la chambre, lui tends un porte-jarretelles et des bas résille.

« Mets ça. »

Je retourne tout de suite à Finn. Il nous paie pour se sentir l'égal d'un roi et nous allons faire en sorte qu'il se sente plus glorieux que le sultan de Brunei. Je le chevauche ; nous nous embrassons. Ses mains enserrent ma taille, puis elles me soulèvent pour me coucher sur le dos. Il est sur le point de monter sur moi quand son regard est attiré par quelque chose. Le quelque chose est Ashley qui s'avance vers nous. Elle a mis le porte-jarretelles, les bas résille et les talons aiguille, puis enfilé un des débardeurs rayés de Finn qu'elle a noué sur le ventre. Je repousse Finn gentiment ; il tend les bras à Ashley. Elle se couche sur lui et lui donne un long et tendre baiser. Puis elle se tourne vers moi et nous commençons à nous embrasser, lentement, puis plus intensément. J'ai l'impression d'être en transe. Mon esprit est vide de toute pensée autre que le plaisir. Il y a quelque chose d'électrique entre Ashley et moi, et cela fascine Finn. Nous baisons comme nous respirons. Nous sommes capables de nous connecter et de dépenser une incroyable quantité d'énergie pour nous donner mutuellement du plaisir. Chacune d'entre nous utilise son talent au profit de l'autre. Je n'ai jamais rien ressenti de pareil.

Ashley relève ma robe et mordille un de mes tétons. Quand elle se laisse glisser sur le tapis, j'attrape un coussin et le jette sur le sol pour qu'elle puisse y poser la tête. Nous sommes en train d'offrir à Finn le spectacle le plus *hot*, le plus torride qui soit. Je tire sur le slip d'Ashley, lèche son clitoris. Je la regarde, nous nous sourions, puis je la lèche de plus belle. Finn soulève ma jambe, je gémis, impatiente de sentir ses mains sur moi, de sentir ses doigts me pénétrer.

Ashley ôte le débardeur de Finn, puis son corsage. Je sais exactement quoi faire. Je l'embrasse à nouveau, puis nous rampons vers Finn, agenouillé à un pas de nous, sa main tenant son pénis. Nous lui ôtons ses sous-vêtements, je lèche le bout de sa queue. La langue d'Ashley se joint à la mienne et, lentement, nous lui faisons une fellation.

Après quelques minutes, je me lève pour aller chercher des condoms, puis je reviens au salon. Finn nous prend par la main et nous emmène dans sa chambre. Il déballe un condom. Je m'age-nouille devant lui et guide son pénis dans ma bouche, le suçant jusqu'à ce que je sente qu'il ne peut pas durcir davantage. Alors je laisse Ashley lui enfiler le condom. Je suis couchée sur le lit. Les draps sont comme du beurre sur ma peau. Finn ouvre mes jambes et me pénètre. Ashley disparaît un instant et revient avec un petit godemiché de verre.

Elle s'allonge près de nous ; je ferme les yeux, penche la tête vers l'arrière et la regarde entrer le godemiché dans son vagin.

« Je veux voir ton cul », dit Finn en me retournant. J'aime ça, c'est si bon. Je jouis, puis je laisse Finn se concentrer sur Ashley. Elle le chevauche, je vois qu'il est sur le point de venir, lui aussi. Je me penche pour lui lécher doucement les couilles. Il jouit comme un dieu, et Ashley comme une déesse. Je me laisse aller, heureuse, sur la montagne de coussins. Il faut que je souffle un peu.

J'allume une cigarette, aspire quelques bouffées, puis je passe la cigarette à Ashley. Elle n'en prend qu'une toute petite bouffée... elle n'aime pas beaucoup ça.

C'est à ce moment-là qu'on sonne.

*Merde, c'est qui ?*

Ashley me lance un petit coup d'œil. Elle sait, elle.

BRIGIT !

La craie qui gratte sur le tableau noir. Merde, je l'avais complè-tement oubliée, celle-là.

« Un peu en retard, non ? » plaisante Finn.

Oui, de presque deux heures. J'ai un mauvais pressentiment.

Elle entre comme si elle était la propriétaire des lieux, mais ne les trouve manifestement pas à son goût. Elle regarde les œuvres d'art, aux murs, d'un air dégoûté. « Oh, salut, Natalia », dit-elle en se dirigeant tout droit vers la bouteille de Grey Goose sur le comp-toir de la cuisine.

« Brigit, voici Finn. Tu connais Victoria ? Elle est nouvelle.

– Sans blague ? C'est à elle que Jason donne tous les rendez-vous ? C'est pour ça qu'il ne m'appelle plus ? »

*Non, c'est parce que tu es complètement folle*, répond la petite voix dans ma tête.

Elle se tourne vers Finn. «Alors c'est chez vous, ici? Comment vous faites pour vous payer tout ça?»

Finn n'est pas dérouté une seconde. «Et toi, comment t'as fait pour te payer tes nichons?»

Puis il se tourne vers moi et demande: «Natalia, tu veux un roofie?»

Du pur et dur. Pourquoi prend-on des roofies? *Roofie* est le surnom pour Rohypnol, la drogue du viol. Finn ne jure que par elle. Il la préfère au Valium ou au Xanax pour se sortir de la coke. Je sais ce qu'il a voulu dire en me proposant un comprimé: «Je suis prêt à aller me coucher.»

Je le suis dans la chambre. Il me tend quelques comprimés.

«Je ne sais pas quoi te dire. Je vais la sortir d'ici», dis-je.

C'est à ce moment que nous entendons un *pop* sonore!

«Elle vient d'ouvrir une bouteille de champagne», annonce-t-il, découragé.

Je me mets en mode réparation de dégâts. Brigit déambule dans le salon en sous-vêtements, la bouteille à la main.

Il faut être dingue pour avoir le culot d'ouvrir une bouteille de champagne à 500$ (qui ne vous appartient pas) à cinq heures du matin – et pour le boire à la bouteille! Qui ose faire ça, à part une fille complètement tordue?

Elle s'écroule dans le sofa, ses pieds crasseux battant dans les airs. Puis elle fouille son sac d'une main, tout en renversant le champagne de l'autre.

Ashley a l'air d'un faon pris dans la lumière des phares.

Je me fais une petite ligne de coke pour me donner du courage, puis je fais signe à Ashley de me rejoindre. Je lui tends la paille en lui disant: «Sniffe une ligne, puis rassemble tes affaires. Il faut qu'on la sorte d'ici avant qu'elle fasse des conneries.»

Je commence à rassembler nos vêtements répandus partout dans le loft. Finn a disparu. Je me dis qu'il est sans doute au téléphone avec Jason. *Pas bon signe du tout.*

Ashley saisit l'urgence de la situation. Elle retrouve sa chemise et sa jupe et est prête à quitter le loft. Je suis habillée, moi aussi. Je vais vers Brigit, furieuse, lui tends ses foutus vêtements.

«Allez! On se casse.

– OK, amuse-toi bien!»

Elle vient de gober ce qui m'a semblé être des comprimés de Vicodin. Trois.

«Il faut qu'on s'en aille.

– Je viens juste d'arriver! Qui va me payer? Jason m'a dit que c'était un rendez-vous de trois heures.

– Brigit, tu as deux heures de retard!

– Bande d'enculés!» Sur ces belles paroles, elle se dirige vers la chambre.

«T'as intérêt à me payer», gueule-t-elle à Finn.

C'est de pis en pis. Il faut que j'intervienne.

«Bien sûr qu'on va te payer! Allez, magne-toi, on va à l'agence.»

Elle disparaît dans la salle de bain. Nous la suivons avec ses vêtements et l'aidons à devenir un peu plus présentable. Je plonge la main dans mon sac pour y prendre mes lunettes noires et je vais dire au revoir à Finn. Il est assis sur son lit, la tête entre les mains. Quand vous allongez autant de fric pour une baise, ce n'est pas comme ça que vous voulez que la nuit se termine. Je suis désolé pour mon ami.

Il lève les yeux sur moi. Je suis soulagée, il a encore l'air agacé, mais ça va mieux.

«Tu es sûre que ça va aller? me demande-t-il.

– Pourquoi tu dis ça?»

*Je suis indestructible… tu ne le sais pas?*

Il sourit, m'embrasse sur le front. Nous sommes détendus, enfin!

Quand nous passons le seuil pour nous retrouver dans la rue, le soleil vient tout juste de se lever. Il a chassé l'obscurité. Il ne faut pas que notre petit spectacle se poursuive dans la rue. Je dois agir vite.

Brigit trébuche. Elle fait presque un plongeon en tournant le coin. Elle se redresse à temps et avale une grosse gorgée de champagne. Merde, elle a toujours la bouteille à la main !

Tout va de mal en pis. Trois escortes dans la rue avec un sac plein de condoms, de godemichés, de lubrifiant, une liasse billets de cent et un formulaire de carte de crédit avec toutes les coordonnées du client… ! Plus un sachet de coke. Si un flic s'arrête, notre Courtney Love va nous envoyer au trou.

Je n'ai jamais été aussi heureuse de voir un taxi descendre Broadway. J'agite les bras comme si j'étais sur une île déserte et faisais des signes désespérés à un avion. Le taxi se range au bord du trottoir.

Si j'étais lui, je ne m'arrêterais pas. Mais je ne suis pas un homme.

Je me retiens d'appeler Jason du taxi. Le chauffeur est déjà suffisamment intrigué comme ça. Jason verra assez rapidement par lui-même ce qu'il a provoqué en ignorant mes sages conseils.

Maintenant, vous vous dites certainement : « *Il est impossible que tous ses clients soient des types mégariches, collectionneurs d'art et parfaits étalons !* » Et vous avez raison, ils ne sont pas tous comme ça. Mais ça m'est égal qu'un gars ait quelques kilos en trop ou qu'il soit à moitié chauve. Si c'est un type bien avec un grand cœur, j'aime passer du temps avec lui. Ce que je ne peux pas supporter, ce sont les trous de cul de type A. Je considère alors que ce qu'ils me donnent est bien mérité. Au sommet de la liste trône mon fonctionnaire gouvernemental de haut rang. Une sorte de grand sachem dirigeant une grosse agence fédérale. On a fait connaissance à mes débuts à New York Confidential. Un mois plus tard, il a demandé à me revoir.

Ma politique envers les clients est simple : « Ne pose pas de questions ; ne révèle rien sur toi. » Les détails personnels de la vie d'un mec ne me concernent pas. Le problème, c'est que la plupart du temps les clients ont envie de se confier. Et je les laisse parler.

William est marié et vit en banlieue. Notre première rencontre a été tout à fait agréable. Il avait loué une chambre à l'hôtel Pierre, et j'étais un peu en retard (comme d'habitude)… D'accord, très en retard. Ça n'a pas eu l'air de le contrarier. Il me l'a d'ailleurs dit. Ensuite, je crois l'avoir convaincu de mes talents, car il n'a pas cessé de m'appeler pendant les deux mois qui ont suivi. Il ne voulait personne d'autre.

William est l'un de mes clients réguliers qui s'est mis en tête de me «réformer». Il me dit que je dois recommencer à passer des auditions et trouver un autre moyen de gagner ma vie. Il est convaincu que Jason m'exploite, et que je peux, et dois, trouver un sens à ma vie. Ça me fait marrer. C'est comme si, pour lui, faire l'amour avec moi était le meilleur moyen de me persuader de cesser de gagner du fric de cette façon. Je lui ai déclaré que s'il avait vraiment l'intention de me sortir du business, il devrait d'abord me trouver un boulot en or.

«Mes boss sont très portés sur la vérification des antécédents», répond-il, impassible.

Je lui explique que je suis heureuse et que ce boulot est un business à court terme. Jason sait que je ne travaillerai pas éternellement.

Un jour où je ne suis pas disponible, William loue les services d'Isabella. Elle revient au loft une demi-heure plus tard! Il l'a renvoyée!

Jason affirme à chaque client que s'il n'est pas satisfait, pour quelque raison que ce soit, l'agence lui donnera un crédit pour un autre rendez-vous ou lui enverra une autre fille dès que possible. Je trouve cela très professionnel, et très sensé. Les clients nous restent fidèles. Nous ne les avons jamais piégés, ni trompés, comme le font d'autres agences. Notre site Web contient des photos en pied de chacune de nos filles, et la plupart montrent aussi leur visage. Les seuls risques qui existent tiennent à la personnalité et à la chimie – des éléments subjectifs, mais très importants. Apparemment, la chimie entre William et Isabella laissait à désirer. Alors il nous l'a renvoyée comme un steak trop cuit. Je ne serai libre que deux heures plus tard, mais il accepte de m'attendre dans sa chambre.

Quand j'arrive, il semble content de me voir! Mais en même temps, je remarque qu'il est contrarié. J'essaie de placer la conversation sur un sujet plaisant, mais il ne se déride pas. Comme beaucoup de clients, il n'apprécie pas du tout le fait de devoir attendre son tour pendant que je baise avec un autre. Aucun client – et surtout pas William – n'aime qu'on lui rappelle cet aspect de l'arrangement.

Notre séance sexuelle est un peu brutale... Ce n'est pas du tout son style habituel. Il me tient par les poignets, bras au-dessus de la tête. D'habitude, j'aime ça, mais je sens bien que quelque chose cloche. Il me maintient trop fort, cela me fait mal. Il y a de la colère dans son visage. Je résiste, il desserre son étreinte. Alors je lui demande ce qui ne va pas. Je suis déconcertée. J'ai une responsabilité envers mon client: je dois lui donner ce qu'il désire, mais cette fois, il ne se comporte pas comme à l'habitude. Ce n'est pas le fait qu'il se montre un peu brutal, c'est son attitude qui m'inquiète. Mais, après tout, est-ce qu'il ne paie pas suffisamment cher pour se permettre d'être de mauvaise humeur?

*Ce n'est pas tout à fait le moment d'aborder le sujet*, me dis-je. Je lui souris, je l'embrasse. «Tout va bien, j'ai fait un faux mouvement avec mon poignet... C'est ma faute.»

Nous reprenons notre rythme. Je ne suis pas vraiment là, mais il ne semble pas s'en apercevoir. Puis nous restons allongés l'un près de l'autre. Tout à coup, il se tourne vers moi et, l'air de rien: «Jason va bientôt se faire prendre.»

Je le regarde avec stupeur. «Qu'est-ce que tu veux dire?»

La tête me tourne. A-t-il glané des informations dans son agence?

«Et quand il sera arrêté, tu le seras aussi. C'est ça que tu veux?»

La réponse est passablement évidente.

«Bien sûr que non!»

J'attends la suite. Je voudrais savoir, je voudrais qu'il s'explique, qu'il me dise ce qu'il a appris. Mais il se tait.

Je commence à paniquer.

Quelques minutes plus tard, il brise le silence. « Natalia... si c'est ton vrai nom...

– C'est mon vrai nom. »

Je brûle d'en apprendre davantage. « Enfin, presque. Mon vrai nom est Natalie. »

– Puis-je t'appeler Natalie ? Après tout, tu connais mon vrai nom ! »

Il me fait languir et ça m'agace. Il se fout pas mal de mon vrai nom. Il ne veut pas m'appeler Natalie pour se sentir plus proche de moi, la vraie Natalie, il veut tout simplement jouer avec mes nerfs.

« Bien sûr, lui dis-je, me forçant à sourire.

– Très bien, Natalie. Je vais te donner les détails de toute l'histoire. Les autorités connaissent toutes les agences de sexe de New York. Ils les ferment les unes après les autres. C'est très facile. Ils envoient un soi-disant client, quelqu'un dans mon genre, et ce faux client demande une certaine fille, une vedette, une gonzesse qui a sa photo, son identité et quelques rapports de clients sur Internet. Une fille comme toi. Le « client » rencontre la pute régulièrement, baise avec elle. Une relation de confiance s'établit. Alors ils foncent. Ils ferment l'agence et mettent tout le monde sous les verrous. Pour longtemps. C'est aussi simple que ça. Ce n'est qu'une question de temps. »

Il me dévisage. Ses yeux sont aussi froids que la glace.

Je me soulève pour le regarder à mon tour. Essaie-t-il de m'affoler ? Y a-t-il quelque chose de sérieux dans toute cette histoire ? Une foule de scénarios défilent dans ma tête. Que sait-il exactement ? Une descente au loft est-elle imminente ? Me prévient-il par amitié pour moi ? *Ça n'a aucun sens. S'il sait quelque chose de précis, pourquoi ne m'a-t-il pas demandé de garder son nom secret ? Mais il est peut-être trop puissant pour que ce soit nécessaire, peut-être est-il déjà libéré de tout lien avec moi.*

*Ou alors c'est exactement ce à quoi cela ressemble : un avertissement pas très amical.*

Les suppositions se bousculent dans ma tête. Nous restons étendus l'un près de l'autre en silence.

Puis le temps qui nous est alloué prend fin. Je lui dis que je vais prendre une douche.

*Très bien, les règles doivent changer. Ne plus jamais donner aux clients importants des raisons d'être mécontents.*

Si je suis arrêtée, le fait d'avoir de la drogue sur moi n'aidera sûrement pas, mais c'est une question secondaire. Le problème initial plane au-dessus de l'agence comme un gros nuage noir. Qu'est-ce qui ne va pas avec moi? Pourquoi est-ce que je fais un métier aussi dangereux? Croyez-le ou pas, je n'avais jamais pensé sérieusement à ce que signifie le fait d'être arrêtée. Je n'avais jamais pensé que c'était une conclusion logique. J'avais complètement occulté l'idée que je pourrais finir en prison. Et voici que tout me tombe sur le dos. Je ne survivrai jamais à la prison. Il faut être une dure pour ça, et je ne le suis pas. Je suis tout l'opposé. Une bonne pâte.

Je croyais avoir tout prévu. J'ai été rassurée quand Jason m'a présentée à Mel Sachs, le superavocat qui m'a juré que nous étions parfaitement couverts. Je me suis dit que si je ne vendais pas de drogue ou ne commettais pas de stupides erreurs, je pourrais continuer à faire ce boulot sans problème. Incroyable ce que peuvent faire des piles de billets de cent pour renforcer le déni!

Mais au lieu de réfléchir à tout cela, je dirige ma colère sur William. C'est quoi, son problème? Pourquoi me casse-t-il le moral? Je jette mon sac sur la coiffeuse, sors mon sachet de coke et une paille. Je me fais une ligne. Puis je remonte mes cheveux, saute dans la douche et m'enduis de gel parfumé aux fruits. Je laisse couler l'eau chaude sur mon corps. Puis je me sèche, remets mon string noir La Perla et enfile ma robe. Une fois rhabillée, prête à partir, je me rends compte que toutes mes pensées négatives se sont volatilisées.

William m'attire contre lui et me donne un baiser d'adieu tout en me fournissant d'autres détails tout aussi laconiques. Tandis que je parcours le beau corridor du Pierre vers l'ascenseur, la colère revient. Les larmes inondent mes joues. Au lieu de prendre au sérieux le grave avertissement de William, tout ce à quoi j'arrive à penser est que ce mec est un trou de cul. Si seulement je travaillais à mon compte, me dis-je, et non pour Jason, je pourrais refuser certains clients, comme ce type tordu. Et je n'aurais pas à me tracasser pour toutes ces conneries.

Quand j'arrive dans le hall, mes yeux sont secs. Et je suppute déjà sur les aventures qui m'attendent au cours de la nuit.

* * *

Avant Samantha, Natalia et Victoria, il y a eu Cheryl.

Dans le métier, on parle d'elle comme d'une légende. Elle a été la première recrue de New York Confidential. Si j'ai aidé à la construction de l'agence, elle en a été la fondation. C'est elle qui a inventé le mantra de la compagnie: «C'est mon petit ami depuis six mois, c'est l'homme que j'aime et que je n'ai pas vu depuis trois semaines…» que Jason encourage les filles à répéter avant de rencontrer un client. C'est aussi la fille qui est passée de 800 à 1200 $ l'heure, et qui a sa propre série de rapports 10 sur 10 sur TER.

Mais elle s'est retirée avant même mon arrivée. Je présume qu'elle a quitté quand elle est arrivée au sommet. Je me demande souvent ce qui fait d'elle une recrue aussi précieuse. Je l'utilise comme une sorte de référence pour me garder motivée. Ça marche comme sur des roulettes.

Puis, un jour, le téléphone sonne. C'est Cheryl. Elle veut reprendre le collier.

Jason est aux anges. Il essaie de faire en sorte que je ne me sente pas larguée, mais je vois l'excitation sur son visage. Il se dit que les dieux sont avec lui, qu'ils lui rendent enfin sa Cheryl.

«Avec toi et Cheryl, on va conquérir le monde», me promet-il.

Je dois reconnaître que Cheryl a une bonne nature. Elle me respecte. Elle ne me traite pas avec condescendance. Mais elle sait qu'elle est la crème de la crème.

J'aime sa façon de traiter avec Jason. Elle a établi des règles. Contrairement aux autres filles, elle exige d'être rémunérée en liquide, quel que soit le mode de paiement du client. Les autres escortes (sauf moi) reçoivent un chèque hebdomadaire pour leurs rendez-vous payés avec une carte de crédit. Cheryl ne procède pas de la même manière.

On s'entend bien. Elle est calme, belle. Elle a un air virginal. Elle fait de la danse moderne, mais c'est une ex-ballerine. Vingt-cinq ans, cheveux blonds, foncés, yeux couleur saphir, visage angu-leux mais doux, corps nerveux mais très souple. Elle se meut comme une jeune lionne. Elle est intelligente, sensuelle. Comme beaucoup de mes amis, elle n'approuve pas ma dépendance à la drogue, mais elle la tolère. Elle vit avec son petit ami, un concep-teur de chaussures (vous imaginez sa collection personnelle de souliers !) et refuse de parler de ce qu'elle ressent chaque fois qu'elle lui ment. J'ai entendu entre les branches, au loft, qu'elle était déchi-rée à cette idée. Elle l'aime, mais elle aime être escorte. Peut-être est-elle accro, après tout. Mais que ce soit à l'argent ou au sexe, ou aux deux, je n'aurai jamais le fin mot de l'histoire. Le fait est qu'elle ne peut pas s'arrêter.

Cheryl est à la retraite depuis près d'un an, mais une fois que la nouvelle de son retour à l'agence est connue, elle a des rendez-vous non-stop. En ce qui me concerne, ça m'arrange. Je suis en *burnout*. Je travaille depuis le 17 mai, date de mon premier rendez-vous, à une moyenne de six heures par jour, sept jours semaine. Ça, c'est pour le temps où je suis en rendez-vous. Il faut ajouter à cela les voyages, qui m'emmènent dans d'autre États au moins deux fois par mois. Je ne vois aucun inconvénient à travailler chaque jour que Dieu fait, mais je préférerais ne pas avoir toutes ces pressions de Jason, qui aimerait me voir trimer jour et nuit sans discontinuer. Heureusement, depuis qu'il demande un max pour mes rendez-vous, et qu'il a toujours au moins une de ses filles avec un client, il resplendit.

Tout s'améliore quand Cheryl et moi commençons à travailler ensemble. Il y a une telle synchronie entre nous que les clients sont sidérés. Jason porte notre tarif à 4800 $ pour deux heures, et notre liste d'attente a un mètre de long.

Il est tard, ce vendredi-là. Cheryl et moi sommes assises dans mon petit salon de maquillage, savourant une pause. Nous avons un rendez-vous à onze heures. Le client aurait préféré minuit, mais Cheryl doit respecter son couvre-feu. Contrairement à ses habitudes, elle a bu plus d'un verre de champagne, et je crois même qu'elle est un peu pompette. Je sais qu'il ne faut surtout pas lui offrir une ligne de coke. Je me félicite de ne pas m'être laissée aller à cette tentation, lorsqu'elle se tourne vers moi pour me dire : « Natalia, je sais que tu es une grande fille, et je ne veux pas t'ennuyer avec ces histoires de drogue. Tu sais que si je le fais, c'est parce que je t'aime beaucoup, n'est-ce pas ? »

Je le sais.

« Merci, Cheryl. Moi aussi je t'aime beaucoup. »

Elle me serre dans ses bras et me chuchote à l'oreille : « Si tu as besoin de mon aide, dis-le-moi. »

Je me dégage et je change de sujet.

« Alors. Comment ça va avec ton Craig ? »

Elle hésite à me répondre, puis :

« Il m'a demandée en mariage.

– Oh, mon Dieu, c'est vrai ?

– Oui, sur notre toit. C'était très romantique. »

Ils vivent dans une petite maison dans le merveilleux quartier de l'Upper West Side. Leur logis est plein de livres ; il y a une cage d'escalier en colimaçon, une vraie cuisine et un jardin sur le toit. Spectaculaire. Le *home* parfait pour fonder une famille.

Quelque chose la tracasse, je le vois dans ses yeux. Ses lèvres tremblotent un peu. Elle est encore plus belle que d'habitude.

« Je crois que je dois tout lui dire. »

Je suis sur le point d'avaler une gorgée de champagne. J'arrête net, le verre à la main.

Je voudrais lui répondre, mais je cherche mes mots.

*Wow, c'est une fameuse nouvelle.*

« Je suis d'accord avec toi. On ne peut pas construire son existence sur des secrets. » Selon moi, elle doit soit rompre, soit tout avouer. Craig est vraiment l'homme qu'elle attendait. Donc, elle n'a pas le choix, il faut tout lui dire.

La proposition de son petit ami la bouleverse.

«Tout le monde va penser que je suis devenue dingue.

– Tu l'es.»

Elle paraît soulagée, comme si elle réalisait qu'elle ne s'est pas trompée.

Nous décidons de marcher jusqu'à l'hôtel. Damien, le client, nous attend au Ritz Carlton, sur Battery Park. Vingt minutes de marche. Nous portons des jupes très, très courtes, faites dans la même soie chiffonnée, mais de couleur différente, des chaussures dessinées par son fiancé et des corsages moulants. Nous marchons main dans la main, descendant Church Street. Le gratte-ciel Chrysler étincelle. Arrivées aux environs de Fulton Street, nous entendons un coup de tonnerre et le ciel ouvre ses vannes. Nous plongeons sous un porche. Nous espérons attraper un taxi, mais il n'y a jamais de taxis dans cette partie de la ville un vendredi soir.

«Qu'est-ce qu'on fait?» dis-je.

Nos vêtements sont déjà mouillés.

«On n'a pas le choix, il faut continuer à pied.»

Nous arrivons au Ritz trempées jusqu'aux os. Nous rigolons en entrant dans l'ascenseur. Cheryl me pousse contre la paroi et m'embrasse. Je lui rends son baiser. Nos langues se mêlent. Elle me mordille le cou. Les portes s'ouvrent.

Quand nous arrivons devant la porte de la chambre, étroitement enlacées, nous sommes mouillées de partout. Nous savons que notre client a de grandes attentes. Nous sommes les fameuses Cheryl et Natalia, et il a fait le voyage de L.A. à New York spécialement pour nous voir. Mais rien ne l'a préparé au spectacle que nous lui offrons devant sa porte.

Il sourit, puis rit nerveusement. Quand il se remet de sa surprise, il dit: «Je n'en espérais pas moins de vous deux.»

Il nous fait entrer. Mais nous avons un petit dilemme: nous sommes réservées pour deux heures, mais nous ne sommes pas censées ôter nos vêtements *immédiatement*. Mais ils dégouttent sur le tapis. Nous avons réussi une entrée spectaculaire, mais une fois dans la chambre, nous sommes trempées, c'est tout. Le client vient à notre secours.

Il sort deux sacs d'un placard. La Perla! Cheryl et moi déballons deux petits tops et deux strings, les miens noirs, les siens roses. Nous remercions, puis nous nous glissons dans la salle de bain pour enlever nos vêtements trempés et revêtir nos petits cadeaux. Je regarde notre image dans le miroir. «Attends.» J'ôte mon slip, elle ôte le sien, et nous faisons l'échange. Je porte un slip noir et un top rose, et elle le contraire. C'est mignon comme tout.

Nous sortons de la salle de bain. Damien, avocat dans le monde du spectacle, nous tend un verre de champagne. Nous trinquons. J'embrasse Cheryl, souris à Damien. Nous nous asseyons tous les trois sur le lit. C'est marrant, je vois bien qu'il est content de nous avoir dans sa chambre, mais il n'arrive pas à se concentrer sur la conversation. Non, ce qu'il veut, c'est nous prendre toutes les deux en même temps, et tout de suite. Nous le faisons languir un peu. Cheryl est étendue sur le lit, je l'embrasse, couchée sur elle. Je tire sur l'élastique de son slip, suçote ses mamelons. Elle baisse mon slip, m'attire contre elle. Je sens qu'elle mouille. Alors, nous tournons notre attention vers Damien. Cheryl lui donne un long baiser sur les lèvres, tout en déboutonnant sa chemise. Couchée sur le dos, je les observe. Puis je me redresse et je caresse la chatte de Cheryl à travers son slip. Elle gémit. Nous ôtons la chemise de Damien, baissons la fermeture éclair de son pantalon, et nous commençons à lui faire une pipe. À partir de ce moment, tout devient incroyablement délectable.

Pendant une heure et demie, nous avons une relation sexuelle intense. Je jouis plusieurs fois, Cheryl aussi. Damien deux fois.

Puis nous nous reposons, couchés mollement sur le lit. Cheryl et moi sommes pelotonnées l'une contre l'autre, comblées. Damien, étendu sur le dos, nous regarde. Il nous parle de la vie à L.A., nous parlons de la nôtre à New York, mais Cheryl cache l'existence de son fiancé. Nous sommes tellement semblables ! Elle est sincère mais elle sait quoi dire, et quand le dire. Elle raconte à Damien qu'elle a un cheval à Long Island, qu'elle a acheté avec le fric gagné avant sa « retraite ». Mais maintenant elle veut économiser pendant quelques mois puis investir son argent.

Je me glisse dans la salle de bain pour sniffer une ligne et voir si nos vêtements sont secs. Presque. Notre temps est presque épuisé. Cheryl doit rentrer et retrouver son fiancé avant d'être changée en citrouille.

Nous disons à Damien que les deux heures passées avec lui ont été formidables.

Il nous répond : « Vous ne savez pas à quel point ça l'a été pour moi. »

Il promet d'envoyer un rapport sur notre site. J'ai la nette impression que nous allons récolter un 10 sur 10.

* * *

Une semaine passe sans que nous entendions parler de Cheryl. Je suis inquiète. Je lui envoie un message texte pour l'inviter à prendre un café dans le hall du Grand Hôtel Tribeca.

Elle est méconnaissable.

Elle a tout dit à son fiancé, et son univers s'est écroulé comme un château de cartes. Elle croyait que la profondeur de l'amour que lui portait Craig lui permettrait de pardonner, qu'il oublierait sa conduite et ses mensonges, et qu'ils vivraient heureux jusqu'à la fin de leurs jours, mais il n'a pas été capable de voir au-delà de la trahison. Il est devenu fou et a retiré sa demande en mariage, ce qui, au fond, n'est pas si étonnant, au bout du compte. Après une semaine de larmes, d'explications et de nuits d'isolement (ils dorment dans des lits séparés), il l'a rayée définitivement de sa vie.

Je suis soulagée de voir que mon amie n'est pas suicidaire. Tandis que nous sirotons nos cappuccinos dans l'atrium de l'hôtel, où, cela dit en passant, nous nous sommes déjà retrouvées avec plus d'une vingtaine de clients, elle change de sujet et me demande comment nous nous portons tous à l'agence. Jason, Mona, Clark…

Je lui dis que tout le monde se porte bien. « Ne t'inquiète pas pour nous. Dis-moi plutôt comment tu te sens, toi.

– Je regrette tellement ! »

Je suis désolée pour elle, mais je ne me sens pas coupable de lui avoir donné mon avis. Elle n'avait pas le choix. Si son activité d'escorte avait eu lieu dans le passé, avant qu'elle ne rencontre Craig, tout aurait été différent, mais elle a eu lieu pendant une grande partie du temps où ils vivaient ensemble. Elle s'est éloignée de l'agence pendant une certaine période, mais elle est revenue. Elle lui devait la vérité. Il a rompu, mais il valait mieux que cette rupture se fasse avant qu'ils ne se marient, qu'ils aient des enfants. Elle aurait alors été condamnée à vieillir sans eux. Imagine, lui dis-je, que vous soyez mariés, que vous ayez fondé une famille, et qu'il découvre ton mensonge. Il te chasserait de sa vie et ce serait beaucoup plus tragique. Puis j'ajoute :

« Tu crois que si tu lui avais dit que tout cela s'est passé avant qu'il ne te connaisse, il aurait accepté ?

– C'était trop dur pour lui. Il n'a pas pu avaler mes mensonges. Et je ne lui ai même pas dit le nombre de gars avec qui j'ai couché. »

Elle m'annonce qu'elle part pour le Connecticut afin de se réconcilier avec sa famille. Ce qui rend la situation encore plus pénible, c'est que son fiancé, pensant qu'elle avait besoin de l'aide d'un groupe de soutien, a décidé de tout révéler aux responsables de ce groupe avant de la quitter.

« Nat, regarde-moi. Il faut que tu arrêtes tout ça. Je ne veux pas que tu finisses comme moi. »

Elle commence à élaborer, m'expliquant que ce que nous faisons nous détruit.

Je l'écoute attentivement.

Quand elle me dit au revoir, je lui demande où elle va.

Elle ne répond pas tout de suite, plus elle chuchote : « Je… Je vais au W. »

Incroyable. Elle vient de me dire que je fous ma vie en l'air, que je dois absolument changer d'existence... puis elle m'annonce qu'elle va au W !

Nous nous embrassons sur les joues. Je sais que je ne la reverrai sans doute plus. Je reprends le chemin du loft, bouleversée. Je me sens très mal. Ce que j'éprouve pour Cheryl ressemble à de l'amour, et même si elle est passablement hypocrite, son avertissement, tandis que je chemine dans les rues désertes, commence à faire effet.

Lorsque, après avoir tourné le coin de la rue Worth, je m'approche de notre petit repaire du péché, la partie rationnelle de mon cerveau met le malheur de mon amie en perspective. *Je ne suis pas Cheryl. Je n'ai pas d'homme dans ma vie qui veut m'épouser et qui est persuadé que je suis ce que je ne suis pas. Je mens peut-être à ma mère, mais c'est ce que j'ai fait toute ma vie. Je mens selon mes propres termes, et personne n'est blessé.*

Je sais que je devrai, un jour, prendre des décisions concernant mon avenir, mais je n'ai que vingt-quatre ans. *N'est-ce pas l'âge où tout, dans notre culture, nous dit que nous sommes censés être libres et insouciants ? Ne devrais-je pas plutôt me concentrer sur ce que je veux maintenant, et vivre intensément chaque minute ? C'est ce qu'on appelle la philosophie zen, pas vrai ?*

Je n'aurai des nouvelles de Cheryl qu'une seule fois.

Quelques semaines plus tard, elle m'appelle pour me demander si j'ai des clients en trop. Je viens de rencontrer William. Je lui file son numéro.

Chapitre neuf

# Le *Jason Show*

Je suis en train de rêver. Paul et moi sommes sous la douche. Je sens l'eau glisser sur ma peau, je sens la chaleur du corps de Paul, mais je ne vois rien. Je ne respire pas, mais je goûte la saveur de l'eau. Elle pénètre dans mes narines. Tout à coup, je sens une main me tirer hors de la cabine, dans la salle de bain minuscule. J'entends crier. C'est ma voix et celle de Paul.

«Ne me quitte pas, ne me quitte pas», crie-t-il.

Je respire profondément, essayant de résister, d'obéir à Paul. Et soudain, je regarde autour de moi et je reconnais ma chambre, au loft. Je suis réveillée.

Je viens de revivre une de mes overdoses. Une des nombreuses fois où Paul m'a sauvé la vie, avant que je ne le quitte.

Tout le monde a des cauchemars, mais celui-ci est différent. C'était comme un *flash-back*. J'avais l'impression que tout était réel, je revivais encore et encore une de mes overdoses. C'était plus pénible que l'événement initial. Un aspect des overdoses – celles auxquelles on survit – c'est qu'elles ont un effet dévastateur sur ceux qui en sont témoins, et qu'elles en ont beaucoup moins sur la personne qui a pris la drogue. Même s'il faut impérativement réveiller les drogués lorsqu'ils perdent contact avec la réalité, ces derniers s'éveillent souvent comme si de rien n'était et peuvent immédiatement reprendre leurs occupations.

J'ai l'impression que ce rêve était un avertissement. C'est comme si mon subconscient voulait me rappeler combien je peux être dangereuse pour mon bien-être et ma santé.

Je pense que je suis en train de changer. Mon ego dirait que j'évolue, mais ce n'est pas cela. Un processus d'évolution exige un cheminement personnel positif, ce qui n'est pas le cas. Certains aspects de ma vie se sont considérablement améliorés depuis que j'ai quitté Paul (notamment ma situation financière), mais je régresse en ce qui concerne mon lien avec moi-même et avec l'être humain que je suis. Je mens de plus en plus souvent à ma mère et j'ignore délibérément les conseils de personnes bien intentionnées, comme Taylor et Cheryl, qui m'ont souvent demandé de remettre mon mode de vie en question. Je ne passe plus jamais d'audition. Je prends de plus en plus de drogue. Le traumatisme de ma rupture avec Paul est toujours présent et j'aspire à une nouvelle identité, à une nouvelle vie, mais je ne fais rien pour y parvenir. Au lieu de cela, je dis aux gens normaux d'aller se faire voir, et je suis largement récompensée et félicitée, à l'agence, pour cette attitude. Tout cela fait de moi une fille dure qui n'a qu'une idée : avoir de plus en plus de plaisir, gagner de plus en plus de fric, planer de plus en plus haut.

\*\*\*

Je roule sur mon lit et ouvre le tiroir de ma table de nuit, toujours rempli de chocolat et de bonbons. C'est une des manières de Jason de me dire qu'il m'aime. Je suis accro aux sucreries – et à tout ce qui est blanc – et j'en ai besoin avant de me sortir du lit.

Je croque quelques cacahuètes enrobées de chocolat en contemplant le plafond. J'essaie de lâcher prise, de permettre à ma belle chambre blanche de masquer la noirceur de mon rêve.

Nous avons un lit *king size*, et je suis si menue que même lorsque j'étends bras et jambes, je ne peux en atteindre les bords. Nos draps sont en coton égyptien à 1500 fils au pied carré, et notre énorme couette est remplie du duvet de 10 000 oies canadiennes vierges (d'accord, j'invente la dernière partie).

Notre femme de ménage, Valeria, change nos draps tous les jours (pour des raisons évidentes), et ils sentent toujours le frais à cause de l'assouplissant. Nous avons une table asiatique ancienne, très belle, très haute et très longue, sur laquelle est posée une de mes photos préférées : la reproduction d'un cliché que nous avons trouvé sur West Broadway – là où nous avons découvert Hulbert. L'artiste vendait ses œuvres de l'autre côté de la rue. Le cliché était d'un bleu très profond, et lorsqu'on le regardait de très près, on pouvait voir qu'il représentait une explosion d'eau. J'adore ce bleu.

Il me sort comme par magie de l'humeur sombre dans laquelle m'a mise mon cauchemar.

Je me lève et me dirige vers le bureau. Je porte un short noir superrelax et une nuisette rose. Je ne dors plus nue, car il y a toujours des gens qui rôdent le matin dans les parages. Une entière section de ma penderie est pleine de shorts sexy et de nuisettes de soie.

Jason est assis devant notre majestueuse table de salle à manger en ébène, quelques douzaines de feuilles de rendez-vous étalées devant lui. Il est au téléphone. La liasse de feuilles est un témoignage impressionnant de mon éthique de travail : elles contiennent la liste de mes derniers rendez-vous. Le moins bien rémunéré a rapporté 4 000 $, le mieux payé 15 000 $.

Je prends mon petit cahier de moleskine noir et j'y note mes prochaines rencontres. Je tiens soigneusement à jour mon horaire de travail. Je note aussi le prénom de mes clients, l'initiale de leur nom de famille, le nombre d'heures passées avec eux, et le montant de mes incroyables « honoraires ». Je suis la seule fille de l'agence qui prête une telle attention à son boulot. Une chose est curieuse : depuis mes débuts, Jason ne m'a jamais payé mes factures électroniques. Je continue à gagner plus que je ne peux dépenser, mais je n'ai jamais vu un sou des montants réglés par les gros clients qui paient par carte de crédit ou par transfert bancaire. L'ironie, dans tout cela, c'est que plus je gagne, moins je reçois. Au début, je croyais que ce type de paiement me protégeait, mon « statut canadien » étant plus que précaire. J'avais peur de me faire prendre par l'IRS, l'ICE, ou un autre bonhomme sept heures à trois lettres parce que je touchais d'énormes paies sans même avoir de visa, et encore moins de boulot légal.

Quand Jason et moi étions en bons termes, je préférais laisser mon argent sur le compte principal de l'agence, qui était pratiquement le sien. Il était libre de le faire fructifier. Mais lorsque tout est devenu plus difficile entre nous, cela m'a beaucoup inquiétée. Et un calcul rapide m'a révélé un jour qu'il me devait la somme de 150 000 $.

Même avec toutes mes chaussures Manolo, mes robes McQueens et mes nuits au Mandarin, je me retrouve donc dans la même situation que la pute de Bensonhurst Avenue : mon mac ne me paie pas. Je me suis déjà fait piéger dans le rôle de victime avec mon petit ami qui m'insultait et me frappait, et voici que Jason, qui me *booke* 24 heures sur 24 sept jours par semaine, garde une partie de mon fric. Mais quelle prise ai-je sur lui pour exiger qu'il me paie mon dû ? Si je le menace de faire la grève ou de le planter là, je risque de tout perdre s'il me prend au mot. Et si je lui demande gentiment de me payer ce qu'il me doit, il se dira que je ne lui fais pas confiance, ou que je manigance mon départ. Ou pire, que je veux passer dans une autre agence. Si je mets le problème sur le tapis, cela ruinera notre dynamique déjà branlante – et une bonne dynamique est essentielle au succès de notre business et à ma tranquillité d'esprit.

Je suis tellement obsédée par la nécessité de garder notre univers à l'abri du drame et du négativisme que je fais ce que fait toute fille conciliante désireuse de garder une bonne relation avec son homme : je la boucle. Au fond de moi, je crois que Jason m'aime et qu'il finira par me donner ce qui m'est dû. Je me dis que j'aborderai le sujet plus tard, au bon moment

Ce qui se passe par la suite ne fait que m'ancrer davantage dans ma conviction d'avoir fait le bon choix.

***

Jason raccroche, met les feuilles de rendez-vous en pile, puis se tourne vers moi.

« Natalia, ce gars n'arrête pas d'appeler. Il dit qu'il est producteur télé, qu'il a lu des rapports à ton sujet sur TER et qu'il veut te rencontrer. »

Mon cœur fait un bond. « Et alors ?

– Alors je lui ai dit qu'il devait prendre rendez-vous. » En toute autre circonstance, j'éclaterais de rire, mais quelque chose en moi est chamboulé. La vieille Nat refait surface, et je sens monter en moi un flot d'adrénaline, mêlée à un certain désespoir. Toutes les raisons pour lesquelles j'ai émigré à New York se pointent à toute vitesse.

« D'abord, il n'arrête pas d'appeler, et maintenant il dit qu'il veut me voir aussi. Il paraît qu'il peut faire de nous des superstars. À mon avis, il a l'air de savoir de quoi il parle.

– Tu as envie de le voir ? »

Il détache un post-it du tableau couvert de noms, de numéros de téléphone et de montants dus ou crédités. Un nom y figure : Joe Dinki.

« Joe Dinki ? Tu te fous de moi ? »

Jason ne bat même pas des paupières. Littéralement. Il est célèbre pour ça : il ne cille pas. Jamais. Cela ajoute à sa réputation d'homme qui ne bronche pas quelles que soient les catastrophes qui s'abattent sur lui.

« C'est un nom marrant. Et alors ?

– Si tu travaillais dans le monde du spectacle, ou des affaires, ou dans n'importe quel monde excepté le cirque, et que ton nom soit Joe Dinki, tu ne le changerais pas, toi ? »

Jason se contente de former le numéro. Puis il me passe le téléphone.

« Allô ?

– Salut. C'est Joe ? »

– C'est lui. Qui parle ?

– Natalia. »

Je vis avec un seul nom à cette époque. Comme Madonna. Ou Bozo.

« Oh, bonjour, Natalia. Tu n'es pas une fille qui se laisse approcher facilement !

– C'est à cause de Jason, mon agent. Il filtre tous mes appels. »

Il se met à rire.

« Je ne sais pas ce que Jason a pu te dire en ce qui me concerne, mais je sais tout sur toi. Je suis producteur, et j'aimerais te rencontrer pour te parler d'un concept d'émission. »

Je lance un regard à Jason.

« Eh bien, je vais d'abord vous passer Jason pour que vous en discutiez, mais je pense que ça pourrait marcher. Nous devrions vraiment nous rencontrer. »

Je rends le cell à Jason et je croise les doigts.

« Que faites-vous en ce moment ? » demande Jason.

Jason ne traîne jamais quand il y a un projet dans l'air.

Il file notre adresse à Joe, et je cours à mon petit salon de maquillage. Qu'est-ce qu'on porte quand on doit rencontrer un homme qui va faire de nous une star ? Les rêves les plus fous défilent déjà dans ma tête.

Maître Dinki arrive dans l'heure. Jouant les belles indifférentes, je reste dans ma chambre. Je peux l'entendre bavarder avec Jason, qui finit par m'appeler.

Je les fais patienter quelques minutes pour me faire désirer, puis je rassemble tout mon culot et je fais mon entrée.

Joe a davantage l'allure d'un machiniste de plateau que d'un réalisateur ou d'un producteur. Et ça ne fait qu'empirer quand il ouvre la bouche.

« Natalia, je suis venu te voir, mais en ce moment c'est surtout Jason qui m'intéresse. Ce type est étonnant. Où l'as-tu trouvé ? »

Je ris niaisement et me dirige vers la cuisine. Puis je retourne à mon petit sanctuaire pour me faire une ligne. Il faut que je rassemble mes esprits. *Quel imbécile! Qui est assez con pour dire des choses pareilles? Ou bien il est très smart, ou bien il est stupide.* Il se dit sans doute qu'il doit rallier Jason à sa cause avant de me proposer l'émission. Ça, c'est s'il est intelligent. Mais il n'a pas l'air très futé, il a tout juste l'air d'un autre connard prêt à avaler le blabla de Jason.

Il faut que je fasse en sorte qu'il tombe amoureux de moi. Ça me semble si étrange d'être en compétition avec Jason pour attirer l'attention de quelqu'un. Mais les circonstances sont inhabituelles. Notre avenir est peut-être en jeu.

Je me redresse de toute ma hauteur et retourne au salon. Jason m'invite à m'asseoir sur ses genoux. Je regarde Joe dans les yeux.

«J'ai lu tous tes rapports, Natalia. Tu sais que tu es très connue sur Internet?

– Plus ou moins. Alors, c'est quoi votre combine? Vous allez vraiment faire de moi une vedette?

– Si Jason le permet, je vais faire *de vous deux* des vedettes.

– Et vous allez faire ça comment?

– Je voudrais filmer une téléréalité avec toi et Jason. Ce qu'il dit, ton Jason, c'est que tu es une femme fantastique et qu'il est amoureux de toi par-dessus la tête. Je viens tout juste de le voir prendre un rendez-vous avec un type. Et je n'ai pas ma caméra, ça me rend dingue! Je voudrais filmer une émission pilote. Je sais que vous êtes très occupés… mais ça ne prendra que deux à trois jours. Puis j'enverrai le pilote à un réseau télé. Je connais un tas de monde à VH1. Ça va leur en boucher un coin.»

*\*\*\**

Le lendemain, je trouve Jason affalé sur l'énorme divan de cuir chocolat qui occupe presque tout notre loft. Je me blottis contre lui.

Il parle à son beau-père.

«Papa, je suis content qu'on ait parlé de ça. Mel Sachs va me rappeler dans quelques minutes. Je te tiendrai au courant.

Il raccroche et me dit : « Mon père est d'avis qu'on doit faire l'émission. »

Une fameuse surprise : Jason appelle son beau-père « papa ». C'est le seul parent qui lui reste, mis à part une sœur avec laquelle il est brouillé. Le beau-père s'est éloigné du beau-fils après une bagarre à la suite d'un prêt obtenu pour le démarrage d'une nouvelle affaire frisant l'illégalité. Dans la vingtaine, Jason a gagné des millions à Miami grâce à une ligne téléphonique de sexe. Il se tenait avec des gars comme le fameux Chris Paciello, le propriétaire d'un club qui est sorti avec Madonna. Il y avait un engouement incroyable pour les clubs à cette époque. Par la suite, Paciello a été accusé et reconnu coupable d'homicide. Quant au business de Jason, il a périclité. À la fin, il devait plus de quatre millions à ses créanciers, à 36 % d'intérêt. Il a dû déclarer faillite. Il a tout perdu, y compris une Aston Martin et son meilleur investissement : la propriété de URL : *pussy.com*. Peu après, il a transporté ses pénates à New York et a lancé sa nouvelle entreprise hasardeuse, promise elle aussi à la banqueroute : SoHo Models. C'est ce qui est arrivé. A suivi l'article dans *Details*, qui lui a donné envie de sauter dans le vide. Il a essayé de se suicider deux fois, la première avec un couteau, la seconde avec un « milk-shake » contenant, comme il l'a déclaré par la suite au magazine *New York*, « 75 Valium, 75 Klonopin et quelques bouteilles de scotch ».

Je ne sais pas dans quelles aventures douteuses le beau-père de Jason s'est laissé entraîner, mais il a appris sa leçon et garde ses distances dès qu'il est question de fric. Mais ça ne les empêche pas d'être très proches.

Je suis tout de même surprise d'apprendre que le vieux a donné sa bénédiction à la dernière et brillante idée de mon homme. Selon Jason, c'est parce que son beau-père pense que ça l'aidera à se ranger. Je ne vois pas très bien comment le beau-père peut assimiler une téléréalité à la respectabilité, mais avec Jason, tout est relatif. Le plus important, c'est que mon petit ami est prêt à tout pour que son beau-papa soit fier de lui. C'est la seule chose qui lui importe.

***

Jason appelle Hulbert. Le gars dévale les escaliers dans son uniforme : jean, bottes de motard, bandana noir et gros bijoux en argent. Ses muscles ondulent sous son débardeur.

Il se plante devant nous comme un soldat au garde-à-vous prêt à recevoir les ordres de son commandant.

« Assieds-toi, Hulbert, il faut qu'on te parle… », commence Jason.

La sonnerie du téléphone lui coupe la parole.

« Mel ! » s'exclame Jason. Il nous lance un regard complice. « Alors, quel est le verdict ? On le tourne, ce show, ou quoi ? »

Mel Sachs a trouvé les mots magiques pour parler à Dinki. Ce dernier a accepté de donner une part du gâteau à mon partenaire.

Soudain, le cellulaire de Jason fait entendre sa sonnerie *USHER*. Je manque de tomber par terre.

Je m'assieds près de Hulbert. Nous observons la suite des événements en spectateurs.

« Mel, raccroche ! », dit Jason en ouvrant son cell. Puis : « Allô ? Ah, monsieur Dinki ! »

Mes yeux brillent. Je saute de joie sur le divan. Je suis au comble de l'excitation.

« Je suis justement au téléphone avec Mel Sachs, mon avocat… »

Jason adore citer le nom de gens en vue !

« Je peux vous rappeler ? »

Il met le cell en attente et revient à Mel.

« Mel, raconte-moi. Dis-moi ce que donne la négociation. »

Jason se lève, va dans notre chambre et ferme la porte. Qu'est-ce qu'il a à dire que Hulbert et moi ne pouvons pas entendre ?

J'en ai assez de ses cachotteries, j'ai le droit de connaître tous les détails de l'affaire.

« Que se passe-t-il, Natalia », demande Hulbert. Je sursaute.

« Un producteur veut tourner une téléréalité sur moi, Jason, et sur l'agence.

– Wow, formidable. Tu crois qu'il y aura une petite place pour moi ? Ça me plairait de voir mes toiles à la télé. »

Nous sommes assis sous le chef-d'œuvre d'Hulbert, celui qui nous a convaincus de l'attirer dans notre monde de fous. Posée par une autre personne, la question paraîtrait opportuniste, mais pas venant de lui.

« Je crois que le peintre et ami génial de l'escorte ferait un personnage fantastique dans le show. Il faut que tu en sois. Le problème, c'est que Mona la mégère et Clark Kent en seront sans doute aussi.

– Tu sais, je me le demande, Natalia. J'ai l'impression qu'ils ne vont pas sauter de joie en apprenant ce qu'on projette.

– Qu'est-ce que tu veux dire ?

– Eh bien, ils n'ont pas cette passion pour la vie que vous avez, Jason et toi. Ils ne sont ici que pour le fric. Et Clark a un boulot de jour. Je ne crois pas qu'il aimerait qu'on voie sa tête au petit écran.

Hulbert et moi nous efforçons de cacher notre commune aversion pour Mona et Clark. Il a souvent été témoin du comportement dégueulasse de Mona envers moi – insultes, sabotage de rendez-vous. Il sait qu'elle ne tardera pas à s'en prendre à lui aussi.

« Jason et toi pourriez tirer un tas de bonnes choses de ce show – tout comme moi, j'espère – mais ce ne serait pas le cas pour eux. »

Jason et moi sommes vachement forts, nous sommes au sommet. Les dieux vont sans doute nous récompenser. Et pour couronner le tout, Clark et Mona vont peut-être se désintéresser de l'agence et foutre le camp.

Mon partenaire ouvre la porte et ouvre les bras.

« Oh, Natalia », chantonne-t-il. Je traverse la pièce comme une balle et je saute dans ses bras, entourant sa taille de mes jambes.

« On commence à filmer demain », me chuchote-t-il à l'oreille.

Les mots magiques.

« Prêt à devenir une vedette de la télé, Hulbert ?

– Tu parles si je suis prêt ! », déclare notre ami.

***

Les gens de VH1 sont intéressés, mais un peu nerveux à l'idée des problèmes juridiques qui pourraient survenir lors d'un tournage dans une agence new-yorkaise de très mauvaise réputation. VH1 n'est pas le Bunny Ranch du Nevada, où tout est légal, et ce n'est pas non plus HBO. C'est le câble. Viacom, le partenaire de VH1, a fusionné avec CBS, qui héberge *60 Minutes*, mais n'avait pas encore dégringolé dans la programmation bas de gamme avec Flavor Fav et son harem de filles faciles. Les avocats de la maison doivent sûrement avoir de gros maux de tête.

VH1 a dit à Joe qu'ils veulent voir une émission pilote avant de s'engager. Impossible de savoir si c'est un refus poli ou une précaution légitime. Mais nos cerveaux embrouillés par la drogue nous disent que nous allons devenir les prochaines superstars de la télé-réalité, à côté des chasseurs de primes aux citations bibliques, des aspirants chefs politiciens et des apprentis de Wall Street prêts à tout pour ramasser du fric.

J'appelle Valeria et je lui demande de venir aussi vite que possible. Le loft a besoin d'un lifting. J'examine le miroir posé sur ma table à maquillage, sur lequel je tire mes lignes de coke. Il ne peut pas rester là. Je suis sûre que la drogue n'est pas une activité qui sera mise en évidence dans la téléréalité. Et si je me trompais ? De toute façon, je sais ce qui me reste à faire. Je me rends dans un grand magasin de West Broadway, à côté du Grand Hotel Soho. J'ai besoin d'une boule de coke. On les trouve dans un petit contenant ovale, elles pèsent un gramme, et le contenant est pourvu d'un petit mécanisme permettant d'inhaler en public sans se faire remarquer. Mon miroir sera remisé pendant un temps, au moins pendant les deux ou trois jours que durera le tournage du pilote.

Je me dis que si ma consommation de drogue doit, pour des raisons évidentes, être dissimulée, tous les autres aspects de ma vie seront à découvert. Je serai candide, et honnête, et convaincante à propos de tous les domaines de mon existence : relations sexuelles, joie de vivre, argent. Et je serai belle, fascinante, et amusante. Je suis persuadée que c'est mon énergie honnête et franche qui m'a menée là où je suis. Pas question de l'étouffer.

L'émission de téléréalité devient le véhicule sur lequel nous empilons tous nos rêves et nos illusions.

Je reviens de mes petites courses et j'emmène Jason dans notre chambre pour lui montrer son assiette de Special K, posée sur notre belle table antique.

« Il faut que tu te débarrasses de ça », dis-je.

Je lui tends une boule de coke et je vais dans mon petit salon pour prendre la mienne. On sonne à la porte d'entrée. J'examine mon reflet dans le miroir puis je me précipite à la rencontre de Joe Dinki et de l'équipe de tournage. Je reconnais immédiatement le réalisateur, Ron Sperling. J'ai fait sa connaissance quelques mois plus tôt à une soirée chez Luahn, la boîte de Stephen Baldwin. Nous avons bavardé une partie de la nuit comme si nous étions de vieux copains. Et c'est lui qui va m'introduire dans le monde de la télé ! *Quel magnifique présage.*

Il dépose ses valises de matériel. Je bondis dans ses bras.

Jason lance : « Dis donc, Natalia, tu connais tout le monde dans cette ville !

– C'est ce qui arrive après quelques mois de boulot avec toi ! »

Tout le monde éclate de rire.

***

L'excitation continue à grimper, tandis que le loft se transforme en plateau de télé.

Pendant que les techniciens tirent les câbles, installent les spots et vérifient leur matériel, Jason boit sec. Certaines personnes aiment être devant les caméras, – moi, par exemple –, d'autres sont terrifiées ou tétanisées. Ou nulles. Jason est tellement terrorisé à l'idée d'être nul qu'il est complètement amorphe.

Le réalisateur veut pourtant commencer avec un face-à-face avec lui. On lui posera des questions spécifiques concernant le type de filles qu'il engage ; on lui demandera d'expliquer pourquoi New York Confidential est la meilleure des agences, puis d'élaborer sur la philosophie qui sous-tend ses méthodes de travail.

Ça foire dès le départ. Jason déconne, ou s'emberlificote dans ses explications, incapable d'exprimer sa pensée. À la fin de l'après-midi, découragés, ils se rabattent sur Hulbert. Jason est trop pourri. Moi, j'attends mon tour. Malheureusement, j'ai un rendez-vous. Quand je reviens, le loft bourdonne comme une ruche. Il y a des filles partout, les caméras mettent tous leurs gestes en boîte et enregistrent tout ce qu'elles disent.

J'ai l'impression d'être une quantité négligeable. Comment Jason a-t-il pu me faire ça ? Cette émission était mon rêve à moi. Je l'entends prendre un rendez-vous avec un autre client. Il a fière allure, et moi je suis l'escorte qui se casse le cul à travailler. Je me précipite dans ma chambre et j'éclate en sanglots.

La porte s'ouvre, Ron passe la tête dans l'embrasure. « Bébé, où es-tu ? Tu sais qu'on t'attend ? »

Il me serre contre lui. Je me sens bien, en sécurité dans ses bras.

« J'ai eu l'impression que c'était le *Jason Show* », lui dis-je dans un murmure.

Ce que je ne sais pas, c'est que le *Jason Show* n'a même pas commencé.

« C'est pour ça que tu pleures ? Non, mais, tu ne l'as pas entendu, ton Jason ? Mon petit cœur, on a vraiment besoin de toi ! Tu vas leur en mettre plein la vue, les gens de VH1 n'en croiront pas leurs yeux. À la fin de la nuit, nous allons tourner avec toi, juste avec toi. Maintenant va à ton rendez-vous et amuse-toi. »

Toute ragaillardie, je prends une profonde respiration et me dis : *Tu as finalement trouvé le rôle que tu attendais, Natalia. Tu es le fantasme de tous les hommes.*

Je le suis. Jason me donne les coordonnées de mon prochain client. « Natalia, ce gars est une vedette du rock. Tu vas vraiment l'aimer. Il est au Four Seasons. Rends-moi fier de toi.

Je saute de joie. Puis je jette un coup d'œil au registre de rendez-vous et je lis le nom. Putain ! C'est vrai, c'est vraiment une vedette du rock. D'accord, c'est une star des années 80, il est à la retraite, récemment divorcé, mais il est vachement *cool* et sexy. En plus, les mecs des années 80 savent vraiment s'amuser, ce n'est pas comme leurs congénères actuels.

J'embrasse Jason sur la joue, fais signe à mes copines, souris à la caméra.

Quand je reviens, planant toujours après mes quelques heures avec un client de marque, je suis au sommet du monde. Je reste bouche bée quand j'entre dans ma chambre. C'est magnifique. L'équipe l'a éclairée en rose et y a disposé des bougies parfumées. Les caméras attendent devant le lit. L'équipe aussi.

« Très bien. Combien de temps te faut-il pour te préparer ? », me demande Joe.

Alexandra, l'assistante de Ron, m'attend dans mon petit salon pour me maquiller et m'aider à choisir un déshabillé.

Je revêts – si on peut dire – une mignonne petite nuisette noir et rose foncé de Victoria's Secret, et j'y ajoute un superbe pendentif en forme de cœur d'un joaillier parisien. Je prends quelques minutes pour me recueillir et réfléchir : nous venons tout juste de recevoir quelques grammes de champignons de A. J., un ami photographe. Je me dis que ça pourrait donner des résultats surprenants. Le champignon fera effet dans une heure, vers la fin de l'entrevue, et cela ajoutera un peu d'arôme à la Warhol à mes dernières réponses. De toute façon j'ai besoin de quelque chose. Pour la première fois depuis des mois, je n'ai pas de coke sous la main et aucun de mes *dealers* n'a appelé.

Je sors un de mes gros cartons à chapeaux blancs, défais le ruban de satin qui l'entoure. Puis je soulève le couvercle. Les cartons ne contiennent pas de chapeaux : dans l'un se trouvent mes dessous La Perla et Agent Provocateur, dans l'autre mes jouets sexuels les plus délicats et différentes sortes de condoms, dans le troisième ma provision de champignons.

Je suis en train d'en grignoter un morceau quand Chloé, une de nos filles les plus marrantes, surgit dans mon salon pour me dire bonjour. Elle tend la main. Je lui donne un bout de champignon. Puis elle retourne près de Jason tandis qu'Alexandra commence à me maquiller.

Quand je sors de ses mains expertes, je suis fabuleuse. Je me regarde dans le miroir, me disant que j'ai enfin bouclé la boucle. J'ai fait de ma carrière de call-girl une rampe de lancement pour ma véritable passion : le cinéma. C'est alors que mon estomac commence à protester. Puis il se met à gargouiller. Puis à gronder.

Je cours à la salle de bain, lève le couvercle de la toilette. Tout tourne. Je vomis un peu. Alexandra, qui me cherche, entre et me demande si je vais bien.

Je redresse la tête, m'efforçant de sourire et de lui faire croire que je viens juste de vomir mon dernier verre de champagne.

« Nerveuse ? »

En fait, je n'ai jamais été moins nerveuse.

« Oui, un peu. »

Merde, merde et merde. Dans cette situation, le champignon n'était manifestement pas le meilleur succédané à la coke. Que m'arrive-t-il ? Cela fait à peine cinq minutes que je l'ai croqué et c'est une catastrophe. Là, je commence vraiment à flipper. Je prends le collier avec le cœur sur ma table à maquillage et j'essaie d'ajuster le fermoir sur ma nuque. Mais mes doigts ont la tremblote.

Chloé arrive à ce moment-là. On se regarde dans les yeux, je remarque que ses pupilles sont très dilatées. Elle voit que j'en arrache et passe derrière moi pour fermer le collier, péniblement. Puis elle chuchote mon prénom. « Natalia. »

Il y a du désespoir dans sa voix.

« Je sais. »

Ce n'est pas la première fois que je ressens ce malaise. Vous venez de prendre quelque chose, de l'ecstasy, des champignons, de l'acide ou un autre truc et ça vous tombe raide sur le coco et vous vous demandez si ça ne va pas vous conduire tout droit au bord de la falaise. Et on ne peut rien faire, rien. Tout ce qu'on peut faire, c'est attendre que ça passe. Je respire un bon coup, me redresse de toute ma taille et entre dans ma chambre, qui vient tout juste d'être entièrement transformée en plateau de porno *soft*.

Courage, Natalia, courage.

Un technicien attache un micro sans fil à ma nuisette, mais il ne trouve pas d'endroit où accrocher l'émetteur puisque je ne porte qu'un string! Je m'assieds au milieu du lit et le glisse sous mes fesses. Nous faisons un essai pour le son, puis ils commencent à tourner. Joe Dinki, debout à la droite de la caméra, me pose les questions, pendant que cet enculé de Frank Sinatra gueule dans le loft. Alexandra va dire à Jason de baisser le son.

Enfin quelqu'un qui a suffisamment d'autorité pour lui dire de bâillonner le crooner aux yeux bleus!

Ce que je découvre à propos de Dinki, c'est que c'est un type intelligent. Il me pose des questions vraiment intéressantes. En fait, il veut faire du personnage de Jason le moteur de l'agence, et de moi, l'âme. Mais il y a un petit problème : chacune de ses questions dure au moins cinq minutes. Et vu l'état dans lequel se trouve ma pauvre tête, quand il arrive au bout de son monologue, je ne me souviens pas du début!

Mais je parviens quand même à passer au travers sans m'effondrer, sans craquer, sans éclater de rire. Et je crois que mes réponses sont marrantes. Je crois.

Jason, qui s'ennuie tout seul dans le loft, finit par se glisser dans la chambre. Il se couche par terre, dans un coin. Il n'arrête pas de répéter, entre chaque prise, que je suis belle et que je deviendrai sûrement une vedette.

On finit par emballer la fin du tournage. La dernière prise me montre couchée sur lit, puis sautant en l'air comme une gamine. Je suis prête à lancer la soirée.

Et je peux vous garantir qu'ils l'ont eue, cette soirée!

***

Les trois jours suivants se déroulent dans la même ambiance : les caméras n'arrêtent pas de tourner. Boulot, courses, soirées, clubs… On a loué l'Escalade pour tout le temps du tournage. On y installe la caméra pour pouvoir m'interviewer avant et après un rendez-vous. On s'éclate.

Le deuxième jour du tournage, l'ego de Jason disjoncte. Il commence à appeler le tournage *The Jason Show* exactement comme je l'avais prévu. Il multiplie mes rendez-vous, dans le but évident de m'éloigner le plus possible des caméras et de concentrer ces dernières sur lui. Il ne passe que très peu de temps avec moi, sauf pour me parler en termes dithyrambiques d'une fille qu'il a rencontrée, affirmant qu'il va en faire la nouvelle Natalia. La jalousie et l'insécurité font partie de toutes les relations amoureuses. On pourrait croire que la personne angoissée est le type dont la petite amie rencontre et couche chaque jour avec des mecs pleins aux as. Eh bien non ! Cela fait partie des nombreux talents à mettre au crédit de Jason : il a retourné la situation et c'est moi qui suis jalouse !

L'ironie, dans tout ça, c'est qu'il continue à faire un bide devant la caméra. Soit il fige, soit il s'emberlificote dans ses réponses. Ses interviews n'en finissent pas.

Il est obsédé par l'envie de devenir célèbre, mais quand les projecteurs sont braqués sur lui, il perd tous ses moyens.

Après trois jours, le tournage est bouclé, l'équipe remballe son matériel et rentre à la station.

Deux semaines plus tard, Joe et Ron débarquent avec la première version du pilote qu'ils ont l'intention de présenter à VH1. Atroce. Jason ne se prive pas de leur dire. Une semaine après, ils reviennent avec une autre version. Brillant. La musique est étonnante, en parfaite synchronie avec l'histoire, donc un peu grinçante. Je suis belle. Bref, on adore. Ils font faire trente copies, et Jason commence à montrer le film à tous ceux qui viennent au loft.

Jason et Joe présentent le pilote à VH1. Il paraît que les boss aiment ça, mais pas assez pour le mettre au programme. Ils leur disent de continuer à filmer. Peut-être qu'ils souhaitent tout simplement qu'on se dégonfle. Le réseau hésite peut-être à donner des fonds, mais je ne connaîtrai jamais les détails de l'affaire. En fait, j'ignore délibérément tout ce qui pourrait me ramener les pieds sur terre. Et je sniffe de plus belle pour m'étourdir.

J'évite de répondre aux appels de ma mère. Je suis devenue experte dans l'art de tenir mes sentiments à distance, et je n'ai pas la force d'affronter maman, de même que les gens qui ne font pas partie de mon cercle. Un des seuls mecs avec qui je discute encore sur une base régulière est Taylor, un gars très chouette, mais même ces conversations-là me demandent un effort.

Il ne comprend pas pourquoi je veux si désespérément tourner dans une téléréalité, mais il m'écoute, me donne des conseils, et se mord la langue chaque fois qu'il a envie de me parler de ma consommation de drogue. Si nous avions été plus proches, ou s'il m'avait connue depuis plus longtemps, il m'aurait peut-être embarquée dans un autre genre de téléréalité, qui aurait pu s'intituler : *Intervention*.

Taylor prend tous les rendez-vous qu'il peut s'offrir, même s'il ne veut surtout pas me donner l'impression qu'il essaie de prendre la place de Jason. Mais je décline ses invitations, car je sais qu'en les acceptant je trahirai Jason et l'agence. À quelques reprises, cependant, il arrive à convaincre un client d'appeler l'agence et de me demander. Après ces rendez-vous, nous allons prendre un café, et je me retiens désespérément d'aller me tirer un joint dans les toilettes pour me remettre d'aplomb – en tout cas suffisamment longtemps pour retomber les pieds sur terre et me montrer sincère avec lui. Je sais que son style de vie serait beaucoup mieux pour moi, mais je ne peux pas vivre sans Jason. En tout cas, après mes rencontres avec Taylor, je rentre au loft pour y continuer la nouba.

Finalement la vérité s'impose à moi : la réalité (pas la téléréalité), c'est que je suis amoureuse de Jason. Je l'aime. Si j'arrive à affronter son blabla, toutes nos emmerdes, toutes les souffrances et toutes les disputes, c'est parce que je l'aime.

Lorsque je cesse de résister à mes sentiments, Jason et moi nous hissons au sommet du monde. Il me couvre de présents ; on se pelotonne l'un contre l'autre sur notre grand lit pour regarder et regarder encore notre téléréalité. On passe même du temps avec son beau-père. Un jour, beau-papa nous invite au Friar's Club, le sanctuaire légendaire des acteurs comiques. Jason s'émerveille devant les immenses photos de Sammy Davis J$^r$ et de Frank Sinatra. Nous vivons enfin la vie dont Jason a toujours rêvé.

Chapitre dix

# Sombres nuages

Notre fête d'amour se prolonge plusieurs semaines. Une après-midi, Jason va jusqu'à demander à Mona qu'elle supprime un rendez-vous que j'ai pris moi-même. Il veut que nous passions du temps ensemble. Nous flânons dans Manhattan, faisons le tour de nos boutiques préférées puis, sous l'impulsion du moment, décidons d'aller passer l'après-midi dans l'appartement de Hoboken.

C'est dingue, je le sais, mais nous voulons du temps à nous, dans une intimité totale. Le loft est parfois fatigant. Mais je n'arrive pas à croire que Jason a supprimé un de mes rendez-vous. C'est probablement le geste le plus romantique qu'il a jamais fait à mon profit – aussi pitoyable que cela puisse paraître à première vue. Bien sûr, il m'achète un tas de choses, mais ce rendez-vous supprimé, c'est différent. Il y a peut-être un espoir de vie meilleure pour nous deux, après tout.

Alors que nous sommes étendus sur le lit, Jason me dit qu'il va devoir passer un contrôle antidrogue et qu'il aimerait que je l'accompagne. Bien sûr ! Je ne l'ai jamais accompagné à ses contrôles d'urine bihebdomadaires chez son agent de probation. Il fait ça tout seul, comme un grand. J'ai fini par comprendre que la prison, les arrestations et tout ce qui touche à la justice pénale sont des événements que l'on vit dans la solitude et l'isolement. Comme un rendez-vous chez le médecin quand on a une maladie honteuse.

Nous prenons un taxi jusqu'au bureau de probation. J'attendrai dans l'auto pendant que Jason se rendra dans le sinistre bâtiment gris. Il me dit que cela ne prendra que peu de temps.

Une heure après, j'attends toujours. J'en ai franchement marre. Où est-il ? Je veux bien me montrer secourable, mais attendre une heure, ça commence à bien faire. C'est ridicule. Mon cellulaire sonne. Je ne connais pas le numéro affiché. J'ouvre l'appareil.

« Allô ?

– Natalia, Ron Itzler à l'appareil.

– Bonjour, monsieur Itzler, vous voulez parler à Jason ?

– Je viens de lui parler.

– Ah bon ! »

Je n'y comprends rien.

« Natalia, ils vont remettre Jason en prison. Il a raté le test.

– C'est impossible !

– Le test était positif. Cocaïne.

– C'est impossible, il n'a pas pris de cocaïne. Je sais toujours quand il en prend.

– Tu es en taxi, n'est-ce pas ? Fais-toi ramener rue Worth. Je viendrai te voir plus tard. »

Je n'arrive pas à croire que je vais quitter le terrain de stationnement sans Jason. Tout me paraît irréel. Je suis assommée. Que vont-ils faire subir à mon Jason ?

Revenue au loft, je m'enferme dans ma chambre et me jette sur mon lit, le visage dans l'oreiller. Je pleure comme une madeleine. Ce n'est pas possible ! Il n'a pas sniffé de coke, j'en suis sûre, puisqu'il savait qu'il allait être contrôlé ! Il n'est pas si stupide, tout de même. Et retourner en prison est bien la dernière chose qu'il souhaite. Quelque chose a dû arriver. Est-ce qu'on l'a piégé ? Le New Jersey en a-t-il eu marre de le voir s'en tirer tout le temps ? Les résultats ont-ils été volontairement faussés ? Le laboratoire a-t-il fait une erreur ? Et si c'était ma faute… Un peu de ma coke s'était peut-être mélangée à son K. Comment savoir ?

Une centaine de « et si » me traversent l'esprit. Que va-t-il se passer si le juge décide de révoquer sa probation ? Il pourrait rester en taule pendant au moins un an ! Jamais je ne serai capable de diriger l'agence toute seule.

Après avoir appelé le beau-père de Jason, je téléphone à Clark. Nous décidons que personne, sauf notre entourage immédiat, ne doit savoir ce qui se passe. Mais qu'allons-nous leur dire pour expliquer l'absence de Jason. Il est constamment au loft, tout le monde sait qu'il ne veut même pas prendre une semaine de repos. Finalement, nous trouvons la solution : il est allé voir sa sœur en Californie. Elle est souffrante et a besoin de lui. (En réalité, elle ne veut même pas le voir en peinture !)

Clark vient me voir. Nous nous plongeons dans le registre des rendez-vous du lendemain, puis nous fermons le bureau et allons dans ma chambre pour discuter. Il me dit qu'il va rester avec moi cette nuit pour que je ne sois pas toute seule, et qu'il reviendra demain après le bureau. Ron Itzler viendra me chercher à midi pour aller à la prison. Puis nous rencontrerons Paul Bergrin, l'avocat de Jason.

Le lendemain, je m'assure qu'il n'y a rien d'illicite dans mon sac. Je flippe – je n'ai jamais vu l'intérieur d'une prison. Ron vient me chercher dans sa grosse Mercedes. Nous parlons de Jason. Il résume très bien ce qu'il a vécu en tant que beau-père de Jason : « Avec lui, dit-il, il faut s'attendre à tout. En tout cas, moi, plus rien ne peut me surprendre. »

C'est vrai qu'avoir Jason comme beau-fils doit ressembler à un parcours de montagnes russes. Ron me demande de lui parler de ma famille, de ma vie. Il est si gentil, si chaleureux, je ne dois pas lui rappeler que je ne suis pas seulement la petite amie de Jason, mais aussi son employée vedette. Après avoir garé la voiture dans le terrain de stationnement, Ron sort une boîte à pilules de sa poche et avale un comprimé. Puis il me tend une bouteille d'eau et en dépose un sur ma paume.

« Klonopin. La Rolls-Royce des anxiolytiques. C'est nécessaire quand on a un fils comme Jason. »

Nous pénétrons dans l'immeuble délabré et montrons nos papiers d'identité à un gardien. On nous conduit dans une salle d'attente sinistre pleine de posters avertissant les visiteurs de ne pas essayer de passer de la drogue.

Une voix appelle : « Les visiteurs pour Jason Itzler. » Je regarde Ron. Il me fait signe de passer la première. J'essaie de sourire, me dirige vers une femme flic.

« Oh, non, non, non, ma belle ! Pas question d'entrer comme ça ! s'exclame-t-elle en désignant mon bustier. Tes épaules doivent être couvertes. »

J'ai l'affreuse impression que je vais aggraver la situation. Puis je sens quelque chose m'envelopper. Ron vient de déposer son veston sur mes épaules. Il me tapote la joue. Puis j'emprunte le couloir pour aller voir Jason.

Il sourit en me voyant, je lui rends courageusement son sourire. J'ai l'impression de revoir une scène déjà vue un millier de fois à la télé. On se dit les trucs habituels : Comment vas-tu ? Je suis contente de te voir... Tu me manques. Mais je me sens bizarre, guindée. Tout ce que je veux, c'est qu'il revienne à la maison. Je ne peux pas vivre sans lui. Il a l'air affaibli, à plat, il a perdu son culot habituel. Il me donne quelques conseils pour l'agence, me dit de faire confiance à Clark et à Hulbert... ils feront sûrement l'impossible pour faire tourner la boîte (il n'a qu'à moitié raison). La visite se termine, je rends le veston à Ron, et c'est son tour d'aller voir Jason. Il reste moins de cinq minutes. Après la prison, nous allons voir Paul Bergrin.

Bergrin, ancien procureur fédéral et homme de loi coriace, est optimiste. Il nous apprend que Jason a joué le tout pour le tout : comme il savait qu'il n'avait pas pris de coke et que le test était erroné, il a eu une idée de génie. Quand son agent de probation lui a donné les résultats du contrôle et lui a annoncé qu'il allait filer tout droit en prison, Jason s'est laissé tomber par terre et a simulé une crise cardiaque. Je doute que mon homme ait le talent nécessaire pour jouer une scène de ce genre, mais il a apparemment convaincu les policiers, au point qu'ils l'ont emmené dare-dare aux urgences. On l'a mis au service de soins intensifs, où il a persuadé les médecins de refaire le test sanguin – qui, bien sûr, s'est révélé négatif. Bergrin nous jure qu'il va sortir Jason de taule, mais que cela prendra quelques jours.

* * *

Au loft, c'est la pagaille. Mona est en vacances au Pérou, et comme les caméras ne peuvent s'arrêter de tourner, je prends les opérations en main. Je confirme ici le vieil adage : le proxénétisme n'est pas une partie de plaisir. J'aurais de loin préféré travailler que de devoir affronter tous les salamalecs et le blabla qui vont de pair avec la direction d'une agence.

Il est minuit, Scott est à l'autre bout du fil. Il ne me lâche pas, il insiste. Le bureau est une véritable ruche. Difficile d'en sortir. Scott refuse que je lui envoie quelqu'un d'autre, et j'avoue que j'ai très envie de le voir. Je n'aime pas dire non à mon futur sénateur préféré.

Je lui fais promettre de me *booker* pour au moins trois heures. C'est alors qu'il me dit qu'il se trouve dans la maison de ses parents, à Greenwich, dans le Connecticut. Voilà qui est nouveau. J'ai assisté à des surprises-parties dans les demeures de mes copains d'école, au secondaire, mais je n'ai jamais travaillé dans ce genre d'endroit. J'appelle mon taxi habituel, je donne le numéro de la carte de crédit de Scott au chauffeur, lui disant de ne pas se tracasser pour l'itinéraire : je sais très bien comment me rendre chez mon ami. Puis je souhaite bonne nuit à Ron et à Alexandra.

On filmait depuis plusieurs heures, mais cameraman et réalisateur ont compris qu'ils allaient devoir se passer de moi : je ne reviendrai qu'au matin. Ils ont replacé les projecteurs pour interviewer Hulbert, tandis que je faisais l'inventaire de mon sac Vuitton, y ajoutant cette fois toutes les combinaisons possibles de porte-jarretelles et de bas en filet. Mes derniers dessous affriolants sont des porte-jarretelles Roberto Cavalli et des bas en dentelle achetés à Hôtel Vénus, la boutique de Patricia Field sur West Broadway.

Le voyage en bagnole est abominable. J'ai avalé un demi-Valium en quittant le loft, mais j'attends d'être sur l'autoroute pour prendre l'autre demi. J'ai peur que le chauffeur me laisse n'importe où à l'entrée de la ville parce qu'il en a marre. Trois quarts d'heure plus tard, je dors à poings fermés. Il faut croire que je suis vraiment épuisée. Je ne me réveille que lorsque nous roulons dans ce qui semble être un immense jardin. Je crois rêver. Il y a des arbres et des pelouses partout. Je reçois en pleine face une incroyable bouffée d'air parfumé à l'herbe fraîchement coupée.

Le chauffeur ne semble pas apprécier la nature. Il me dit qu'il tourne autour du même pâté de maison depuis une demi-heure. Il n'a pas réussi à me réveiller. Nous sommes dans la bonne rue, mais il ne trouve pas la maison. J'appelle Scott sur mon cell.

« On ne voit pas la maison de la rue, m'explique Scott. Dis au chauffeur de prendre l'allée privée juste après la maison à piliers blancs. » Le problème, c'est que toutes les allées sont privées et toutes les maisons ont des piliers blancs !

Nous finissons par trouver. Je jette un coup d'œil à mon miroir. J'ai des plis sur la joue sur laquelle je me suis endormie. Je me frotte vigoureusement le visage, mais en vain.

Je donne 25 % de pourboire au chauffeur et je sors de la bagnole, soulagée.

Scott ouvre la porte d'entrée et me tire prestement à l'intérieur. Je me dis qu'il est un peu nerveux à l'idée de recevoir une fille dans la maison de ses vieux. Ils sont probablement absents pour un bon bout de temps, mais il se tracasse sans doute pour les voisins. Je le suis à l'étage, dans un salon donnant sur le jardin arrière. Les arbres, les plantes, les buissons, les pelouses sont impeccables. L'aménagement paysager est superbe. C'est Versailles.

Scott me donne un bisou sur la joue et m'invite à le suivre en bas. Il me dit que je lui ai manqué, et il a l'air très sincère. Il faut que je sois prudente, je pourrais vraiment tomber amoureuse de ce type.

Avec Jason en taule, la réalité m'apparaît dans toute son horreur, et le spectacle n'est pas joli. Privez Jason de son fric, de ses vêtements et de son style de vie, et il ne reste plus qu'un petit criminel. Mon amant est bouclé. Même si les choses se passent très bien entre nous, je continue à ruminer la même pensée dans un coin de mon cerveau (et de mon cœur) : il ne me donne pas l'argent qu'il me doit. Je ne peux pas l'abandonner dans ces moments où il a besoin de moi, mais de l'avoir vu dans cette prison décrépite du New Jersey a complètement saccagé mon conte de fées.

Et devant moi, il y a Scott. Grand, séduisant, courtois, aimable, riche comme Crésus, Scott qui me dit que je lui ai manqué. Même quand il est dans un mode mauvais garçon sniffeur de coke et amateur de cinéma porno, même quand il me prend comme une chienne, je ne connais personne qui me convienne autant que cet homme. Ajoutez-y une plage sur la côte d'Amalfi, des villas à Malibu, dans les Hamptons, dans le sud de la Floride, un pavillon à Aspen… et la liste n'est pas finie.

J'ai pris mon pied avec Jason et son côté dingue, mais Scott est un véritable prince charmant. Quelle fille n'en tomberait pas amoureuse ?

\*\*\*

Paul Bergrin va en cour pour contester le résultat du contrôle d'urine fait par l'agent de probation de Jason. Le juge accepte le nouveau test fait par l'hôpital, et Jason est relâché après deux semaines derrière les barreaux. Mais il y a du nouveau. Du nouveau négatif. D'autres conditions ont été ajoutées à sa probation. Tout d'abord, un couvre-feu. Jason doit être rentré dans son appartement d'Hoboken chaque jour au dernier coup de minuit. S'il est en retard ne fût-ce que d'une minute, il sera renvoyé illico en taule.

À sa demande, Mona et Clark ont pris les rênes de l'agence une semaine après son incarcération, ce qui m'a enlevé le poids énorme qui pesait sur mes épaules. Mais après son retour, rien ne redevient comme avant – et ne le redeviendra plus jamais. Jason est différent, constamment préoccupé. Je crois que la manière désinvolte avec laquelle on a attenté à sa liberté le hante. Il a perdu son enthousiasme et son dynamisme, et il prend des doses de coke assez fortes pour assommer un cheval.

Mona et Clark sont donc devenus le couple au pouvoir. Ils prennent toutes les décisions importantes, collectent le fric, engagent de nouvelles filles. *Bref, ils font tout.*

Jason jette néanmoins un coup d'œil quotidien sur le registre de rendez-vous, vérifie les totaux du jour et préside un briefing où on lui soumet tous les problèmes qui surviennent : clients qui ne paient pas, filles qui ne livrent pas la marchandise, etc. Il tient à ce que l'équipe ait son petit sermon quotidien, mais il n'est plus le commandant en chef qu'il a été.

Nous essayons de recréer le lien qui nous unissait, de ranimer la flamme. En dépit du monde illusoire dans lequel nous vivons, nous partageons, à la fin de la journée, un lien qui nous paraît indestructible. Ce qui ne nous empêche pas de nous bagarrer – très souvent – et de nous lancer des insultes à la tête en choisissant bien les mots susceptibles de blesser. Quand c'est le cas, le loft se vide en cinq minutes. Seul Hulbert reste au bureau, sans se laisser impressionner. À chaque coup de fil, il met une main sur le microphone pour que le client qu'il essaie de *booker* n'entende pas le chapelet d'insultes que nous nous envoyons à la tête.

Pour la chère Mona, je suis toujours l'ennemi public n° 1. Comme elle est enceinte – vraisemblablement de Clark, bien que la rumeur qui court dans notre petit univers donne Jason pour père –, j'ai maintenant le second du commandant en chef sur le dos. Mona est le genre de femme qui exige un soutien inconditionnel de son partenaire, surtout quand elle est sur le sentier de la guerre.

Sa première combine est de semer dans l'esprit de Jason que je suis camée et que, s'il ne me quitte pas, je l'entraînerai fatalement dans ma dépendance. Elle commence par répandre la rumeur que je prends secrètement de l'héroïne. Il est vrai que l'héroïne fait parfois une brève apparition au loft, mais *jamais*, jamais avec moi. (Cela viendra plus tard.) Elle a engagé une fournée d'ex-mannequins parce que, selon elle, les mannequins occupent une place importante dans les fantasmes masculins, mais ces filles sont des droguées blasées, fades et snobinardes qui ont toutes un trouble du comportement alimentaire et qui sont amères, car elles n'ont jamais pu percer dans l'industrie de la mode. Ce sont elles qui apportent cette saloperie de dope au loft.

Mon lien avec Jason commence à se détériorer. Parfois je me demande s'il est jaloux de mes relations avec mes clients. Pas de la manière typique du petit ami qui est aussi ton mac, mais parce que j'aime m'attarder chez eux. La plupart de ces mecs appartiennent à un monde réglo; ils possèdent le statut social prestigieux dont Jason a toujours rêvé. Je crois que s'il pouvait m'accompagner aux rendez-vous, il le ferait! Je le vois d'ici, admirant les œuvres d'art, déambulant de pièce en pièce tandis que je me fais enfiler. Ensuite, et contrairement au comportement habituel des filles – qui savourent les moments post-coïtaux si affectueux – Jason offre ses services pour avoir l'occasion de rester un peu plus longtemps avec le gars friqué. Je l'entends même argumenter sur le fait qu'il peut faire du rendez-vous une expérience absolument parfaite : tu couches avec une fille sexy, puis, au lieu d'être obligé de l'écouter en prenant un air intéressé, je t'offre une fin de soirée entre gars : scotch, cigare, et une conversation intéressante sur le sport, la politique et les nanas.

Comme pour confirmer mes suppositions, lorsque Scott appelle pour un rendez-vous et laisse entendre que c'est son anniversaire, Jason décide de m'accompagner à son hôtel afin de lui souhaiter personnellement une bonne fête.

Je ne sais pas comment Scott va accueillir mon arrivée avec un chaperon. Quand nous débarquons à l'hôtel, je me rends compte immédiatement que la suite est *clean* : pas de coke sur un plateau d'argent. Quant à la télé, dont l'écran offre toujours un film porno ou érotique, on n'y voit que des vidéos. Pas de jouets sexuels, ni de lanières (Scott en a acheté quelques-unes après notre première rencontre) ni de porte-jarretelles. Nous nous asseyons sur le divan du salon. Après avoir proposé de préparer des drinks, je trouve une bouteille de Grey Goose, de la glace et un mixeur dans la chambre. J'appelle Scott pour qu'il m'aide à disposer les verres. Quand il arrive, je le regarde gravement et je lui dis : « Il est dix heures ; s'il n'est pas parti à dix heures et quart, reviens ici. Je m'occuperai du reste. »

À 10 h 10, Scott s'excuse et sort de la pièce. Je sais qu'il veut que Jason s'en aille, mais Jason sirote vodka sur vodka, comme s'il était invité à une soirée mondaine. Incroyable, mon client est « interdit de bander » par mon mac ! Ça arrive parfois, des histoires comme ça ?

« Bon, Jason, j'ai le formulaire nécessaire pour le reçu, je crois qu'il est temps de t'en aller », dis-je. Il m'indique le tarif horaire, je me lève et je lui dis que je l'appellerai quand je serai prête à rentrer au loft. Jason avale une dernière gorgée et lève enfin le pied. Notre petite séance peut commencer.

Les problèmes liés aux clients commencent à se poser quand nous sommes au lit, Jason et moi. Pour être juste, je ne lui donne pas toujours ce qu'un petit ami mérite d'avoir – ce que tout homme mérite : l'amour de sa partenaire, son corps, son enthousiasme, son attention. Jason se sent floué. Tous mes clients passent des moments formidables avec moi… pourquoi doit-il se contenter des restes ? Ma réponse est simple, mais il n'y croit pas.

Je lui ai pourtant tout expliqué : « Jason, quand je rentre, je suis épuisée. »

Amour ? Échec et mat. Énergie ? Épuisée. Corps ? Vidé au point d'être entièrement déconnecté. J'ai parfois l'impression d'être un zombie.

Je lui dis et lui répète que je l'aime, et je le pense sincèrement, mais ça ne suffit pas. Il me veut tout entière. Il veut ce que je donne aux autres. Il finit même, en guise de plaisanterie, par me proposer de me payer !

« Natalia, c'est peut-être la solution. Tu es devenue la call-girl la plus fantastique du monde, mais ça veut aussi dire que tu es accro au fric. Tu n'es vraiment excitée que lorsqu'il y a de l'argent à la clé. »

Je me souviens de Samantha, assise près de moi dans l'appartement d'Hoboken, une main sur mes genoux... Les yeux brillants (et la chatte mouillée, j'en suis sûre), elle me dit combien elle adore recevoir une grosse enveloppe pleine de fric et compter les billets devant le client. Suis-je devenue semblable à elle ?

Non. Je suis seulement fatiguée. Trop fatiguée pour discuter avec Jason. Je le laisse poser quelques billets de cent sur la table de nuit, puis j'appelle à l'aide ma déesse intérieure, Bunny Energizer. Et je remets les dollars dans la poche de mon mec aussitôt qu'il a le dos tourné.

En raison de nos problèmes sexuels, associés aux contraintes liées au couvre-feu (en raison de cette nouvelle restriction, nous dormons rarement dans le même lit), notre histoire d'amour autrefois impérissable se retrouve sérieusement en péril. Peut-être devrait-il prendre *moins* de rendez-vous pour moi ? Et comprendre les allusions que je lui fais, soit que je l'aime réellement et suis prête à me retirer, à investir le fric que j'ai gagné (qui est toujours sur le compte en banque de l'agence), à devenir enfin une bonne actrice, à être pour toujours son amoureuse et à vivre heureuse avec lui pour l'éternité.

Au lieu de cela, tout va de mal en pis. Adoptant une stratégie qui, apparemment, n'a d'autre but que de me mettre à bout, Jason se met à recruter des filles à tout va, essayant de convaincre toutes les jeunes gonzesses qu'il rencontre de se joindre à l'agence. C'est insupportable. Il est devenu si bon dans ce sport que c'en est presque dérangeant. Je ne peux m'empêcher de l'observer. Je finis par être capable de repérer en un clin d'œil les filles qui sont, sur le plan émotionnel, équipées pour le boulot – comme Ashley – et celles qui reviendront de leur premier rendez-vous avec un air hagard et disparaîtront pour toujours du paysage. Ce travail-là n'est pas pour les filles fragiles, ni pour les naïves, j'en sais quelque chose. La téléréalité m'excite, mais la réalité derrière la réalité me démontre que j'ai de plus en plus l'impression d'être une partenaire en délits criminels plutôt qu'une petite amie.

Une nuit, nous avons eu un nouveau pugilat verbal. C'est si atroce que je quitte le loft en trombe pour aller chez Ron. Je sors un petit sachet de coke, étale quelques lignes et demande à mon ami : « Qu'arriverait-il au show si Jason et moi on rompait ? » Mais j'ai déjà examiné toutes les ramifications et conséquences de cette rupture. Une fois la relation morte, il n'y aura plus de téléréalité. Le pivot du show, c'est notre liaison amoureuse, à Jason et à moi. L'intrigue est à la fois scandaleuse et intrigante : comment deux personnes éduquées, intelligentes et séduisantes peuvent-elles accepter une vie comme celle-là – et en être fières ?

Je connais la réponse. Ron ne prend même pas la peine de me la donner. Mais il rit dans sa barbe. Il a tout lâché et a investi son propre fric pour produire l'émission pilote de la série. Si nous rompons avant la fin du tournage, il est grillé.

* * *

Mona – Mona la rusée, Mona l'espionne – sent bien que notre relation bat de l'aile. Alors elle lance sa seconde salve. Jason et moi devons être divisés pour être conquis. Elle convainc Clark de subtiliser mon smartphone Treo afin de prouver que je vole du fric à l'agence – autrement dit que je vois des clients à l'insu de New York Confidential, et que l'agence ne touche donc pas son pourcentage. Selon Hulbert, qui a été témoin du larcin, Mona et Clark sont convaincus que je suis coupable mais ils veulent le prouver. Dans la plupart des agences, les filles volent les clients chaque fois que c'est possible. C'est coutumier dans le business, mais il ne faut pas oublier que les agences s'adjugent souvent plus de la moitié de la rémunération de leurs recrues. Mais comme elles ne peuvent empêcher les rendez-vous clandestins, elles laissent faire. D'autant plus que les clients veulent souvent changer de fille. Il est rare qu'ils retiennent éternellement la même call-girl alors qu'ils disposent de tout un éventail de nanas. C'est ce qui fait le succès de l'industrie du sexe. Les mecs se sentent comme des gamins dans un magasin de bonbons.

À New York Confidential, nous avons une règle d'or : on ne vole pas les clients. Jason a mis au point, à cet effet, un *speech* très convaincant, très persuasif : « Vous ne voulez pas blesser mon amour-propre, n'est-ce pas ? Si vous volez un client, vous me faites du tort à moi aussi. Je sais que vous êtes de braves filles, c'est pour ça que vous travaillez ici. Parce qu'ici les filles sont heureuses. Alors rendez-moi heureux, restez chez nous, et je vous promets que vous ferez un gros paquet d'argent. En plus, les clients ne donnent jamais la totalité de la somme à la fille. Laissez-nous faire notre job, et faites le vôtre : si un client demande votre numéro de téléphone, donnez-lui une carotte à la place. Dites-lui : "On ne se connaît pas encore assez bien. Réserve-moi encore deux ou trois fois avec l'agence, et je te donnerai mon numéro avec plaisir." »

Je suis l'exception à la règle. J'ai le numéro de téléphone de la plupart de mes clients, et ils ont le mien. Au début, à Hoboken, quand l'affaire a commencé à démarrer sérieusement, Jason me passait les appels de clients déjà rencontrés et je m'occupais des rendez-vous. Ils connaissaient mon tarif. C'était simple et ça encourageait ces clients à appeler directement sur mon cell ou à m'envoyer un courriel. C'est grâce à ces communications directes que j'ai acquis des clients réguliers très friqués – comme Neil, qui m'a donné 6000 $ par jour pendant trois jours. Je remplissais toujours une fiche de rendez-vous et je m'occupais de l'aspect monétaire de la même manière que lorsque le rendez-vous avait été pris par quelqu'un de l'agence. Au début, Jason me faisait entièrement confiance, et vice versa. Nous étions très *cool*, très naturels dans cette façon de faire.

Quand Mona a vu le nom de mes clients et leur numéro sur mon smartphone, elle s'est dit qu'elle avait touché le jackpot. Comme elle ne pouvait révéler qu'elle avait demandé à Clark de voler mon PDAPhone, elle a menti. Elle a dit à Jason qu'une des filles m'avait vue avec un client au bar d'un hôtel, alors que je n'avais pas de rendez-vous avec lui. Conclusion : soit je vole des clients pour mon propre compte, soit je travaille pour une autre agence. Ce qui instaure une nouvelle règle à New York Confidential : nous sommes les call-girls de New York Confidential, et de New York Confidential exclusivement. Pourtant, les clients se foutent pas mal que vous travailliez pour d'autres agences, et leurs propriétaires et *bookers* ne sont pas toujours loyaux envers les filles, qui sont interchangeables. Si une escorte veut vraiment se constituer un gros coussin, elle n'a pas le choix, elle doit travailler pour plusieurs agences. Mais New York Confidential a créé des top call-girls dont la réputation s'étend à travers toute l'Amérique du Nord, et elle ne veut pas les perdre.

Quand Mona émet platement son gros et stupide mensonge, j'éclate de rire. C'est ridicule. Si elle croit que Jason va avaler ça, elle se fourre le doigt dans l'œil jusqu'au coude.

Je regarde Jason. Il a l'air déconcerté. Une vague de panique me submerge.

« Jason, ce n'est pas vrai. Je n'ai jamais rencontré et je ne rencontrerai jamais un client en dehors de l'agence. »

Je joue la carte de la logique : quel intérêt ai-je à rencontrer des clients clandestinement alors que j'ai des rendez-vous par-dessus la tête et que mon tarif est l'un des – non, *le* plus élevé – de toutes les filles de New York ?

Mais Mona est plus machiavélique que je ne le pense. Elle ne remet pas en question ce que je dis. Elle se contente de s'en aller.

Mais la graine a été semée. Je suis sur la sellette. Quelques jours plus tard, elle suggère que je devienne *persona non grata* au bureau. Et c'est ce qui se passe : je suis bannie du bureau de l'agence que j'ai aidé Jason à construire !

La réaction de ce dernier me jette à terre. Notre confiance mutuelle, que rien ni personne n'a jamais pu briser, s'est volatilisée. J'ai l'impression que je n'existe plus pour lui, littéralement. Depuis qu'il est sorti de prison, il prend de plus en plus de coke. Il est comme un zombie, au point où il m'arrive de surveiller son pouls et sa respiration afin de voir s'il fait encore partie du monde des vivants. Puis, tout à coup, il sort de sa torpeur et se conduit comme

Avec mon père, au chalet d'été de mes grands-parents dans le nord de l'État de New York. C'est la seule photo de mon père et moi que je possède. Elle a été prise avant qu'il nous quitte (j'avais onze mois quand il est parti).

Moi, à quatre ans, heureuse dans les bras de maman. Nous sommes en vacances.

Moi, à quatre ans, avec mon frère Brent, dix ans, au cours de l'été 1984.

Moi, à cinq ans, à Noël, dans notre maison.

Je m'entraîne aux claquettes à cinq ans, avant un récital, sur l'air de «On the Good Ship Lollipop».

Moi, à huit ans, dans mon costume de claquettes, à un récital de fin d'année.

Moi, à seize ans, le soir où j'ai remporté le championnat national canadien de danse à claquettes.

Moi, à seize ans, encore sous le choc d'avoir dansé avec la star Gregory Hines à la Place des Arts.

Cette photo d'arrière-scène a été prise en mars 2003 avant la présentation de la pièce *Zoo Human* présentée par la troupe Feed the Herd de New York.
Photo © Ian Tabatchnick/Feed the Theatre Co.

L'acteur Eric Michael Kochmer et moi dans *Zoo Human*. Feed the Herd est une troupe de théâtre off-Broadway.
Photo © Ian Tabatchnick/Feed the Theatre Co.

Après le spectacle, je célèbre notre succès avec mes camarades. J'ai 23 ans, nous sommes en 2003.

Photo © Brian Snapp/Feed the Herd Theatre Co.

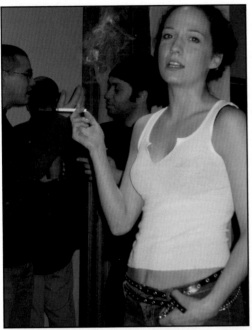

La couverture du magazine New York du 18 juillet 2005. Jason et moi sommes les protagonistes de l'article, qui décrit notre relation sentimentale et notre entreprise très branchée de location d'escortes. Le bruit que fait l'article est l'un des facteurs qui alerte les autorités newyorkaises sur les activités de New York Confidential.

Photo © Phillip Toledano, Image de couverture du magazine New York.
Courtoisie du magazine.

Jason Itzler, propriétaire de New York Confidential, et mon petit ami. Il était dans la trentaine lorsque cette photo a été prise dans notre loft de New York Confidential, où il gagnait déjà des centaines de milliers de dollars grâce à son service d'escortes haut de gamme.

Photo courtoisie de Jason Itzler

CETTE SÉRIE DE PHOTOS DE FILM PROVIENT DE SÉQUENCES DU FILM TOURNÉ PAR RON SPERLING, LE DIRECTEUR DES SÉRIES DE TÉLÉRÉALITÉ DE VH1. LE TOURNAGE A DÉBUTÉ EN 2004 DANS LE LOFT DE NEW YORK CONFIDENTIAL.

Jason et moi au cours d'une soirée endiablée dans notre loft fabuleux.
Photo © Ron Sperling

Jason et moi, dans un moment très intime.
Photo © Ron Sperling

Jason discutant avec une escorte. On peut lire sur son t-shirt: «Je suis le mac de ta petite amie.» C'était notre t-shirt notre préféré.
Photo © Ron Sperling

Jason et moi
dans un tendre
moment. Nous
nous embrassons
devant la caméra.
Photo © Ron Sperling

Jason sermonnant
quelques filles sur
le point de se rendre
à un rendez-vous.
Photo © Ron Sperling

Moi dans
ma chambre,
au téléphone
avec un client.
Photo © Ron Sperling

Une autre photo de moi dans un rare moment de calme et de réflexion. Photo © Ron Sperling

Photo polaroïd d'Ashley prise pour les dossiers établis aux débuts de New York Confidential. On peut y voir, dans son allure, quelques traits personnels et des indices sur sa personnalité. Ces photos étaient utiles lorsque nous devions choisir la fille adéquate pour un client.

Ma meilleure amie et moi à Paris en novembre 2007. Ce voyage était un cadeau destiné à récompenser nos succès.

## *Visages de New York Confidential*

Chaque visage surmonte le corps d'un animal :
Le cheval : Hulbert Waldroup (peintre et *booker*)
Le loup : Paul Bergrin (avocat)
Le renard : Mel Sachs (avocat)
La biche : Natalia (escorte, petite amie de Jason)
L'âne : Jason Itzler (propriétaire de New York Confidential)

Le coq : Clark (gérant, comptable)
Le vautour : Floyd Abrams (ami de Sachs, conseiller juridique de Jason pour les activités de l'agence)
La vache : Mona (gérante, ex-petite amie de Jason)
Le zèbre : Marco Glaviano (photographe et ami)
Le porc : David Elms (propriétaire de TER)

# PROFIL DE NATALIA

## Information générale

**Site Web :** http://www.nyconfidential.com/filles/Natalia.asp
**Site Web personnel :** n/a
**Nom de l'agence :** Inconnue

**Agence :** Agence
**Ville :** New York
**Tél. n° 1 :** (800) 692-6634
**Tél. n° 2 :** (212) 678-9000
**In/out :** Sur appel
**Ponctuelle :** Oui
**Vedette du porno :** Non

**Service :** Escorte/massage
**Autre ville :** Aucune
**Type de téléphone :** Autre
**Type de téléphone :** Aucun
**E-mail :** info@nyconfidential.com
**Disponibilité :** jour/nuit

## Apparence

**Photo réelle :** Oui
**Stature :** Mince
**Ethnie :** Blanche
**Âge :** 21 – 25
**Couleur de cheveux :** Bruns
**Longueur des cheveux :** Sous les épaules
**Piercings :** Aucun
**Chatte :** Partiellement rasée

**Photo précise :** Oui
**Taille :** 5 pi 3 po – 5 pi 5 po
**Transsexuelle :** non
**Tour de poitrine :** 34 – 35
**Bonnet soutien-gorge :** B
**Aspect de la poitrine :** Jeune
**Tatous :** Aucun

## Services offerts

**Massage :** Oui
**Sexe :** Oui
**Fellation :** Oui, sans condom
**Toucher la chatte :** Oui, à l'intérieur
**Baiser :** Oui, avec la langue
**Deux filles :** Oui – Vraiment bisexuelles
**Plus d'un gars :** Ne sait pas
**Pops multiples :** Oui

**Qualité du massage :** Ne sait pas
**S & M. :** Ne sait pas
**Jouissance dans la bouche :** Oui – Avale
**Lécher la chatte :** Oui
**Pénétration anale :** Ne sait pas
**Amènera la 2ᵉ personne :** Ne sait pas
**Séance rapide :** Non
**Anulingus :** Ne sait pas

## Coût des services

| Service : | Durée : | Prix : |
| --- | --- | --- |
| Escorte sur appel | 2 heures | 2400 $ |
| Escorte sur appel | 60 minutes | 2000 $ |

Mon profil sur le site Web TheEroticReview.com, couramment appelé TER. Les clients potentiels utilisaient TER pour choisir une escorte, après avoir consulté le profil et les rapports pourvus de cotations chiffrées par les hommes qui avaient déjà loué les services d'une escorte.

| Date | Nom du client | Aspect | Performance |
|------|---------------|--------|-------------|
| Déc. 2004 | deltabeard | 9 - style modèle | 9 - J'ai oublié que c'était un service |
| Nov. 2004 | seentheworld | 9 - style modèle | 9 - J'ai oublié que c'était un service |
| Nov. 2004 | Ik5 | 10 - Inoubliable | 10 - Inoubliable |
| Oct. 2004 | freeman4ever88 | 9 - style modèle | 10 - Inoubliable |
| Oct. 2004 | BenMajor | 10 - Inoubliable | 10 - Inoubliable |
| Oct. 2004 | MasterMaster | 10 - Inoubliable | 10 - Inoubliable |
| Oct. 2004 | ki109 | 9 - Style modèle | 10 - Inoubliable |
| Sept. 2004 | Concord | 9 - Style modèle | 10 - Inoubliable |
| Sept. 2004 | pneumocephalus | 9 - Style modèle | 10 - Inoubliable |
| Sept. 2004 | jobuch | 10 - Inoubliable | 10 – Inoubliable |

## RAPPORT DE MORSECODE SUR NATALIA

**Aspect:** 10 - Inoubliable      **Performance:** 10 - Inoubliable

**Attitude:** Spectaculaire     **Atmosphère:** Torride!!

### Détails généraux

Déjà utilisé services ny confidential auparavant. Jason m'a vraiment fourni une rencontre de 1re classe avec Samantha, rêve devenu réalité. elle n'était pas en ville, il me propose une autre fille, encore meilleure, dit-il. encore meilleure? comment SURVIVRE à encore meilleure? Je veux dire: à quel point faut-il être meilleure pour que j'aie une crise cardiaque?... je rencontre natalia. Je me demande où Jason a trouvé cette femme intelligente, belle, d'une sexualité incroyable, que le monde masculin ferait bien d'essayer. Lisez ceci, bande de trous de cul...

### Détails juteux

Rencontre Natalia dans le bar d'un hôtel très classe. en retard à cause du trafic. une ½ h de retard, mais je m'en fous; jason appelle. elle aussi, pour s'excuser, mais elle vaut bien l'attente. natalia n'est pas seulement belle, elle a le regard des gens qui ont une âme, on se sent immédiatement connecté à elle – moins du moins. moment formidable au bar. 10 minutes plus tard, sommes tellement hot que nous nous précipitons dans la chambre. arrachons nos vêtements comme si on baisait ensemble depuis des années... petit corps parfait – seins tellement appétissants que je ne peux pas m'en détacher, cul magnifique, énergie inépuisable; elle bondit dans la chambre... à un certain moment

Cela est un rapport fait dans les premiers temps. Les premiers rapports des nouvelles escortes étaient vraiment importants pour Jason et New York Confidential, et aussi pour les filles. Par contre, les mauvais rapports pouvaient avoir un impact négatif sur leur avenir et sur les revenus de l'agence. Mes cotes très élevées m'ont permis de demander 2000 $ de l'heure pour mes services.

je suis au cellulaire parlant à un contact… elle est penchée vers moi, assise sur le bord de la fenêtre, je lèche sa chatte et son anus entre chaque phrase! je me sens un peu irrespectueux avec elle, mais ce que nous partageons est notre propre fantasme intime. Elle est déchaînée, affectueuse, spontanée, généreuse, créative et intelligente… tout ce qu'on attend d'une petite amie. on a tout avec elle, simultanément. elle se comporte comme si j'étais la meilleure chose qui lui soit jamais arrivée (qui sait, c'est peut-être vrai!) consultez le site pour le reste… fric?? quel fric? Je crois que j'ai rêvé tout ça… quoi qu'il en soit, ne l'appelez pas - elle est à moi à moi à moi!!!?

## RAPPORT DE PNEUMOCEPHALUS SUR NATALIA

**Aspect:** 9 – style modèle
**Attitude:** amicale

**performance:** 10 – inoubliable
**atmosphère:** intense

### Détails généraux

Alors que je planifiais un voyage d'affaires à NY, je suis tombé sur le site Web de NY Confidential. Je me suis dit qu'il serait intéressant de faire la connaissance de l'escorte la mieux cotée dans toute l'histoire de TER. J'aimais son aspect de déesse grecque. J'ai pris rendez-vous une semaine avant mon voyage, et confirmé la date dès mon arrivée à JFK. Natalia est arrivée à l'hôtel au moment où je sortais de la douche. J'ai su, au moment où elle est entrée dans ma chambre, que j'avais fait le bon choix.

### Détails juteux

Natalia est petite et ses rondeurs se trouvent toutes à la bonne place. Elle est très jolie, et c'est l'escorte qui a le look le plus sexy dans le milieu. Elle est si jolie qu'on se dit qu'elle est folle de gagner sa vie comme escorte. Mais elle a les pieds sur terre et on peut échanger librement avec elle. Nous nous sommes bien sûr occupés d'abord de notre petit business. Après un bavardage anodin, nous avons partagé un très long french kiss. Elle était sur mes genoux, ma serviette était tombée. Je l'ai aidée à se déshabiller. J'étais assis sur le lit, elle m'a fait une pipe sans condom. J'ai dû lui demander de s'arrêter car je ne voulais pas éjaculer dans sa bouche. Elle m'a achevé en me masturbant, et j'ai joui sur sa poitrine naturelle, et parfaite. Nous avons essuyé les dégâts puis bavardé à propos de choses à faire à NY. Après un moment, j'étais prêt à recommencer. Un autre blow job sans condom, puis elle m'a chevauché, ce qui était particulièrement agréable car on pouvait se donner des french kiss et que mes mains pouvaient la caresser. J'ai éjaculé en elle. Nous avons à nouveau essuyé, puis nous avons parlé de mon voyage. Trente minutes plus tard, nous avons recommencé, elle placée en levrette, et laissez-moi vous dire qu'il faut beaucoup de détermination pour ne pas jouir tout de suite. De loin la meilleure séance que j'ai jamais eue avec une call-girl. Cela m'a rappelé pas mal d'expériences mémorables à l'université. Et cela valait certainement le prix payé.

L'auteur de ce rapport déclare que je suis «l'escorte la mieux cotée dans toute l'histoire de TER». Il a écrit ce rapport évocateur après notre rendez-vous, me donnant un 10.

s'il venait de voir Dieu le Père. Il est aux anges, content, et totalement inconscient de l'état dans lequel il s'est traîné pendant une heure ou deux.

Ça me met à l'envers de le voir aussi défoncé, même si je suis loin d'être un exemple : je commence à sniffer en me levant et je n'arrête que lorsque je m'effondre sur mon lit.

Malgré le drame latent qui couve au sujet de l'argent que me doit l'agence, c'est ma consommation de drogue qui est devenue le point central de nos bagarres. Mais je trouve obscène d'être la seule à être mise en cause. Je suis prête à admettre que je dois mettre la pédale douce avec la petite poudre blanche – et même enfoncer le frein au maximum – mais à la condition que Jason fasse de même et arrête de prendre le *horse tranquilizer*[19] qu'il semble apprécier beaucoup plus que moi – et plus que tout à en juger par sa mollesse dans la direction de son business.

Notre relation ne tient plus qu'à un fil. La seule chose qui me soutient encore est ma fierté. Je ne vais pas leur permettre de me botter le cul – mon cul à un million de dollars – et me laisser chasser de ma propre entreprise avec l'étiquette de cocaïnomane, de menteuse et de voleuse.

Un jour où je plane plus haut qu'une navette spatiale, je rentre au loft dans un état second. Pour la première fois depuis plusieurs mois, j'ai fait la nouba avec tous mes amis oiseaux de nuit. J'ai travaillé, je suis sortie dans des boîtes, j'ai continué à travailler dans l'un ou l'autre loft, passé une journée sur un bateau autour de Manhattan, pour lancer enfin un dernier hourra dans le somptueux appartement de mon ami Kenny dans l'Upper West Side, où j'ai dansé pendant deux jours. L'appartement était surréaliste, un peu décadent, surtout si on le comparait aux antres miteux des *dealers* de drogue qui nous étaient devenus familiers au cours des derniers jours. Au lieu d'aller dans l'un de ces endroits, nous nous

---

19. Ou PCP. Hallucinogène de synthèse. Substance obtenue par évaporation de résine de cannabis dans de l'éther ou de l'alcool. (NDT)

sommes retrouvés autour d'une grande table moderne en verre, garnie d'un véritable buffet de drogues. Le menu habituel : coke, ecstasy, Special K et Crystal meth, était présenté en petites montagnes sur des assiettes de porcelaine, mais il y avait aussi des plats remplis d'une variété incroyable de produits chimiques dont nous nous sommes gorgés comme des mômes dans un magasin de bonbons – jusqu'à ce que nous soyons incapables d'ingurgiter le moindre petit narcotique.

Mona me jette un regard aigu et déclare : « Jason, elle est sur l'héroïne ! Je t'ai dit qu'elle en prenait en cachette. Je parie qu'elle en donne à toutes les filles. »

Ainsi, au lieu de pouvoir enfin me mettre en boule dans mon lit et dormir pendant huit heures, je dois m'asseoir dans ma propre chambre comme une coupable. Hulbert, Jason, Mona et Clark tournicotent autour de moi en discutant comme si je n'étais pas là.

« Une désintox ? demande Clark. « Tu es sûre qu'elle est sur l'héroïne ? Je crois qu'elle a fait la nouba, c'est tout. »

Bravo, Clark ! Je n'arrive pas à croire qu'il prend ainsi mon parti contre Mona. Mais elle ne bronche pas, ne se met pas à gueuler. Au lieu de ça, elle sort sa carte de grossesse. « Alors, c'est ainsi que ça va se passer quand notre bébé sera né ? Mes sentiments n'ont aucune importance ?... Ce dont je suis sûre n'a aucune importance ? »

Hulbert et moi nous nous regardons, sidérés. *Cette fille est vachement culottée.*

« Natalia, dis-nous que tu n'es pas sur l'héroïne », me supplie Hulbert. Son inquiétude est tout ce qu'il y a de plus légitime.

Mon épuisement prend le dessus. Je me mets en position fœtale et je commence à sangloter.

« Non. »

Je sanglote de plus belle.

« Hulbert, que se passe-t-il ? lui dis-je, désespérée.

– Mon petit cœur, c'est simple. C'est Mona.

– Non ! » Je secoue la tête. Je peux à peine la tenir droite. « Mais pourquoi ? »

Hulbert m'aide à me mettre debout, fait couler une douche. Dans un style parfaitement hulbertien, il tend une serviette devant moi, me donnant ainsi toute l'intimité dont j'ai besoin, tout en s'assurant que je ne risque pas de glisser. Puis il me dit qu'il va revenir dans deux minutes. Il veut dire à Jason qu'il va me mettre au lit et que personne ne pourra me déranger. Quand Hulbert se montre aussi grave, tout peut devenir très intense.

Je me secoue pour me réveiller, bascule en arrière et tombe. *Wow*, me dis-je, *c'est comme ça que des gens se tuent dans leur douche.*

Je ferme le robinet, attrape une serviette... et tombe presque dans les pommes, me heurtant la tête, cette fois, contre le miroir. De mon petit salon de maquillage, je jette un coup d'œil dans notre chambre. Elle n'est qu'à quelques mètres. Je me regarde dans la glace en passant afin de voir si j'ai un hématome sur le visage.

Non, rien.

Je me traîne vers le lit, me tenant aux murs et aux meubles pour garder l'équilibre. Je trébuche sur le pied d'un fauteuil et perds de nouveau conscience.

Quand je reviens à moi, je suis dans mon lit. Hulbert et Jason sont auprès de moi.

Ils flippent. Jason a l'air d'un spectre. Même Hulbert est pâle (et il est noir!).

«Natalia, tu t'es fait un sérieux coup à la tête», dit Jason.

Tandis que je le questionne du regard, je me souviens de tout. Je me mets à pleurer. «Jason, je ne suis pas sur l'héroïne, je te le jure.

– Je te crois, Nat. Mona est dingue!» Il se met à rire. Mon visage se contracte. Les larmes sont bloquées quelque part, à l'intérieur.

Je lève une main pour toucher mes joues.

Hulbert prend ma main, la repose sur le drap, puis il hoche la tête.

«Elle devient vraiment cinglée quand elle est enceinte!» dit Jason.

Hulbert et moi nous regardons pour la seconde fois. Jason ne comprend pas à quel point la situation est dramatique. Si Mona continue à se comporter comme ça, elle finira par faire quelque chose de vraiment dingue, comme appeler les flics pour l'un de nous et les inviter à entrer dans l'agence. Elle a déjà fait pas mal de dégâts.

Nous découvrons que j'ai une légère commotion et que par conséquent je ne peux pas m'endormir. Je suis donc *obligée* de reprendre de la coke pour rester éveillée ! Incroyable mais vrai. Quelques heures passent et je continue à me faire des lignes pour garder les yeux ouverts – et croyez-moi, c'est difficile.

Jason appelle Mel Sachs à l'aide. Mel s'arrête au cabinet de son médecin et lui fait le compte rendu de mes excès. J'imagine que le docteur doit rester bouche bée quand Mel lui lit la liste d'épicerie de toutes les drogues que j'ai consommées dans les dernières quarante-huit heures.

Mel ajoute que je me suis salement cogné la tête. J'ai une énorme et horrible bosse au dessus et en dessous de l'œil gauche. Quand j'ai trébuché sur le pied du fauteuil, je me suis cogné le visage sur la statue de la fertilité de deux mètres de haut que Jason a achetée pour notre chambre. Vous avez bien lu : une statue de la fertilité !

« Jason, tu trouves ça intelligent... de mettre une statue de la fertilité dans un bordel ? » lui ai-je demandé quand on l'a livrée.

Il s'est contenté de me considérer avec perplexité, sans comprendre l'allusion.

Chaque fois que je passe devant cette statue, je lui envoie le mauvais œil.

Elle a fini par m'avoir ! Mon œil gauche, et tout ce qui l'entoure, est violet et noir. Le médecin ami de Mel demande si je m'exprime de façon cohérente. Cela dépend de ce qu'on entend par cohérent. Je suis éveillée et je sais mon nom. Je sais qui je suis. Alors il annonce que j'ai la permission de m'endormir. Enfin.

\*\*\*

Impossible de travailler avec mon visage tuméfié. Jason et moi passons donc un peu de temps ensemble. Nous allons à Hoboken, histoire de décompresser. Je lui déclare que j'en ai assez de Mona, pour toujours, et aussi du loft. Il me supplie de ne pas déménager. Il ajoute qu'il se sent si stupide d'avoir douté de moi! Il me jure qu'il m'aime. Je lui réponds que je l'aime aussi. C'est vrai, je l'aime, mais je ne suis plus heureuse. En fait, je me sens misérable, il faut que je me sorte de cet état lamentable. J'essaie de lui expliquer que je ne me sens plus du tout en sécurité au loft. Quand je suis en rendez-vous, il permet à des filles de recevoir des coups de fil dans ma chambre. Des mecs patibulaires entrent et sortent du loft (et de ma chambre) à longueur de journée. Qui sont-ils? Des gars de la mafia? Des flics en civils? Je n'ai pas envie de savoir, mais je ne veux pas fréquenter ces types louches. Il m'est arrivé plusieurs fois de trouver un condom dans mon lit!

Je ne lui dis rien à propos des condoms, mais je sens bien qu'une catastrophe va bientôt s'abattre. Quel genre de catastrophe? Mystère. En tout cas, je n'ai pas envie d'être là pour le savoir. Ma vie au loft doit prendre fin, tout comme prendra fin le rêve que nous avons eu, Jason et moi, de transformer l'industrie – et nous-mêmes.

***

J'appelle Taylor, la seule personne raisonnable et informée que je connais, et je lui demande de m'aider à prendre un nouveau départ. En parfait gentleman, il agit sur l'heure. Il me déniche un magnifique logement à sous-louer à un gentil couple de lesbiennes, à Chelsea.

Je sais qu'en quittant le loft je dis adieu au fric qu'on me doit. C'est dur à prendre. Mais je n'ai pas le choix. Cet argent est empoisonné.

Inutile de dire que Mona est aux anges. Alors que j'emballe mes affaires, elle vient dans ma chambre et me demande mes clés. Je suis sur le point de perdre mon sang-froid.

Mais je rétorque vertement: «C'est chez moi, ici.»

C'est la première fois que je réagis du tac au tac. Je ne veux pas craquer devant elle. Je lui ris au nez, même si je bous intérieurement. Je n'arrive pas à croire qu'elle a gagné. Cette garce a réussi à me flanquer dehors et à devenir la reine du château.

*　*　*

Comme je ne récupère pas mon smartphone, je ne peux défendre mon honneur. Je ne blâme pas Hulbert d'être resté muet. S'il avait confirmé le vol de mon appareil, Mona et Clark se seraient dit qu'il était contre eux, et qu'il me tenait au courant de ce qu'ils tramaient. Hulbert a toujours été là pour moi, il est mon ami, mais comme tout le monde – moi y compris – il est là pour gagner sa vie. Il doit donc cacher son antipathie pour Mona et Clark et garder un profil bas. Il a vu avec quelle habileté cette salope m'a chassée du loft et il s'est dit qu'il ne faudrait pas longtemps avant qu'elle ne s'attaque aussi à lui.

Maintenant que je suis hors de l'agence, je peux briser les règles. Les numéros de téléphone de mes clients se trouvent dans mon cher carnet de notes en moleskine. Les gars seront sûrement ravis de rencontrer une Natalia indépendante. Du reste, la plupart d'entre eux en ont marre de Jason et de son manque de discrétion.

Un jour, Hulbert vient me voir à mon nouvel appartement. Il est hors de lui. Mona et Clark ont décidé, quelques semaines plus tôt, de constituer une réserve secrète pour Jason, sous prétexte qu'il ne s'est jamais accordé de salaire – il se contente de ponctionner le compte de l'agence quand il veut acheter quelque chose. Les connaissances étendues de Mona sur notre petite industrie, et les risques d'une enquête policière, ont convaincu Hulbert que Jason doit cesser de prendre le compte de l'agence pour une caisse noire, et de garder de gros montants en cash. Chaque jour, ils séparent donc le cash en deux, mettent une des moitiés dans le coffre-fort et, à la fin de la semaine, Clark emporte l'autre moitié dans une cachette secrète, loin de l'agence. Une cachette où, en théorie, il est parfaitement à l'abri. Vous voyez où tout cela peut mener, n'est-ce pas?

Mais Mona ne fait que commencer son travail de sape. Une des filles accuse Hulbert de l'avoir violée. Hulbert, ce peintre timide et gentleman accompli, violant une fille!!! Là, je pique une crise. Et je m'en veux de ne pas avoir les moyens de le défendre. Pendant quelques jours, l'agence est en ébullition. Toutes les filles sont soumises à la question. Finalement, Jason cuisine la plaignante et elle se rétracte, mais elle prétend qu'ils ont fait l'amour. C'est vrai, apparemment. La fille est tombée amoureuse d'Hulbert et, avec l'aide et les conseils de Mona, a fini par croire qu'il a profité d'elle. Violée! Hulbert n'est pas saqué mais, comme moi, il est banni du bureau – sa punition pour avoir baisé une employée dans le loft. La reine a pris le cavalier.

Hulbert me fait asseoir et m'avoue qu'il est terrifié à l'idée que Mona et Clark volent le fric dissimulé dans la cachette secrète prétendument aménagée pour mettre Jason à l'abri. Maintenant qu'il est mis à l'écart du bureau, plus rien ne les empêche de mettre leur projet à exécution. À l'idée qu'il a aidé Mona et Clark à créer la parfaite escroquerie, Hulbert est en morceaux. Et même si Jason se doute de ce qui se trame, il est peu probable qu'il appelle les flics.

«Qui d'autre est au courant?

– Personne.

– Il faut que tu préviennes Jason.»

Mais Mona et Clark ont une longueur d'avance. Quand Hulbert dévoile l'affaire à Jason, celui-ci le regarde comme on regarde quelqu'un qui s'inquiète pour rien.

«Je viens de donner 25 000 $, qu'ils ont mis en sécurité.» Puis il ajoute, le sourcil froncé: «C'est bizarre que nous n'ayons pas plus d'argent… nos comptes sont presque à sec. Je sais que nous avons des charges énormes, mais la somme qui reste est ridicule.»

Hulbert ne sait pas combien Mona et Clark ont «mis de côté», mais c'est certainement plus que 25 000 $. *Pauvre Jason*, me dis-je. Puis je réalise que cela veut également dire: pauvre Natalia. Si les comptes sont presque à sec, tout mon fric s'est évaporé lui aussi.

Pour aggraver les choses, tandis que Rome brûle, Jason se fait remarquer. Il trompette, dans les pages de commérages des feuilles de chou, style Howard Stern, qu'il est le «prince des proxénètes». Tout ce qui lui importe est de voir son nom pas loin de celui de Madonna et de Gwyneth. Le train déraille au ralenti. Jusqu'ici, nous avons toujours été capables de voler au-dessus des radars : la mafia nous fout la paix ; les hôtels nous accueillent parce nous sommes discrets ; les magazines publient nos annonces, et nous avons parfois l'impression que la police de New York nous a donné un sauf-conduit. Nous sommes l'une des douzaines d'agences d'escortes qui opèrent presque à découvert dans la ville de New York. Mais Jason n'est que Jason, il faut toujours qu'il repousse les limites. Il est devenu littéralement obsédé par la page 6 des journaux. Dans un article, il s'est même vanté de ne jamais s'inquiéter à l'idée d'une fermeture éventuelle de l'agence, «parce que les flics sont avec moi».

Je n'oublierai jamais le jour où j'ai lu ça en buvant mon premier café du matin. J'ai dû lire une seconde fois pour m'assurer que je ne rêvais pas.

Plus tard, un adjoint de police dira au magazine *New York* : «C'était comme s'il nous défiait.»

# Chapitre onze

# La chute de New York Confidential

Je suis en disgrâce auprès du roi Jason, et le royaume est divisé. Hulbert veille à mes intérêts mais il ne mettra pas la tête sur le billot pour me protéger. Ron est devenu mon ami. Il veut sauvegarder son investissement, et toutes ces heures qu'il a consacrées au tournage, mais il entend bien rester neutre. La plupart des filles m'ont tourné le dos. Quand Jason n'est pas votre ami, il est votre ennemi, elles le savent. Elles sont là pour faire de l'argent rapidement, pas pour se faire des copains. Ou vous êtes dedans, ou vous êtes dehors, comme le dit si bien M$^{lle}$ Klum, le top modèle allemand.

Jordan est l'une des call-girls qui m'est restée fidèle, mais elle ne s'est jamais vraiment engagée dans l'univers des escortes. Elle aime le loft, elle m'aime bien, et je l'aime aussi. Beaucoup, même. Mais cette amitié s'avérera être une arme à double tranchant. Après avoir lâché les Beaux-Arts, elle emménage avec moi dans mon nouvel appartement, et tout se passera très bien pendant six mois. Elle s'essaie à être escorte et m'accompagne parfois à un rendez-vous. Nous n'avons pas à partager nos gains avec une agence, et mon coffre-fort est toujours bien garni.

Je vis finalement selon ma loi. Mais sans le loft et sans personne pour me surveiller, je glisse – avec Jordan – dans un épais brouillard. Nous devenons accros à l'héroïne. Un matin de décembre, nous nous réveillons malades à cause de cette foutue drogue.

Alors nous en reprenons. Nous savons que nous sommes en danger, mais nous n'arrivons pas à faire face à la réalité. Je suis brisée. J'ai perdu mon univers, mon paumé de Jason, mon agence et mon titre de reine du sexe sur Internet. Même si je sais que cette vie était malsaine et destructrice, c'était tout ce que je possédais.

Voici comment se déroulent les différentes étapes de mon ultime dégringolade.

Nous sommes lancées. Nous sommes jeunes, riches, belles, et nous vivons dans la ville la plus fantastique du monde. Jordan quitte l'école pendant un semestre. Nous sommes convaincues qu'elle est destinée à devenir la future Kate Moss. Nous avons les contacts qu'il faut pour cela. Ce sont les photographes qui font les modèles, et nous connaissons les meilleurs. Pendant ce temps, je continue à voir mes clients les plus friqués et Jordan me sert d'assistante. Je lui donne 15 % de mes gains, et en retour elle m'aide à être en beauté, rassemble mon matériel et me conduit à l'aéroport chaque fois que j'ai un rendez-vous hors de la ville.

Une journée normale se déroule comme suit : nous nous réveillons, après douze heures de sommeil, blotties l'une contre l'autre dans mon lit californien *king size*. Pour commencer la journée, nous avalons un petit mélange d'héroïne et de méthamphétamine (mais nous nierons toujours que nous prenons de la méthamphétamine : en matière de substances chimiques, nous sommes très snobs, et le Crystal meth est la drogue la plus *cheap*. Mais elle nous permet de nous réveiller et d'affronter la journée). Je me précipite sur mon portable pour vérifier mes courriels, branche mon cellulaire sur le speaker pour entendre la voix de mes correspondants. Pendant ce temps, Jordan se connecte à Gtox, notre *dealer* préféré, et prend rendez-vous pour notre approvisionnement. Nous enfilons en vitesse nos vêtements les plus relax (notre tenue préférée : un survêtement de camouflage, nos Adidas mauves et nos verres fumés Oliver Peoples), appelons un taxi et filons tout droit rue Delancy. Je dépose alors cinq ou six billets de cent sur le comptoir du *dealer* pour les délices suivants :

4 grammes de cocaïne : 200 $

Un gramme d'héroïne pure : 150 $

Du Crystal : 100 $

Quelques Valium, Ambien et Oxycontin : de 50 à 100 $

Obéissant à son karma de bon petit soldat, Gtox y ajoute un gramme de la meilleure herbe (il essaie secrètement de nous amener à abandonner les drogues dures).

On flirte un peu avec lui (il a une photo de moi en noir et blanc sur un des murs de sa salle de bain) et nous prenons congé. Ensuite, quelques courses avec notre taxi réservé : aller chez le nettoyeur, au bureau des passeports pour y remplir un formulaire de demande pour Jordan, payer nos factures pour nos cellulaires. À Manhattan, entre la circulation et les arrêts dans les boutiques de soldes, il faut compter quasiment une journée pour faire son shopping. C'est toujours plus long qu'on ne le prévoit.

Suivent les moments agréables : bronzage, manucure, lunch tardif au Balthazar et une flânerie dans les boutiques avant de rentrer à la maison, où nous nous préparons un petit cocktail héroïne et coke avant de prendre un bain à deux, de nous raser les jambes et de nous livrer à un minidéfilé de mode afin de choisir ce que nous allons porter pour la soirée. Un millier de messages téléphoniques m'attendent, invitations de mes oiseaux de nuit et rendez-vous avec mes clients réguliers. Quand je sors du dernier hôtel, je retrouve Jordan à l'appartement avec des gars rencontrés à Brooklyn, toute la bande savourant le merveilleux pot de Gtox.

La nuit commence à NA, sur la 14e rue. On prend quelques drinks, un peu d'héroïne et de coke, puis on danse, on se tripote, on flirte beaucoup plus entre nous qu'avec les gars qui rêvent de nous emballer. Nous allons parfois dans une autre boîte, ou même deux, puis nous rentrons à la maison, parfois seules, parfois avec quelques fêtards, question d'assaisonner notre nuit. Nous baisons parfois en trio, puis repos.

Notre cercle d'amis et d'associés est constitué de junkies, mais aucun d'eux ne se pique. Comme nous sommes à la périphérie des snobs du jet set, nous avons une image à maintenir, et des marques de piquouses dans nos bras les dégoûteraient. Même fumer est réservé aux vétérans, et presque tous se contentent de sniffer. L'héroïne que nous prenons, Jordan et moi, c'est pour le plaisir, et comme mon nez n'aime pas trop quand je sniffe, cela me convient à merveille. Nous nous servons parfois d'une feuille d'alu pour la faire chauffer, et nous la fumons. Ça s'appelle *chasing the dragon*[20], mais je préfère la sensation ressentie en l'inhalant.

Jordan est mon ange gardien. Elle fête (presque) autant que moi, mais elle est plus jeune et son foie est moins endommagé, et elle n'a pas de bagage émotionnel à porter. Mon bagage à moi, c'est un ex-petit ami en taule, les cicatrices d'une relation abusive et une douzaine de clients qui veulent tout mon amour et toute mon attention. Un jour, Jordan décide de nous remettre en forme. Elle m'équipe de ma nouvelle parka vert pomme J. Lindeberg et de mes bottes d'hiver rose indien et nous prenons un taxi pour le marché Whole Foods, à quelques pâtés de maisons de notre appartement. Je n'en reviens pas! En tout cas, si l'une de nous savait cuisiner, nous pourrions ouvrir un nouveau chapitre de notre vie. Les étals de produits naturels suffisent à vous donner l'envie de devenir l'égale de la grande cuisinière californienne Julia Childs. J'imagine Jordan dans une belle cuisine en granit, en joli tablier et hauts talons, préparant des plats savoureux.

Malheureusement, la nourriture et les drogues – à part le pot – ne font pas bon ménage, alors nous n'achetons que quelques petites gâteries, qui contiennent toutes du sucre et ne doivent pas être cuisinées. Jordan tombe en pâmoison devant des pommes miniatures en sucre. Elles sont si mignonnes, dans leur jolie petite boîte. Je demande à la vendeuse de nous en emballer deux. Alors elle se penche vers moi et chuchote : «Je préfère vous avertir : elles coûtent 26 $ chacune.»

---

20. Expression d'origine cantonaise utilisée à Hong Kong. Inhalation de la fumée produite par la morphine, l'héroïne ou l'opium qui brûle. (NDT)

Je reste bouche bée.

Je ne sourcille pas quand je dépense 600 $ pour une paire de godasses, mais l'idée de payer 26 $ pour une petite pomme en sucre me fait frémir !

Nous en achetons quatre.

Puis nous faisons escale chez Bed, Bath and Beyond pour y acheter quelques oreillers (on n'en a jamais trop). Et nous prenons le chemin du retour. La neige tourbillonne autour de nous. J'ai envie de me blottir contre Jordan, de prendre un peu d'héroïne et de somnoler devant un film.

C'est ce que nous faisons, mais Jordan n'en oublie pas pour autant qu'elle est en mission, et j'admire sa détermination. Le lendemain matin, elle m'enjambe sur le lit et me secoue, me sortant de ma sieste. « Natalia, on va s'inscrire à un gym. J'en ai parlé à Jeremy, le photographe, il m'a dit que si on veut rencontrer des responsables de casting, des agents et des gens du spectacle, il faut aller au Chelsea Equinox. Ils sont tous là. »

Bonne idée. « Comment tu vas faire pour nous inscrire ?

– Ça va probablement nous coûter quelques centaines de dollars chacune, et il faut que tu me donnes une pièce d'identité. »

J'attrape mon portefeuille, en sors mille dollars et ma pièce d'identité canadienne. Elle m'embrasse sur la joue et se met en route pour aller nous inscrire à Equinox. Elle ira presque tous les jours. Quant à moi, ce n'est qu'une semaine après que je me dis qu'il est grand temps de faire un effort. Je prends une dose minimale d'héroïne, avale un Adderall et enfile collants et débardeur.

C'est agréable, vraiment agréable. Jordan me montre le vestiaire, nous y mettons nos affaires puis nous montons à l'étage, où nous atterrissons dans une salle pleine de machines poids libre, musculature, abdos, cardios, bref, l'équipement typique de ce genre d'endroit peuplé de Vénus et d'Adonis qui suent sang et eau avec leur entraîneur personnel.

Jordan me suggère de commencer par le tapis de jogging. Je démarre lentement, c'est plutôt facile. Je tiens le coup cinq minutes.

Puis je sens monter la nausée. Jordan le remarque, tandis qu'elle bondit allègrement, sa queue de cheval dansant derrière elle.

« Natalia, tu devrais t'asseoir. »

Mon visage a pris une couleur verte, c'est du moins l'impression que j'ai. Je m'assieds sur un banc pour souffler un peu. Jordan vient m'y rejoindre. « OK, Natalia, ça suffit pour aujourd'hui. Allons au hammam. »

Nous entrons dans un hammam parfumé à l'eucalyptus, puis dans un autre hammam où nous nous douchons. Puis nous rentrons à la maison. Nous sommes comme des mortes ressuscitées.

Les mois suivants sont enveloppés de brouillard. Je ne retourne que deux fois au gym, où je me contente de larver dans le hammam pendant que Jordan jogge sur son tapis. Mais nous devenons de plus en plus accros à l'héroïne, et toute l'activité frénétique des premiers mois de cohabitation ralentit, petit à petit, et est bientôt remplacée par des semi-pertes de conscience sur le divan. J'entends sonner mon cellulaire, j'arrive parfois à le saisir et à regarder l'afficheur, mais il me tombe vite des mains et atterrit sur le sol. J'ai été la vie et l'âme du loft, rue Worth, j'y débordais de sourires et de baisers pour tout le monde, mais avec l'héroïne je n'ai même plus assez d'énergie pour répondre au téléphone. Les clients rappellent, puis rappellent encore, tout comme ma mère et quelques amis inquiets. Je fais de mon mieux pour les rassurer, faire des projets, pour m'accrocher à une petite ligne de vie, mais même quand j'arrive à me traîner là où on m'attend, je suis comme le fantôme de moi-même, un zombie.

J'en arrive au point où je deviens affreusement malade quand je manque d'héroïne. Alors, la panique me prend à la gorge. Cela n'arrive pas souvent car, contrairement à mon attitude dans tous les autres domaines de ma vie, quand il est question de drogue je planifie soigneusement mon approvisionnement pour ne jamais me trouver à court. Mais il est inévitable que, de temps à autre, Gtox et mes autres *dealers* substituts soient portés disparus.

J'appelle Jordan au secours et elle est toujours là, prenant mes communications, revenant à la maison quand j'ai besoin d'elle, soit avec ce dont j'ai si grand besoin, soit pour me rejoindre dans notre lit et me serrer dans ses bras jusqu'à ce que mes précieux remèdes arrivent. Dans l'épisode de ma vie de *Behind the Music*, c'est la partie où le deuxième album fait un bide, où le batteur meurt dans un horrible accident de moto, où le chanteur est complètement défoncé et où le groupe ne peut pas participer à un concert «Live Aid».

Je passe ma visite bimensuelle chez le médecin avant de partir en vacances. Je subis tous les tests pour les MTS et le docteur me prescrit du Xanax (anxiolytique), de l'Ambien (somnifère) et de l'Adderall (psychostimulant). Il prend ma tension artérielle, qui est basse, et me demande comment je me porte. Je lui dis que je vais bien, mais il n'est pas dupe. Il est mon médecin depuis mon arrivée à New York. En dépit du fait qu'il est un physicien très respectable de l'Upper East Side, il se contente, avec moi, d'honoraires très modestes. Je suis en quelque sorte son petit projet *pro bono*.

Je ne suis pas en pleine forme, loin de là. Alors le médecin m'annonce qu'il va supprimer mes ordonnances, et c'est la cata. Je vais devoir tout acheter chez mon *dealer*. Or, un comprimé d'Ambien chez un *dealer* coûte 10 $. J'explique au toubib que lorsque je prends des médicaments, j'absorbe moins de drogue. Par exemple, quand je prends de l'Adderall, je diminue la coke. C'est vrai, mais il ne marche pas. Il me suggère plutôt une injection intraveineuse de vitamines. Je reçois donc, comme Keith Richards, une injection d'un mélange de vitamine B12, de vitamine C et de calcium. Je ne sais pas si ça fonctionne réellement, ou si c'est un placebo, mais la piqûre – et mes séances hebdomadaires au salon de bronzage – me remettent plus ou moins d'aplomb.

Je pars à Miami avec mon sac Prada rempli de médicaments hors de prix et un condom rempli de blanche caché là où les douaniers ne regardent pas.

Je séjourne à Miami pour la Winter Music Conference, qui est, au fond, une semaine de *rave* mettant en vedette une centaine des meilleurs DJ de la musique électronique, et des dizaines de milliers de fans défoncés. Après cinq jours de sieste au soleil, je me sens vachement mieux. J'ai loué un appartement avec un couple, et je garde profil bas. Le gars est *dealer* d'héroïne pour célébrités, je n'ai donc pas à me tracasser pour ma dose quotidienne. Et j'aime lézarder au soleil avec la fille.

J'adorerais rester un peu plus longtemps, mais un appel de Neil, le directeur général de Cincinnati (alias client n° 1) demande à me voir à New York et met abruptement fin à mes vacances.

Un peu plus tard, je suis assise dans les toilettes de l'aéroport avec tous mes flacons de comprimés et mon petit sachet d'héroïne sur les genoux. Je fais face à une interrogation cruciale : de quoi mon corps a-t-il besoin *maintenant* et de quoi aura-t-il besoin plus tard ? Je ne veux pas prendre de Xanax, ni d'Ambien, et je n'ai pas de coke. Je sniffe un peu d'héroïne à la place, puis je contemple ma boîte d'Adderall. Si j'en prends un, je serai *speedée*, alors qu'il faut vraiment que je dorme dans l'avion pour être en forme et reposée pour mon client le plus généreux. Je cache ce qui reste d'héroïne dans un condom, j'en noue le bout et je l'enfonce là où on ne le cherchera pas. Dingue, je sais, mais c'est un tout petit paquet, et au moins je ne risque pas de me faire épingler. Je l'ai déjà fait au moins une douzaine de fois.

Après l'embarquement, je me sens plutôt bien. En général, je m'appuie contre le hublot et j'attends que le changement de pression dans la cabine m'endorme. Mais pas de hublot, cette fois. J'ai acheté mon billet en dernière minute et il n'y avait plus de hublots disponibles. Je dois me contenter d'un des sièges du centre, où j'essaie de m'installer le plus confortablement possible… Je me sens déjà prête à tomber dans les bras de Morphée. Je flotte dans cet état jusqu'à ce qu'une hôtesse de Jet Blue Flight me réveille. Sans laisser filtrer la moindre émotion, elle me prie de la suivre : je dois quitter l'appareil. Je suis complètement sonnée. Ce n'est qu'à mi-chemin, dans l'allée, que je comprends ce qui se passe.

Il me reste un vague souvenir de passagers qui m'examinent avec un mélange de crainte et de pitié. C'est du moins ce que j'ai perçu. J'étais trop défoncée pour pouvoir faire le focus sur les visages.

Quand l'hôtesse me laisse à la sortie, je suis vaguement reve- nue à la vie et je lui dis : « Attendez, qu'est-ce que vous faites ? Je suis malade ! C'est parce que je suis tombée endormie que vous m'em- pêchez de prendre l'avion ? »

Elle me répond qu'elle doit remonter à bord. Il y a un avion plein de passagers qui attendent le départ. Mais elle me conseille de me rendre à un des comptoirs de service de la compagnie. Quant à mes bagages, je les retrouverai à New York.

J'explique au gars du comptoir que je souffre de narcolepsie. Je lui montre mon flacon d'Adderall (avec « amphétamine » écrit sur l'étiquette), et je lui dis que j'ai oublié de prendre ce médicament. Et que maintenant je me retrouve au sol ! Il se répand en excuses, me place sur le vol suivant et me donne un numéro à appeler pour déposer une plainte. Plus tard, je recevrai un bon pour trois vols aller-retour, et une très belle lettre d'excuses !

Cet incident devrait me faire prendre conscience de la gravité de mon état, mais la seule leçon que j'ai apprise, c'est comment arnaquer une compagnie aérienne.

\*\*\*

Quelques jours avant Noël. Je vois encore des gens de l'agence, en plus d'Hulbert. Un jour, dans le brouillard de l'héroïne, j'entends un message de Katie, une escorte adepte elle aussi de cette drogue. Elle flippe. Apparemment, Ashley a été arrêtée. Katie déconne à fond la caisse sur notre prochaine arrestation, on va toutes se faire coffrer, dit-elle, c'est la fin du monde, Armageddon, l'horreur totale, autre- ment dit l'incarcération, une possibilité à laquelle je n'ai jamais accordé la moindre attention. Cette fois, je dresse l'oreille. Pas ques- tion d'aller en taule. Mais je suis enfoncée si profondément dans ma dépendance que je me dis que si je me fais prendre j'en finirai avec la vie – je me jetterai d'un gratte-ciel, où je me *shooterai* avec une dose max. Pas question de me retrouver seule et *à jeun* en prison.

Je donne quelques coups de fil afin de vérifier l'information au sujet d'Ashley. Chacun me confirme qu'elle a été arrêtée lors d'une mise en scène tout à fait classique : dans une chambre d'hôtel où elle s'est fait avoir à cause d'une négociation pour échange d'actes sexuels contre des montants d'argent plutôt que contre un tarif fixe, comme je le lui ai toujours conseillé. Une de mes sources très bien informée dans la communauté sexuelle d'Internet m'envoie un mail confirmant l'arrestation. Rien, dans l'industrie du sexe, n'échappe à ce mec, et il me contacte aussitôt qu'il a le fin mot de l'histoire. Voici ce qu'il m'écrit :

> La police a infiltré NY Confidential le 1/12. Un policier en civil a payé une fille 990 $ avec une carte de crédit. Une autre fille a été louée le 20/12, pour le même montant, toujours avec carte de crédit. Puis deux filles ont été *bookées* le 31/12. Chaque fois, le flic a demandé un service complet, et il semble que toutes les séances aient été enregistrées.

> La séance du 20/12 a eu lieu à l'hôtel W. C'était Victoria. Ses services avaient été loués après un coup d'œil aux rapports sur le site « Poller » de TER. Est-ce que tout cela est vrai ? Si c'est le cas, il y a tout lieu de s'inquiéter : Victoria sera sûrement utilisée par la police, qui va essayer de la faire parler.

Tout a prétendument commencé quand un client se faisant appeler Big Dan a découvert qu'un montant de 28 000 $ avait été débité sur sa carte de crédit par New York Confidential. Il a alors contacté ses amis de la police – qui a sonné l'hallali.

Ashley, apparemment, n'a pas été inquiétée. Elle est retournée à New York Confidential et a repris son boulot comme si rien ne s'était passé.

Pour autant que je sache, l'agence n'a jamais su qu'elle avait été arrêtée. Et je n'en ai rien dit à Jason ni à Mona. Qu'ils aillent se faire foutre, ils méritent ce qui leur pend au nez. Je ne suis plus liée qu'indirectement à l'agence. J'ai même renoncé au fric qu'ils me doivent pour certains rendez-vous. En plus, je ne suis pas la bienvenue au loft. Je me contente de dire à Hulbert d'être vigilant, mais il est malheureusement trop impliqué dans l'agence pour pouvoir la quitter sans problèmes.

La suite des choses ne fait que confirmer ce que je sens dans mes tripes depuis plus d'un mois : la fin est proche. Je m'efforce donc de mettre le plus de distance possible entre Jason et moi, et New York Confidential – mais cela ne changera pas grand-chose quand tombera le couperet.

*** 

Peu avant Noël, j'achète un billet d'avion pour Montréal. Puis je parcours la ville pour trouver le cadeau parfait pour chaque membre de ma famille. Je déambule pendant des heures dans les rues. Plusieurs jours plus tard, je n'ai toujours rien trouvé. Je me sens de plus en plus frustrée : mon portefeuille est bourré de cash, et je ne trouve rien ! Finalement, j'atterris chez Macy, où je fonds en larmes. Des hordes d'acheteurs vont et viennent, me dépassant, me bousculant. Alors je réalise que si je ne sais pas quoi acheter à ma famille, c'est parce que je ne les connais plus. Je ne sais même plus qui je suis, moi. La vérité, c'est que je suis en perdition.

Je me rends finalement au marché de plein air d'Union Square, avec ses douzaines de vendeurs colorés qui offrent un tas de trucs, comme des bougies parfumées, des écharpes et des chapeaux tricotés. J'achète tout ce que je peux transporter. Je me dis que les membres de ma famille aimeront mieux ces babioles marrantes que des vêtements achetés dans un de ces grands magasins chic, américains de surcroît, qui pour eux sont des symboles de tout ce qu'ils détestent à propos de mon style de vie – et qui leur rappellent qu'entre eux et New York, j'ai choisi New York.

J'enveloppe mes présents du mieux que je peux, puis j'entasse le tout dans mes valises. Je dis au revoir à Jordan, qui part une semaine au Mexique pour y retrouver ses parents. Elle flippe : pas de drogue pendant huit jours ! Je lui dis que tout se passera bien.

La veille de Noël arrive. Mon taxi m'emmène à JFK, je fais la file au comptoir d'embarquement. Après une longue attente, les haut-parleurs annoncent que la compagnie supprime momentanément tous les vols à cause d'un problème dans son système de radar. On nous donne un numéro où appeler pour avoir des informations. Je rentre à l'appartement en état de choc : mon retour au foyer est fichu. Je reste prostrée sur mon lit pendant des heures, puis j'apprends que le vol aura lieu demain à la même heure. J'appelle Ron, puis je vais chez lui. On se fait quelques lignes et nous regardons *Casino*, avec De Niro et Sharon Stone. Personne ne devrait jamais regarder ce film la veille de Noël.

Le jour de Noël, je reprends le chemin de l'aéroport pour apprendre, une fois de plus, que le vol a été supprimé. J'appelle ma mère en pleurant. Je lui explique la situation, mais je sens bien qu'elle ne croit pas à mon histoire – jusque-là, elle a vu clair dans la moitié de mes mensonges. Je suis sur la défensive. Je lui dis d'appeler la compagnie. Je peux entendre ma famille derrière elle, riant, déballant des cadeaux, buvant, plaisantant. Ils n'ont pas du tout l'air de pleurer mon absence. Ils célèbrent en famille comme ils le font depuis des années : sans moi. Ça s'est passé comme ça aux anniversaires, à l'Action de Grâce, au Nouvel An et à Noël. Eh bien, je manquerai un Noël de plus.

Je m'assieds sur mon lit et me mitonne un petit cocktail. Comme je n'ai pas la télé, je navigue sur Internet. Mais je n'y trouve rien qui puisse me distraire – je ne participe pas à des *chats*, ni à des échanges pornos (pas encore) et, à cette époque, les commérages, à Hollywood, n'ont pas encore atteint les sommets qui feront la fortune des sites *people*. Alors je recommence à pleurer. Je suis seule, seule comme un chien abandonné.

Le lendemain, je réalise que j'aurais très bien pu résoudre mon problème. Si je l'avais vraiment voulu, j'aurais pu trouver une place sur un vol d'une autre compagnie – ou prendre le train. Mais maintenant Noël est passé. Et je l'ai manqué une fois de plus.

Je réussis à me sortir ma famille de la tête, et pendant les mois qui suivent, Jordan et moi vivons sur un grand pied. Nous célébrons mon 25$^e$ anniversaire pendant deux mois, en commençant par un séjour à Las Vegas, puis à L.A., et enfin à New York, où nous fêtons jusqu'à épuisement total. Nous faisons des photos avec tous les photographes que nous connaissons. Peter Beard réapparaît dans ma vie ; il séjourne dans mon appartement pendant quelques semaines. Un jour, nous l'accompagnons chez Mark Seliger, qui veut faire son portrait. Le généreux Peter a insisté pour que nous figurions sur la photo. Notre image se retrouvera dans un livre intitulé *In My Stairwell*, en compagnie de Paul McCartney, Susan Sarandon, Tom Wolfe et Lou Reed. En dépit du fait que j'étais *stoned* quand on l'a prise, c'est la photo de moi que je préfère.

* * *

Un mois après Noël, alors.que je dois rejoindre un client au Bellagio de Vegas, tout se dégrade. C'est mon premier client depuis un mois. Je suis tellement défoncée et malade quand il me donne rendez-vous que je rate le premier vol.

Il a failli tout annuler mais il a changé d'avis.

Sans drogue, le retour à New York est une véritable torture. Quand je m'écroule finalement à l'appartement, Hulbert arrive en taxi pour partager avec moi tous les détails des calamités qui se sont abattues sur l'agence.

Descente de police au loft.

Les flics ont saisi les ordinateurs, tous les documents, les reçus de cartes de crédit, les photos des filles et le système de son à 50 000 $. Je présume qu'ils ont aussi emmené la boule de disco et la machine à fumée. Tous les responsables de l'agence étaient absents, y compris Jason.

« Évite d'aller au loft, quoi qu'il arrive », me dit Hulbert. Garde un profil bas. C'est ce que je vais faire. Nous sommes probablement les prochains sur la liste. »

Est-ce que je me sens coupable de ne pas les avoir prévenus ? Pas vraiment. Le type qui m'a donné l'information à propos d'Ashley m'a demandé de garder le silence. Avec du recul, je me dis que j'aurais probablement eu intérêt à mettre les gens du loft au parfum, mais j'étais trop remontée contre eux pour faire un effort et aider ainsi Mona et, par extension, Jason.

N'empêche qu'il faut que je contacte Jason. Même si j'ai pris mes distances à l'égard de l'agence, Hulbert a tout à fait raison : je suis la prochaine cible. Mais j'ai besoin d'informations supplémentaires. Tout est tellement vague, personne ne possède d'éléments solides.

Je sais où trouver Jason. À l'hôtel Gansevoort. Je l'y débusque avec une bande de filles que je n'y ai jamais vues, se défonçant allègrement.

Tandis que je le regarde planer dans les brumes, entouré de femmes à moitié nues, souriant comme le chat de Cheshire en sniffant de la coke à tour de bras, je me dis que l'homme que j'ai tant aimé est devenu un parfait étranger. *Qui est ce type ? Je ne le connais pas.* Mais vous savez quoi ? Je le connaissais. Je savais exactement qui il était. Mais je n'avais jamais vu que ce que je voulais voir.

Il faut pourtant que je lui parle. En privé.

« Jason, viens dans la salle de bain. J'ai quelque chose à te dire.

– Nat, je n'irai pas avec toi dans la salle de bain. Si tu as quelque chose à dire, dis-le ici. »

Pourquoi ne comprend-il pas ? La catastrophe est toute proche. Le *New York Post* a publié un article sur lui, affirmant qu'un mandat d'arrêt avait été émis contre sa personne. Les flics vont finir par le retrouver, ce n'est qu'une question de temps. Une suite au Gansevoort n'est pas la planque idéale pour un cerveau du délit criminel.

Puisqu'il refuse de m'écouter, tant pis, je ne peux plus rien pour lui. Une chose est certaine, il faut que je me casse au plus vite. J'attrape mon sac, que j'ouvre afin de voir si une de ces filles super-louches n'a pas mis la main sur mon fric ou ma réserve de drogue.

« Tu t'en vas, Nat ? »

Pauvre Jason, il a peine à articuler.

« Ouais. Faut que j'y aille.

– Où ?

– Il faut que je parte, Jason. »

Comment dire à quelqu'un qu'on doit s'en aller parce qu'on ne veut pas être là quand les flics vont débarquer ? Manifestement, Jason fait tout ce qu'il peut pour oublier que sa déconfiture est imminente.

Moins de 48 heures plus tard, la police interrompt la petite fête au Gansevoort. Les flics escortent Jason, dûment menotté, dans le lobby pimpant de l'hôtel. Je me souviens de ce jour où il m'a humiliée, devant un tas de monde, sur la terrasse du toit de cet hôtel. Les policiers ne savent pas quel sentiment très suave de juste rétribution ils me procurent avec leur petite descente.

Jason est inculpé pour plusieurs chefs d'accusation, dont la possession de substances illégales, blanchiment d'argent et encouragement à la prostitution. Comme le magazine *New York* le rappellera ultérieurement, quelques jours avant l'arrestation, Jason, « vêtu d'un long manteau de renard de chez Jeffrey », s'est acheté une Mercedes S600. Mais une fois tous ses actifs (qui comprennent tous mes chèques impayés !) gelés, il est incapable de donner les 250 000 $ de caution.

Hulbert est arrêté quelques jours après, et inculpé pour les mêmes chefs d'accusation.

Personne ne sait ce qui est arrivé à Mona et à Clark.

La chute de New York Confidential déclenche une série d'arrestations en chaîne qui font tomber plusieurs agences importantes, dont American Beauties, Julie's et New York Elites, qui se spécialisaient dans l'envoi de stars du porno dans tout le pays à l'intention de clients huppés. Elles accusent toutes Jason d'être responsable de la répression. Il devient le John Gotti de l'industrie – la grande gueule qui a attiré un peu trop l'attention policière sur leur monde clandestin.

***

Au lieu de garder un profil bas, Jason a attaché ses ailes un peu plus serré et volé en droite ligne vers le ciel. Tandis qu'il moisit en taule à Rikers Island, il se sert de ses contacts au *Post* et au *Daily News* pour rester présent dans les journaux. Avoir son nom imprimé dans la presse est la seule chose qui lui permet de surnager et lui donne une raison de vivre.

Il veut aussi me voir dans les journaux. Je fais partie de sa machine médiatique : il se glorifie d'avoir dirigé l'agence n° 1 de la ville, où officiait la call-girl n° 1. Il donne mon numéro de cellulaire à tous les journalistes new-yorkais. Et, bien sûr, le téléphone ne dérougit pas. Au début, je vérifie l'identité de l'appeleur avant de répondre, puis je laisse sonner afin de ne plus avoir que les messages. La pire des choses, c'est qu'il déclare à un journaliste que je gagne 1,5 million de dollars par an. Je me dis qu'en faisant cela, il admet en même temps qu'il me doit du fric. Mais il croit peut-être qu'il va pouvoir me rembourser un jour ce qu'il me doit. Quoi qu'il en soit, je suis sûre que les flics et le fisc vont se demander où est passé l'argent.

# Chapitre douze

# Cover-girl

Calme plat. Je sors peu de mon appartement, où je fais ce qu'il faut pour planer le plus haut que possible. Pour le reste, je ne sais plus quoi faire. Je vis dans la peur constante que des flics se présentent chez moi avec un mandat d'arrêt. Mais cela ne nous empêche pas, Jordan et moi, d'aller voir chaque jour notre *dealer*, rue Delancey. Nous stockons un peu de tout : coke, héroïne, comprimés, méthamphétamine, ecstasy. Alors, au lieu de pleurer, je m'endors, ou je décolle ; je suis contente, ou je suis triste. Je fais tout ce qui est en mon pouvoir pour refouler le manque que je ressens quand je pense à Jason. Nos rires, nos plaisanteries me manquent.

Les journalistes continuent à me harceler pour avoir des interviews, mais j'évite soigneusement de me montrer ; je reste calfeutrée à l'intérieur. Puis, un jour, un gars du magazine *New York* frappe à ma porte. C'est un des meilleurs reporters du magazine, un journaliste de la vieille école nommé Mark Jacobson. Il a réussi à avoir mon numéro de téléphone et a laissé un message me disant qu'il aimerait faire un article sur Jason et moi. J'ai aimé le son de sa voix.

Ma sous-location touche à sa fin. Je vais devoir déménager. Et me désintoxiquer de l'héroïne. Après avoir tergiversé pendant plusieurs semaines, je demande à Jordan de m'accompagner chez un spécialiste des dépendances. Nous quittons son cabinet avec un tas de prescriptions. C'est la buprénorphine, la drogue magique de substitution contre la dépendance aux opiacées qui va me sauver la vie. Je me désintoxique chez Ron. Il sait exactement quoi faire avec moi, car il l'a déjà fait avec beaucoup d'amis dans les années 70 et 80.

C'est douloureux. Je pleure, je sue si abondamment dans les draps et couvertures de Ron que je trempe son matelas. Après cela, il faudra un an avant que je me sente normale. Tout ce qui va m'arriver pendant les quelques mois qui suivent la désintox me paraîtra encore plus horrible parce que mon corps reste sous l'influence du poison. Je me dis parfois que je ne me sentirai plus jamais bien de toute mon existence. J'ai foutu ma vie en l'air. L'aiguille a fait des dégâts[21], comme l'a dit un autre Canadien.

Une semaine est nécessaire pour que je sois suffisamment en forme pour rencontrer un journaliste. Quand je me sens mieux, j'appelle le reporter du magazine *New York*. Je ne me suis pas trompée, il est hypersympa. Il me fait penser à Jimmy Breslin, le chroniqueur de la vie new-yorkaise. Il a écrit le livre sur lequel est basé le scénario du film *American Gangster*. On le voit souvent au CBGB[22] avec les musiciens de Blondie[23]. Il porte haut le flambeau pour les minables, les oubliés, les opprimés et, plus extraordinaire encore, il ne juge pas. C'est le genre de reporter qui est cher à mon cœur.

Mais je sais aussi ce qui « allumera » le magazine. Comme dans la téléréalité, ce qui nous rend, Jason et moi, tout à fait particuliers, c'est qu'on gagnait un tas de fric, que nous vivions dans un loft gigantesque, et que nous faisions la nouba avec l'élite new-yorkaise. Et il y a aussi le lien qui nous unit. C'est ce que nous allons offrir à Mark : une histoire d'amour.

Bien sûr, une partie de moi joue un peu la comédie pour le succès de l'article. Mais l'autre partie se fait un sang d'encre pour Jason.

---

21. Je n'ai jamais fait d'injection d'héroïne. J'avais trop peur des aiguilles. (NDA).
22. Acronyme de « Country, Bluegrass et Blues ». Club situé au 315, du Bowery, à Manhattan. Lieu de naissance du rock underground. (NDT)
23. Groupe fondé en 1974 à New York par Deborah Harry et Chris Stein. (NDT).

Il a déjà essayé de se suicider deux fois, et c'est la troisième fois qu'il perd tout. Dieu sait quelles pensées lui passent par la tête.

Mark accepte de me conduire à Rikers pour lui rendre visite. Tandis que nous roulons vers la prison, je m'endors sur ses genoux et, dans ma semi-conscience, mon état confus de junkie, je commence à lui caresser les jambes, puis ma main remonte jusqu'à son entrejambe. Je me réveille quand nous arrivons au poste de contrôle du pont menant à l'île. Il se met à rire et me dit que, même dans mon sommeil, je reste la suprême déesse du sexe.

Pendant le trajet en bus du bâtiment principal à la prison dans laquelle se trouve Jason, nous parlons de la clôture en fils barbelés, puis, pour me changer les idées, Mark me vante le restaurant dans lequel il a l'intention de m'emmener déjeuner (un petit bouge à Queens qui sert la meilleure cuisine moyenne-orientale en ville) et essaie de me tenir en dehors de la zone de danger – soit mes pensées à propos de Jason et de son internement. Je veux être honnête avec Mark, mais je ne veux pas trahir les fantasmes de Jason. C'est tout ce qu'il lui reste.

Ce fantasme, c'est que nous allons nous marier, et je ne lui ai pas encore dit que je n'embarquais pas dans ce projet.

Nous entrons finalement dans la salle d'attente. Jason arrive, dans un survêtement fatigué. Il me paraît si petit, si faible! Il a un œil au beurre noir. Quand il évoque nos futures noces, je me contente de l'écouter sans démentir. En fait, je n'ai pas grand-chose à dire. Heureusement, la visite est brève.

*** 

La photo de la page couverture du magazine sera prise dans le loft de Ron, rue Broome. La directrice photo va débarquer avec le photographe, une équipe d'assistants et un assortiment de stylistes. J'ai reçu un mail de Mark – avec qui j'ai passé presque toutes les journées des dernières six semaines – me disant qu'Adam Moss, le grand manitou du magazine, a donné le feu vert. Il aime l'article – non, il en raffole.

Je suis impatiente d'entendre quel est leur concept pour la séance photo. C'est le pied! Je fantasme sur les vêtements qu'ils vont m'apporter : Chanel BCBG? Un smoking Yves Saint Laurent sans chemisier dessous?

Ils arrivent, installent les projecteurs. On me coiffe, me maquille et, finalement, la directrice photo vient me voir – sans cacher ses réticences. J'ai l'impression qu'elle n'apprécie pas beaucoup l'article – et son inspiratrice encore moins. Mais je suis préparée à cela. Je sais que tout ne sera pas comme un jardin de roses, avec arc-en-ciel en plus. Je ne me fais aucune illusion : je ne serai pas portraiturée comme la nouvelle petite chérie de l'Amérique. C'est simple, ou les lecteurs m'aimeront ou ils me détesteront.

Elle demande à voir mes toilettes. Un peu embarrassée, je lui montre les vêtements qui se trouvent dans la penderie de Ron. J'ai pas mal de choses là-dedans, mais pas mes plus beaux atours. Elle en prend quelques-uns au hasard, sans cacher sa déception. «Je ne comprends pas, je pensais que vous alliez apporter un choix de robes!

– Et moi je croyais que c'était vous qui alliez m'habiller.»

– Écoutez, Natalia, j'ai tellement entendu parler de votre énorme garde-robe! Je me suis dit que vous seriez plus à l'aise dans vos vêtements à vous!»

*What the fuck?* Mais je ne veux pas porter mes vêtements! Ce serait comme gagner des vacances dans ma propre ville!

Elle change de sujet et, condescendante : «Comment votre famille se sent-elle à propos de votre petit business?»

Je souris. «Quelle partie du business? Baiser pour du fric ou tout révéler au monde entier?»

Elle ne répond pas. Il est clair qu'elle n'apprécie pas mon sens de l'humour.

Mais elle marque un point. Ma famille va tout découvrir. Quand nous avons commencé l'article, je me suis dit que je m'arrangerais pour quelle ne le voie pas. Mark n'a pas indiqué mon nom de famille, mais mes confidences vont très loin. Le département publicitaire du magazine a déjà associé un segment de l'article à *Insider*, un show *people* de CNBC avec Donny Deutsch. Ils disent que, selon eux, ce sera la première d'une série d'apparition à la télé nationale, et qu'il y aura d'autres interviews.

La veille au soir, j'ai discuté de la situation avec Ron. Comment vais-je mettre ma famille au courant? Il pense que si je décide de leur dire, je ne dois rien leur cacher. Je suis d'accord avec lui, mais raconter ce que je suis devenue à ma mère est beaucoup plus facile à dire qu'à faire.

Tandis que je me ronge les sangs, mon esprit ne cesse de revenir à mes vêtements. Je ne sais toujours pas ce que je vais porter. Puis l'inspiration se pointe. Si je veux que cette page couverture soit surprenante, je dois frapper un grand coup. Moi, et personne d'autre. J'appelle mon ami Kenny, un joaillier dans le vent qui officie dans son bureau du district du Diamant, à Manhattan. C'est un copain. Un jour, il m'a rapporté un t-shirt d'Aspen sur lequel on peut lire: "J'aime les grosses boules et je ne peux pas le cacher". Il l'avait vu dans un magasin et avait pensé à moi. On a sniffé pas mal ensemble.

«Comment va ma petite Natalia? Toujours à la conquête de New York?

– Ça pourrait aller mieux.» Je lui raconte tout. Cinq minutes plus tard, son assistante se met en route avec un sac plein de diamants.

Ensuite j'appelle Andrew, un autre copain de virée. Un mois plus tôt, j'ai laissé six gros billets dans sa boutique de Madison Avenue pour une veste de vison blanc. Je lui demande de m'envoyer quelque chose de très spécial.

«J'espère que ça ne vous dérangera pas, dis-je à la directrice photo, mais nous ne pourrons commencer que dans une demi-heure. J'attends un envoi.»

Cela dit, je pivote sur mes talons et ferme la porte de ma chambre. Il faut que je sache ce que prenait Kate Moss avant d'appeler mon *dealer*. Ça fera tellement années 80!

Ensuite, je téléphone à maman. Je ne sais pas pourquoi, mais je sens que le moment est venu. Si je ne le fais pas, je ne pourrai pas faire la séance photo. Je forme le numéro et je prie pour qu'elle décroche. C'est nouveau. Jusque-là, j'ai toujours préféré laisser un petit message joyeux pour lui dire que je vais bien, ce qui m'évite de répondre à une vingtaine de questions. Je déteste lui mentir. Mais la révélation que je dois lui faire ne peut pas être enregistrée dans une boîte vocale : « Salut, maman ! Je te mens depuis des mois. Je ne suis ni modèle ni actrice, et je ne travaille pas non plus dans un bar. Je suis une call-girl, très chère. Autrement dit, je baise pour du fric. Tu pourras d'ailleurs lire toute mon histoire dans le prochain numéro du magazine *New York*. Ah oui, j'allais oublier ! Jason, mon petit ami, n'est pas seulement mon petit ami, c'est le souteneur qui m'a entraînée dans le business. Autrement dit, c'est mon patron. Je t'aime. Je te rappelle bientôt. »

Elle décroche.

« Salut, maman. » Je m'efforce de prendre un ton léger, joyeux.

« Natalie ! Pourquoi ne m'as-tu pas rappelée ? Tu n'as pas eu mes messages ? »

Si, j'ai reçu ses dix messages. Je ne suis même plus capable de les écouter, ils me brisent le cœur. Le ton de sa voix traduit tout. C'est la voix de la « mère émotionnellement ravagée ». Elle sent bien que quelque chose de terrible est arrivé. Maman sait toujours tout. Je ne suis jamais restée aussi longtemps sans répondre à ses appels.

« J'ai quelque chose à te dire. »

Silence. Je sais quelles pensées se bousculent dans sa tête : sida, accident ; ou elle a tout lâché pour entrer dans une secte.

Je m'efforce de présenter le côté positif des choses. « Je vais être sur la couverture du magazine *New York*.

– Natalie, qu'est-ce que ça veut dire ? » demande-t-elle d'une voix tremblante.

Je n'ai pas répété d'avance, mais les mots sortent facilement :

« Ça va te choquer. »

Une petite pause.

Silence.

« Le show sera bientôt acheté. Ça va faire beaucoup de bruit, car c'est très bon. Et on fait cet article pour la promotion. »

Je peux l'entendre gémir.

« Maman ? »

Je ne sais plus quoi dire. Impossible de décrire ce que je ressens, c'est trop horrible.

Je l'écoute pleurer en silence, le téléphone à la main. J'essaie de trouver les mots, mais en vain.

La messagère de Kenny entre en trombe dans ma chambre avec un plateau de diamants. L'assistant photo la suit, criant : « Natalie, il faut qu'on se magne ! »

Je me sens totalement impuissante.

« Maman, il faut que j'y aille, mais je t'appellerai dans quelques heures. »

Je raccroche. Je me sens soulagée de lui avoir dit la vérité, mais sa réaction me met au supplice.

Tout arrive trop vite. J'aurais dû noter dans ma tête qu'il fallait que je l'appelle une fois la séance terminée. Elle mérite de savoir avant que tout devienne terriblement réel, avec mon visage sur la couverture d'un magazine. J'y ai souvent pensé, ces dernières semaines, me faisant un sang noir à l'idée de la honte que ressentira ma famille. Je sais aussi qu'il leur sera difficile de comprendre, mais je suis persuadée que la chose la plus importante, et qu'ils doivent apprendre au plus vite, c'est que j'en ai terminé avec ce métier. Je ne suis plus escorte. J'ai du reste envoyé un courriel à tous mes clients pour leur dire qu'un article allait paraître dans le magazine *New York* et qu'il valait mieux, pour eux comme pour moi, que nous mettions fin à notre relation. Je ne veux causer de tort à personne.

L'essentiel, c'est que je ne veux ni blesser ni fâcher personne, et surtout pas ma mère.

Mais le *timing* n'est pas mon fort !

Je lance un sourire éclatant à la directrice photo et regarde Ron en hochant la tête.

Puis je m'étends sur le lit, qui fait bien sûr partie de la mise en scène. J'ôte ma robe et, uniquement vêtue de mes dessous, je regarde le photographe dans les yeux.

« Que pensez-vous de ceci ? »

Je défais la fermeture éclair d'un des sacs qu'Andrew m'a envoyé et j'en sors une étole de fourrure noire ondoyante. C'est, je crois, du chinchilla. Je drape l'étole autour de mes épaules. C'est parfaitement décadent, si décadent que c'en est provocant. Les yeux de la messagère de Kenny brillent, tandis qu'elle me pare de colliers et de bracelets.

Nous avons la photo de couverture : moi, déshabillée, avec 25 000 $ de diamants sous mon étole.

La semaine suivante, le 10 juin 2005, mon visage se trouve dans tous les kiosques à journaux de la ville, sur des centaines de présentoirs dans les aéroports, et dans toutes les maisons de la presse d'Amérique du Nord. Le titre : « L'escorte new-yorkaise n° 1 révèle tout. » À l'intérieur, on peut lire, en tête de l'article (qui fait 9000 mots) un « chapeau » qui résume son contenu :

La fille à 2000 $ l'heure. Natalia était une superstar et l'escorte la plus demandée par les financiers de Wall Street et les quarts-arrière de la LNF. Son patron, Jason Itzler, qui s'est nommé « le prince des proxénètes », voulait transformer sa maison de passe en un empire national dans la lignée de *Playboy*. Le joyau de la couronne, dans cet empire, était Natalia, dont il voulait faire sa femme. Une histoire d'amour.

Le numéro du magazine *New York* le plus vendu de l'année disparaît des kiosques en moins de deux jours. Mon vrai nom n'y figure pas, mais je passe du statut de call-girl nourrissant les commérages de quartier au statut de personnage marquant des nouvelles nationales. Je suis catapultée dans le tourbillon de la célébrité médiatique et entraînée dans la course folle des nouvelles télévisées – sans gilet de sauvetage.

Je suis submergée par le stress et l'excitation. Je rêve d'un avenir fabuleux. Le premier vidéo sexuel de Paris Hilton vient tout juste de sortir, et je me dis : *pourquoi cet article ne serait-il pas mon tremplin?* Puis je rationalise : *Contrairement à Paris, je peux jouer, moi.*

Le département publicitaire du magazine m'envoie dans plusieurs shows nationaux : *Paula Zahn Now* à CNN, *The Big Idea with Donny Deutsch* et *The Insider* : trois soirées très olé olé. Ma sous-location prend fin, et je m'installe dans l'appartement de Ron, qui commence à jouer le rôle de gérant et de protecteur. Il fait de son mieux pour établir, auprès des producteurs, des limites concernant les questions que les journalistes peuvent ou ne peuvent pas me poser. Je suis prudente, très attentive à ne rien dire qui soit susceptible de m'incriminer d'une manière ou d'une autre. Lorsque je repense à tout cela, je me dis qu'il aurait peut-être été plus sage de consulter un avocat – plutôt que de me reposer sur les connaissances juridiques d'un producteur de téléréalité assagi.

Le magazine est censé offrir une soirée en mon honneur, mais ils sont tellement occupés à me *booker* dans un tas de programmes télé qu'il ne me reste plus de temps. Et nous n'avons vraiment pas besoin d'une soirée pour attirer la presse. Mais on ne se refait pas! Moi, je veux une fête, alors je décide de tout organiser moi-même.

Un promoteur de club que je connais réserve une boîte appelée Snitch et fait imprimer des invitations avec ma photo et le texte suivant : Venez retrouver la reine des escortes. Célébrez avec elle la sortie de l'article du magazine *New York* : "La fille à 2000 $ l'heure" et joignez-vous à Natalia pour un party d'enfer – et sans rien payer!

Tous mes amis sont là. C'est le pied.

Pendant les semaines qui suivent, des paparazzi me prennent en photo chaque fois que j'entre dans un club. Des passants me montrent du doigt dans la rue. Des gens que je ne connais ni d'Ève ni d'Adam prétendent qu'ils sont mes meilleurs amis.

Un soir, je sors avec mon pote Jimmy, un bon copain d'Amy Sacco, la propriétaire du club superexclusif Bungalow 8. Nous nous asseyons en haut, à une table toute proche de la sienne. Il y a de l'électricité dans l'air. Les tables sont couvertes de bouteilles, les filles dansent sur les banquettes, des gars hypersexy flashent des sourires à un million de dollars. On n'est pas là depuis cinq minutes qu'Amy se pointe et parle à l'oreille de Jimmy, en lui montrant un coin de la salle, en bas. Il se lève, descend l'escalier à sa suite, puis la rejoint dans le couloir menant aux toilettes. Quelques minutes plus tard, il me fait signe de venir le rejoindre.

*Wow*, me dis-je, *va-t-on enfin me présenter officiellement à la reine de la nuit new-yorkaise?* Jimmy m'entraîne à sa suite dans une des salles de toilette et ferme la porte. Je le regarde, perplexe.

«Seigneur, Natalia, il y a des filles qui sont vraiment connes.»

Il sort un petit sac et se fait une *key bump*[24].

Que se passe-t-il, bon Dieu?

«Écoute, mon cœur, je suis fier de toi. Tu m'as fait les meilleures pipes de ma vie. J'espère que tu vas tirer des millions de dollars de cette histoire. Tu as vraiment fait ce qu'il fallait. Le problème, c'est que je viens de me bagarrer à cause de toi avec une de mes plus vieilles copines, et je veux que tu saches que je suis prêt à recommencer.»

Il me fait sniffer un peu de coke avec la *key*.

«Amy m'a demandé pourquoi je traîne avec toi. Pourquoi je traîne avec toi? Parce que tu es ma petite amie. Je le lui ai dit dans le blanc des yeux. J'ai claqué assez de fric dans cette boîte pour qu'elle me foute la paix.»

Mon héros!

C'est comme ça que ça se passe: ou bien les gens m'aiment ou ils me détestent.

---

24. Petite ligne de coke placée dans la rainure d'une sorte de tige, que l'on porte aux narines pour inhaler. (NDT)

Une partie de moi adore le scandale. Ça m'excite. Quand on aime ça, on devient désinvolte, on adopte une certaine façon de bouger, de marcher, on se dit qu'on a la peau dure. On se conduit comme si on se foutait de tout, on ne fait plus que ce qui nous fait du bien, plutôt que ce qui a l'air bien. Mais cette nuit-là n'est pas une nuit où je m'en fous. C'est une nuit où je veux me sentir acceptée, aimée par tous ces fêtards, mais voilà, je sens bien que je leur suis indifférente. Envie de m'en aller. Je dis à Jimmy que je viens de recevoir un texto de mon ami C. B. Il passe la soirée avec Kid Rock dans une boîte, à quelques blocs du Bungalow.

«Tu veux t'envoyer Kid Rock, c'est ça? Ouais, tu veux t'envoyer Kid Rock, espèce de salope baiseuse de stars. Il va peut-être te payer une nouvelle paire de nichons pour te remercier.

Il m'embrasse sur le front et me met la *key* dans le nez. Je ris, puis je regarde mes seins. Je prendrai le fric, mais je garderai mes nichons.

Je contemple mon reflet dans le miroir. Mes yeux brillent.

Quand nous sortons de Bungalow 8, j'aperçois un de mes amis, touche-à-tout dans un tas de domaines : théâtre, jeu professionnel, organisation de soirées. Il a sa propre émission radio. Nous avons eu une histoire, comme j'en ai eu avec pas mal d'oiseaux de nuit à cette époque. L'aventure remonte à quelques années. J'étais tombée endormie dans une boîte *after hours*, et quand je me suis réveillée on était en train de baiser! Ça m'était déjà arrivé de faire l'amour quand je dormais, mais là, il en avait profité sans me demander mon avis! Il s'est excusé, j'ai donné l'absolution.

Mais là, il me dit qu'il a rencontré des gros bonnets de la CIA qui veulent absolument me connaître. Je suis sidérée. Je prends son numéro de téléphone et je lui promets de le rappeler le lendemain.

«Natalia, c'est ton jour de chance. N'oublie pas de m'appeler.»

Je commence à me dire que je suis devenue un objet universellement convoité. Les journaux, les shows télévisés… ils veulent tous s'offrir un petit bout de mes quinze minutes de gloire.

«Salut, Natalia! Fais un petit signe au beau mec de la page six.»

Je souris à la caméra.

Quand j'arrive au club, mon ami C. B. me crie: «Où étais-tu passée?»

Je souris, il me regarde dans les yeux. Je tourne la tête et je vois Kid Rock! Un garde du corps est penché vers lui et lui chuchote quelques mots à l'oreille, puis il me montre du doigt. Kid Rock m'examine, hoche la tête, me tend la main. Il m'aide à m'installer sur la banquette, le garde du corps me verse un drink. Pas difficile de deviner ce qu'il a dit à Kid: «C'est la pute dont C. B. t'a parlé… celle qui est en couverture du magazine *New York*.»

C'est si agréable! En tout cas, je sens beaucoup plus d'ondes amoureuses dans cette boîte que dans le club minable d'Amy Sacco. Malheureusement, je ne peux pas m'attarder.

Je dois me montrer responsable, rentrer à la maison pour avoir toutes mes heures de sommeil. J'ai un rendez-vous avec Paula Zahn, ma nouvelle BFF[25] de CNN. C'est la première fois que je quitte un club d'aussi bonne heure depuis que je suis arrivée à New York.

Paula Zahn est géniale. L'interview est enregistrée dans le studio de CNN, puis on tourne un segment devant le loft de la rue Worth. On s'y rend en limousine. Bien sûr, elle essaie de me faire dire le nom de mes clients célèbres, «juste entre nous». Je ne moufte pas, mais je ne la blâme pas d'avoir essayé.

J'aime aussi les gens d'*Insider*. La productrice travaille mon message avec moi, comme si je me présentais à la présidence et qu'elle était ma directrice de campagne. Elle met l'accent sur mon côté *glamour* et sur mon avenir d'actrice. C'est exactement ce dont j'ai besoin. Je suis convaincue qu'Hollywood va m'appeler une fois que j'aurai raconté mon histoire. Le conte de fées est toujours à l'ordre du jour.

\*\*\*

---

25. British Best Friend. (NDT)

Le lundi suivant, quand je me réveille dans le loft de Ron, 444, rue Broome, près de Chinatown, trois gaillards baraqués sont penchés sur mon lit. Je découvrirai plus tard que le 444 est un chiffre malchanceux dans la culture chinoise. Ma première pensée en voyant les mecs est : *Seigneur, j'ai oublié d'éteindre ma cigarette et les pompiers sont là !* Je peux même sentir la fumée ! Les types me disent de sortir du lit et de m'habiller. Je me lève, passablement *groggy*, me demandant ce qu'il m'arrive. Puis je lis le fatal NYPD sur la veste des types et je comprends. C'est un cauchemar. Ron est dans le salon, il essaie déjà de dégoter des garants.

Mon cellulaire sonne. Je questionne un des policiers des yeux. Il me fait signe de répondre. C'est la productrice de Barbara Walters, de l'émission *The View*. La voix pleine d'entrain à l'autre bout du fil me dit que Barbara est vraiment excitée à l'idée de m'avoir dans son émission. Je lui dis que je rappellerai.

Les policiers fouillent partout : armoires, tiroirs, boîtes, enveloppes, coins et recoins de l'appartement de Ron. Je me demande s'ils se rendront ensuite chez moi. Là, ce serait vraiment les grandes manœuvres ! Sachets, pailles et cuillères traînent partout, sans parler de la table de la salle à manger dont je me sers comme miroir à coke géant. Les flics me demandent mes papiers, puis ils me disent de mettre les mains derrière le dos. Tandis qu'ils me poussent hors de la chambre, nous nous jetons un long regard, Ron et moi. Il est furieux, je le vois dans ses yeux. Je me demande ce qu'il voit dans les miens.

« Appelle quelqu'un », lui dis-je.

\*\*\*

Interrogatoire. Ils me font asseoir sur un banc, et le flic principal, un costaud avec un fort accent irlandais, me dit : « Très bien, Natalia, on va te mettre en cellule, et si tu as besoin de quelque chose, tu demanderas à Jeff ici présent. » Ce disant, il désigne un jeune gars dans la vingtaine. « Il prendra soin de toi. »

Sur ce, il disparaît. Jeff l'aide à me lever et m'emmène dans une cellule. Avant de m'enfermer, il me demande : « T'as une arme sur toi ? »

Je fais non de la tête.

« De la drogue ? »

Idem. Merci mon Dieu, merci, je suis si contente de ne pas avoir de drogue. Les inculpations pour possession de drogue vous collent à la peau pour l'éternité. Je commence à prier pour que tout ça ne soit qu'un affreux cauchemar. Puis je réalise que j'ai manqué mon rendez-vous avec le coach des médias, et que je n'ai jamais discuté avec un avocat de ce qu'il convient de faire en cas de catastrophe de cette ampleur.

Je suis complètement perdue. Faut-il attendre que Ron appelle quelqu'un comme je le lui ai demandé ? Une heure passe, puis une autre. Mes paupières se ferment. Je m'appuie contre le mur et je sommeille. Je ne m'endors pas, mais je ne suis pas vraiment éveillée. Je me redresse : j'entends des pas. Comment puis-je me laisser aller à dormir ? Je ne suis vraiment pas normale. Ne suis-je pas censée pleurer, me lamenter ? On ouvre la cellule et on m'emmène dans une petite pièce où se trouvent une table et trois chaises. Je m'assieds, le policier irlandais et un autre type très grand s'installent devant moi. Jeff sort et ferme la porte derrière lui.

Que se passe-t-il ? Ron m'a-t-il abandonnée ? Dans un moment où j'ai tant besoin de lui ? Non, je sais qu'il ne me laissera pas tomber : il s'est tellement investi dans ma désintox ! Mais pourquoi me laisse-t-il moisir ici ? On essayait justement de vendre notre téléréalité et on n'avait encore rien signé. Il doit sûrement se dire que si je me retrouve en taule, le programme paraîtra encore plus alléchant, et qu'il finira par nous rapporter un max.

« Natalia, je te dis tout de suite qu'on sait tout. Absolument tout. Jason, Hulbert, Mona, Clark, Mel Sachs, Paul Bergrin, Samantha, Cheryl, Victoria, Katie… »

Le type n'arrête pas d'aligner des noms.

« Conclusion, tu as un sérieux problème. »

Je sens mes lèvres trembler. J'ai envie de crier, mais je reste là, immobile, figée. C'est comme si on m'avait arraché la langue, la gorge et les cordes vocales.

« Tu peux simplifier toute cette affaire en étant honnête. Si tu mens – et comme je te l'ai dit nous savons tout – je ne serai pas dupe. »

L'interrogatoire se poursuit, question après question, pendant ce qui me paraît durer des heures. Comme je ne veux rien révéler, ils changent de tactique et me posent des questions stupides du genre « où se trouve l'agence ? ». C'est une tentative si évidente de déstabilisation que je continue à bredouiller quand ils reviennent aux vraies questions.

Mais pour l'essentiel, je la boucle. Je suis suffisamment au parfum pour savoir que tout ce que je dirai les aidera à coffrer tout le monde. Et de toute façon j'ai le droit de garder le silence.

Quand ils me disent qu'ils ont trouvé tous les registres de rendez-vous lors de leur descente de janvier, et qu'ils commencent à me jeter des noms de clients, je sens monter la panique, mais je me rends très vite compte qu'ils ne savent même pas qui sont ces hommes. Ils n'ont pas trouvé mes propres carnets de rendez-vous, car je les ai emportés quand j'ai quitté le loft. Nous étions de grands adeptes du Web, mais tous les rendez-vous n'étaient notés que sur papier.

Ils ont l'air assoiffés de connaître le nom de mes gros clients. Ils veulent surtout les noms de leurs ennemis jurés : les avocats de la défense. Je leur réponds que les noms de mes clients sont tabous – avocats ou autres. Quoi que j'aie pu faire dans le passé, j'ai encore une conscience. Je ne vais sûrement pas détruire des familles en révélant des noms. Nous respectons ta décision, me disent-ils. Oui, mais pendant quelques secondes seulement, car ils remettent ça. Je leur dis que je ne sais pas grand-chose sur mes clients. Je fais partie de leurs fantasmes, mais cela n'inclut pas leur femme et leurs enfants, ni leur bureau d'avocats, ni leurs fonds spéculatifs, ni les agences de jeunes talents pour lesquelles certains travaillent.

Ils s'efforcent de rassembler toutes les pièces du puzzle, c'est clair. Mais ce qu'ils construisent mentalement est beaucoup plus abject que ce qu'était New York Confidential. Ils sont convaincus que nous étions liés à la mafia ou aux trafiquants de drogue. Ils n'arrivent pas à comprendre qu'une escorte haut de gamme puisse gagner autant de fric sans être mêlée à la mafia italienne ou russe, ou à une filière quelconque de trafic d'ecstasy ou de cocaïne. En fait, même si le personnel de l'agence planait à longueur de journée, nous n'avons jamais vendu de drogue. En plus, si les flics avaient été capables de capter un tant soi peu la confiance de Jason, ils auraient compris qu'il n'avait plus la moindre envie d'être impliqué dans un trafic de drogue. Jason n'était obsédé que par les feux de la rampe. Le monde de la drogue était trop souterrain, trop glauque pour lui. Et il a une si grande gueule que la mafia se tenait à distance. Quand les Italiens et les Russes ont compris qu'il parlait trop, ils n'ont plus voulu avoir à faire à lui. En bref, notre affaire d'escortes était strictement basée sur la loi de l'offre et de la demande dans l'univers de la plus vieille profession du monde.

Les flics m'annoncent qu'ils m'inculpent pour prostitution, promotion de la prostitution et blanchiment d'argent. Ils me demandent si je comprends ce que cela signifie. Je me contente de hocher la tête. J'ignore ce que signifient promotion de la prostitution et blanchiment d'argent, mais ce n'est ni le temps ni le moment de demander. Je me dis que mon avocat m'expliquera. Ils me renvoient dans la cellule. Jeff, le jeune assistant, me donne un sandwich et de l'eau vitaminée. Habituellement, je bois du Focus Flavor, mais je leur ai demandé de me donner du Rescue. Ils n'ont pas compris l'allusion. Ils m'autorisent à fumer une cigarette en buvant mon drink. Le flic irlandais et le grand mec reviennent et m'annoncent qu'on va m'emmener au centre d'internement. Ils veulent y arriver avant le départ du juge, afin que je ne sois pas obligée de passer la nuit dans ce qu'on appelle «les Tombes» – les sinistres cellules de confinement de la ville.

Quand on me sort de là, Jeff me donne une autre cigarette. Il m'encourage à rester calme, mais je sens bien que le stress me contracte les muscles du visage. Les types me disent que tout se passera bien, de ne parler à personne des Tombes, et d'appeler ma famille aussi vite que possible. D'après eux, seule ma famille peut m'aider.

Au centre d'internement, nous devons faire la queue. La file s'étire du hall à la cour. Le grand flic va voir un policier debout sur un podium, regarde les noms sur une liste et lui parle à l'oreille. Le type regarde de notre côté et je l'entends dire : «Ah, oui, c'est elle qu'ils attendent au tribunal.»

L'air décontenancé, le grand type revient vers nous.

«Ils veulent vous voir tout de suite», me dit-il en me lançant un regard soupçonneux.

On me pousse au début de la file. Le grand mec me souhaite bonne chance, et je me retrouve devant un procureur. Je ne me suis même pas arrêtée aux Tombes.

La salle d'audience est très grande. Une demi-douzaine de filles sont assises sur un banc, près du juge. Un type chauve, très grand, bien habillé, se penche vers moi en murmurant mon prénom.

Qui est ce type, je n'en ai pas la moindre idée, mais il me désigne un box de la grandeur d'une cabine téléphonique, pourvu d'une petite table encadrée de tabourets. Je regarde autour de moi. Dois-je vraiment entrer là-dedans ? L'huissier remarque mon hésitation et me fait signe que oui. Aussitôt que le type chauve et moi nous retrouvons à l'intérieur, porte fermée, il me dit : «Bonjour, je m'appelle Josh Michael Hartshorne[26]. C'est Ron Sperling qui m'envoie.»

Je pousse un soupir de soulagement. Ron a réussi.

«On vous a bien traitée ?»

Je fais oui de la tête.

---

26. Ce n'était pas son vrai nom, et on saura bientôt pourquoi je ne veux pas l'identifier ! (NDA)

«Très bien. Nous n'avons pas beaucoup de temps, mais il faut que je sache le plus de choses possible. Où est votre famille?»

Je lui donne le nom complet de ma mère et son numéro de téléphone. Il me pose deux bonnes douzaines de questions. Mon adresse. Mon âge. Des choses du genre. Puis il me quitte pour aller appeler ma mère et je retourne au banc. Quand il revient dans la salle d'audience, il me fait signe que tout va bien. Quelques minutes plus tard, j'entends prononcer mon nom. Je rejoins Josh près du banc de la défense, où je reste debout, prête à dire ce que Josh m'a conseillé de dire. Je plaide non coupable. Ce qui se passe ensuite est de l'ordre de la sorcellerie: j'ai des visions de la prison Rikers, on m'y fait endurer des choses terribles, des choses dont je ne savais même pas qu'elles étaient possibles. Pendant ce temps, Josh parle au juge. «Natalie est une jeune actrice canadienne. Je viens de parler à sa mère. Elle veut soutenir sa fille tout au long de la procédure. Natalie a un appartement et sera présente et disponible pour toutes les séances de ce tribunal.»

Le juge annonce qu'il me relâche sur ROR. J'apprendrai plus tard que cela veut dire «sur ma caution personnelle». Je suis libre! Pas de caution. Je sors du tribunal et me retrouve dans les rues trépidantes de Manhattan.

Mon prochain rendez-vous au tribunal est prévu pour la fin du mois d'août, donc plus d'un mois après ma première comparution. On ne m'a même pas enregistrée. J'ai l'impression de m'en être tirée de justesse. Josh fait une déclaration au petit troupeau de journalistes qui encombre le hall, et quelques secondes plus tard, je me retrouve dans son énorme Hummer. Nous écoutons le groupe DMX en rentrant à l'appartement de Ron.

Ron descend nous accueillir et demande à Josh de se joindre à nous pour un drink. Josh n'a pas le temps, mais il me donne sa carte et un rendez-vous à son cabinet pour le lendemain à deux heures.

«Comment savez-vous que je ne suis pas du matin?» lui dis-je en riant. Mais le cœur n'y est pas: je suis encore sous le choc de mon horrible expérience.

«J'ai deviné.»

Il sourit et s'éloigne dans son monstre assoiffé d'essence. Ron me serre dans ses bras à m'étouffer.

«Je crois que j'ai le béguin pour mon avocat», dis-je.

Il éclate de rire et me porte jusqu'au salon. Nous prenons un verre de vin, sniffons une ligne de coke, puis nous ouvrons la télé pour regarder *CSI : New York*.

\*\*\*

Pendant les semaines qui suivent, je continue à m'amuser comme si rien ne s'était passé.

Une nuit, tandis que je vide tranquillement une demi-bouteille de Grey Goose au Pink Elephant, je me tourne vers l'amie qui m'accompagne et je lui demande : «Ça ne te dérange pas qu'on me voie avec toi ?

– Pourquoi ?

– Comment, tu ne sais pas ? Je suis une terroriste morale !»

Elle jette un regard autour de nous puis me dévisage avec un air qui veut clairement dire : s'il te plaît, tais-toi, on nous observe !

Le karma est un enfant de chienne. Je suis devenue une personnalité new-yorkaise, mais je ne suis pas célèbre, je suis *tristement* célèbre. Je ne suis pas entourée d'une légion de fans portant des t-shirts «Libérez Natalia». Je ne suis pas invitée à fouler le tapis rouge des premières. Je suis la mystérieuse séductrice qui attire dans ses filets des hommes riches et puissants et les sépare de leur femme. Je suis une menace pour la société, je mérite qu'on me mette à l'ombre. Comme mon patron.

\*\*\*

Il y a six mois que Jason a été arrêté, et il n'a pas encore réussi à récolter le montant de sa caution. C'est pure ironie, car Hulbert y est arrivé, lui, et a été libéré tout de suite après mon arrestation. Il a tiré près de cinq mois à Rikers. Personne n'a de nouvelles de Mona et de Clark. Hulbert vient me voir chez Ron. Nous ne sommes pas censés nous trouver au même endroit, mais il s'en fout. Il me serre dans ses bras avec la force d'un ours et me recommande d'être très prudente. Je lui dis qu'il m'a manqué et je lui demande si tout va bien pour lui.

« Fuck, non, ça ne va pas bien ! Cette merde a tout fichu en l'air. »

La différence entre Hulbert et Jason, c'est que Hulbert est sincèrement heureux que j'aie échappé à Rikers et que je n'aie pas à endurer tout ce qu'il a enduré. Jason n'a pas du tout la même position, j'en suis bien consciente. Aussi, quand mon avocat me conseille de ne plus lui téléphoner, je m'empresse de lui obéir.

Ma première comparution au tribunal est un non-événement. Le procureur demande simplement au juge une continuation de la procédure. La comparution suivante est fixée au mois suivant. Le procureur, m'explique Josh, va utiliser tout ce temps pour rassembler des preuves contre toi. Pendant les mois qui suivent, tout se déroule sur le même topo. Toujours selon Josh, soit les charges seront abandonnées, soit il y aura inculpation. L'inculpation tiendra en fait lieu de déclaration du procureur, qui indiquera ainsi que la cour a suffisamment de preuves pour aller en procès. La date en sera alors fixée. Mais Josh a bon espoir. Il dit que dans la mesure où on m'a arrêtée à la suite d'un coup monté, il leur sera difficile de me condamner pour prostitution, et comme je n'ai rien à voir avec les transferts d'argent, les accusations de blanchiment d'argent tomberont également. Le problème, selon lui, c'est que j'ai révélé à la presse tant de détails sur mon rôle à l'agence que cela ne pourra que nuire à ma cause.

Le rêve le plus cher de Jason : avoir son nom dans tous les journaux, est devenu mon cauchemar. Les tabloïdes parlent de nous plus de vingt fois pendant ces six mois, plus un article pleine page avec ma photo en surimpression. Chaque fois, je suis convoquée au bureau du procureur. Cette publicité les fait chier. Je sens bien que chaque article les agace prodigieusement et ne fait que les inciter à rassembler suffisamment de preuves pour me condamner.

Le procureur et l'officier adjoint, alias l'Irlandais, me convoquent avec mon avocat et m'accusent d'interférer avec l'enquête criminelle en laissant couler des informations à la presse. Je m'évertue à leur expliquer encore et encore que je n'ai pas la moindre idée de la manière avec laquelle la presse recueille ces informations. Puis ils recommencent à me questionner sur mes clients, espérant que, de guerre lasse, je leur donne enfin des noms. Alors mon avocat intervient et leur dit : « Nous vous avons dit et répété qu'elle ne donnerait aucun nom. Pourquoi ne respectez-vous pas sa décision et son intégrité ? »

Ils me regardent droit dans les yeux pour m'intimider et m'obliger à admettre que je continue à travailler et à voir des clients. On voit ce genre d'interrogatoire dans tous les films et les séries policières !

Un jour, j'explose. « Je suis fauchée ! Je n'ai pas un sou ! Si je vois des clients, comment expliquez-vous ça ? Vous vous rappelez combien je gagnais ? Eh bien, aujourd'hui je ne peux même pas payer mon loyer, ni mes factures de téléphone. Vous savez que j'ai un problème de dépendance à la drogue, et vous ne faites rien pour m'aider. Vous avez pris mes papiers d'identité. Je ne peux pas travailler parce que je n'ai pas de visa de travail, et il m'est impossible de m'en procurer un parce que je suis sous enquête policière. On dirait vraiment que vous voulez me renvoyer à mon ancien métier ! Eh bien, je ne le ferai pas. J'ai quitté le boulot avant même d'être arrêtée, avant même que l'article du magazine *New York* soit écrit ! »

Mon explosion met fin au débat. Ils sont toujours aussi sceptiques, mais ils cessent de me cuisiner.

Par contraste, les comparutions au tribunal sont monotones. Je me présente devant le juge avec mon avocat ; un procureur adjoint demande une continuation de la procédure, et chacun rentre chez soi. La police a confisqué ma carte d'identité, mon ordinateur portable, mon cellulaire et mon passeport, et ils entendent bien garder le tout jusqu'à la fin de l'enquête. Tout cela transforme, pendant des mois, la vie de Ron en enfer. Quand l'angle de la drogue est épuisé, les flics pondent leur seconde théorie massue : New York Confidential cache un énorme réseau de pornographie, et Ron le dirige.

En ce qui concerne la téléréalité, les avocats ont finalisé avec Court TV les détails d'un paiement de 250 000 $ pour Ron, Jason et moi, mais toutes les copies du film ont été confisquées le jour de mon arrestation. Après quelques semaines, il est clair que nous ne serons jamais des superstars du petit écran.

J'aurais dû me battre avec un ténor du barreau, plaider non coupable et prétendre que je n'avais fait que jouer un rôle devant les caméras. Mais j'aurais dû admettre que j'avais eu quelques rendez-vous. Mais j'aurais pu jurer que ceux-ci n'avaient été que purement amicaux.

Après ma rupture avec Jason, le personnel de New York Confidential a décidé de sauver sa peau. Et ils savaient qui détenaient la clé de leur salut. Et ce n'était pas Jason.

# Chapitre treize

# En cage

Difficile de pleurer avec la cocaïne. Quand Jason et moi nous lancions des insultes à la tête, je ne pleurais pas. Quand je parlais de lui à mes amies, je me contentais d'exposer les faits, ou de divaguer. Mais quand j'étais seule, vraiment seule, comme après notre rupture et mon départ du loft pour mon propre appartement de Gramercy, je sanglotais souvent. C'était tellement violent que tout mon corps me faisait mal.

J'ai refoulé tant de souffrance que je ne ressens jamais le soulagement que l'on éprouve après une bonne crise de larmes. J'ai beau pleurer pendant des heures, le soulagement ne vient pas. Alors, le téléphone sonne et je prends rendez-vous avec un client (je dois continuer à travailler, car je n'ai pas fait d'économies et que les agences d'intérim ne semblent pas très désireuses de faire entrer dans leurs rangs la plus célèbre pute de New York), ou je me fais une énorme ligne avant d'aller dans une boîte, ce qui m'aide à oublier toutes mes malheurs pendant quelques heures.

Quand j'étais au loft, je prenais de la drogue non seulement pour tenir le coup, mais pour planer. Maintenant, la drogue est un moyen d'oublier. L'hiver arrive, il fait de plus en plus sombre.

Les cinq ou six clients que je continue à rencontrer sont devenus mes amis, ma famille, mon tout. Nous passons tellement de temps ensemble qu'ils sont les seuls en qui j'ai encore confiance. Je suis devenue dépendante d'eux comme je le suis de la drogue. Mais je finis quand même par m'éloigner d'eux et me retrouve seule.

Je commence à avoir des crises dues à l'abus de cocaïne et aux overdoses. Dans la mesure où j'ai si bien réussi dans presque tout ce que j'ai entrepris, je n'accepte pas d'être tombée aussi bas. J'ai eu tant de plaisir dans ma vie de dingue que mon seul objectif est de la retrouver. Mais je ne veux être un fardeau pour personne. Ce dont j'ai besoin, c'est d'un bon centre de désintoxication, d'un bon thérapeute et, ensuite, de dix jours à la plage. Mais au lieu de ça, tout ce que j'ai, ce sont d'autres rendez-vous au tribunal, plus de drogue, et une culpabilité accrue.

Le cauchemar juridique me rend littéralement folle. Je n'arrive pas à avaler ce qui m'arrive. Je ne peux même plus dire si je suis éveillée ou endormie. Je n'ose plus me mettre au lit parce que j'ai des terreurs nocturnes, je suis somnambule, j'oublie de fermer ma cuisinière au gaz avant de me coucher. Les semaines passent, je campe, seule dans mon appartement de Gramercy.

Un jour, Ron me raconte que dans les années 80, un tas de gens perdaient leur septum. Je le regarde, déconcertée.

« C'est la membrane qu'on a dans le nez ?

– Oui, c'est la cloison qui sépare les deux narines. Quand tu sniffes trop, ça l'abîme et elle finit par disparaître.

– C'est pour ça que des gens commencent à fumer de la freebase ?

– Exactement. C'est pour ça qu'ils fument de la freebase. »

Deux semaines plus tard, je suis dans la salle de bain du premier étage de mon appartement (que je vais bientôt perdre parce que je ne suis plus capable de payer le loyer), et je sniffe. Je n'ai jamais eu de problème avec mon nez, comme certaines personnes, mais là, il me fait mal. Je sniffe, il saigne… mais je continue. Finalement, c'est la catastrophe, j'ai l'impression que je vais m'évanouir. Mes mains tremblent. Je prends le téléphone, appelle Ron.

Je suis hystérique.

Je crève de peur.

« Chérie, chérie, ça va ? Que se passe-t-il ? »

Je me mets à sangloter. « Je crois que je viens de perdre mon septum. »

Je sens qu'il se détend. « Je m'inquiétais pour rien ! »

Pourquoi est-il si calme ? C'est très grave !

« Qu'est-ce que je dois faire ?

– Eh bien, mon petit cœur, c'est simple : tu arrêtes. »

*Ou bien je commence à fumer de la freebase.*

Avec tout ce que je vis en ce moment, la sobriété n'est pas envisageable. Et j'ai suffisamment d'amis qui aiment s'amuser avec moi dans mon superbe appartement pour rester approvisionnée.

À la fin de chaque virée, quand nous avons fêté pendant quelques jours et que chacun est rentré chez soi pour prendre un peu de repos, j'ai finalement un peu de temps à moi. Il y en a toujours un qui me laisse quelques grammes, et je ne fais rien d'autre de toute la journée que de fumer un peu de freebase tous les quarts d'heure.

J'ai une boîte de jouets sexuels. C'est un superbe cube de cuir noir qui ressemble à un petit tabouret et qui, lorsqu'on en ôte le couvercle, libère tous mes trésors : une douzaine de vibromasseurs, des godemichés de toutes tailles et de toutes formes, des menottes (qui ont failli un jour être confisquées au poste de sécurité d'un aéroport), des lanières et des écharpes. Je revêts des dessous sexy, me maquille, mets une vidéo porno. Puis je place mon grand miroir encadré de bois sculpté devant mon lit et, au son de la musique, je me regarde me masturber pendant des heures. Mes orgasmes sont intenses, je me sens si bien que je deviens accro à ces orgasmes autant qu'à la freebase. Puis je m'assieds sur le rebord de ma fenêtre de quatre mètres de haut et je contemple New York. Parfois, j'apporte quelques doses sur ma terrasse, que je sniffe avec l'air de la ville, en écoutant les bruits qui m'emplissent les oreilles. Tous mes sens sont aiguisés par la drogue et le manque de sommeil.

Planer seul est dangereux, mais j'essaie de me modérer et d'éviter les overdoses. Physiquement, je suis si débilitée que je peux à peine fonctionner. Je commence à me demander si je retrouverai un jour ma santé mentale. Cela me paraît impossible, car tout est bloqué dans ma vie. Je pleure tout ce que j'ai perdu, tout ce que j'ai détruit et tout ce que je ne connaîtrai jamais. Je suis en deuil de mon existence avant même qu'elle ait vraiment commencé. Je m'approche parfois du bord du toit et je regarde dans le vide en sanglotant. Je suis si près du bord que je peux presque l'agripper avec mes orteils. L'air est frais mais immobile, même au sixième étage. Je dois faire un effort démesuré pour ne pas me laisser glisser dans le vide.

\*\*\*

Quelques nuits plus tard, je suis au Marquee. L'endroit est sombre, inquiétant. Les basses me martèlent la poitrine, là où est mon cœur. Quand ai-je dormi pour la dernière fois ? J'ai la tête vide ; j'ai l'impression que mon cerveau est en cage. Mes amis oiseaux de nuit me disent : « Dormir ? Tu dormiras quand tu seras morte. » Peut-être. Mais en attendant j'ai besoin d'une sieste.

Je sors du box dans lequel je me trouve avec un troupeau de réalisateurs de vidéos musicales, de modèles, de photographes et d'aspirants acteurs et actrices. Je longe le bar, puis descends vers les toilettes. La file d'attente est longue – dix filles au moins. Je soupire et décide de retourner à ma place. Je fais une pause sur le palier pour admirer la foule, en contrebas. Toutes ces filles, si belles, si pleines d'énergie ! D'où viennent-elles ? La moitié d'entre elles ont l'air d'être des New-Yorkaises de souche, mais elles sont trop jeunes pour être ici ; les autres sont des filles comme moi, disons, quatre ans plus jeunes : des canons assoiffées de plaisirs venues en ville pour y poursuivre leur rêve. Elles sourient, s'éclatent, s'enlacent. Elles se conduisent comme si elles voyaient leur vie entière devant elles comme un bal éternel, une source de bonheur. Les lumières tournent vite. Je brise le sortilège dans lequel je sombre et retourne à la toilette. Il n'y a plus de queue, je me dis que toutes celles qui marchent à la coke sont retournées en haut. Je m'enferme dans un cabinet, masse doucement mon nez, prends une profonde respiration. Ma solitude me submerge comme une vague. Une fois de plus, je me dis que s'il y a une chose que j'espère plus que tout, c'est me sortir de la drogue. Je prends mon sachet de coke et verse une petite quantité de poudre sur ma paume. Quand je la sniffe, j'ai l'impression que le centre de mon cerveau se met à griller. La souffrance a disparu, je fais pipi et retourne à ma bande de copains *speedés*.

Quelqu'un m'attrape le bras. Une fille.

« Natalia ! »

Elle trébuche et nous tombons presque l'une sur l'autre sur le sol.

« Ashley ! »

Elle m'embrasse sur la bouche et me dit que je lui ai terriblement manqué. Nous ne nous sommes pas vues depuis… disons depuis six mois, à l'époque où elle a soi-disant été arrêtée, un peu avant que mon propre monde ne s'écroule. C'est ce qui arrive quand on est accro à l'héroïne, le temps passe différemment. Ce n'est pas comme avec la coke. Avec la coke, la vie semble chaotique ; le plaisir est diffus. Avec l'héro, la vie s'échappe en un clin d'œil.

Le visage d'Ashley est enflé. A-t-elle fait refaire ses lèvres ? Elle peut à peine garder les yeux ouverts.

Elle est manifestement défoncée, et saoule. Je me sens coupable. C'est moi qui l'ai entraînée dans la débauche, comme on dit, c'est moi qui l'ai jetée dans ce monde pourri. Je suis la petite diablesse avec une paille à coke sur l'épaule. La pauvre gamine est pitoyable. Je flippe. Elle est si jeune !

« Il faut que je te parle », me dit-elle.

*Oh là là ! que me veut-elle ?*

Aussi longtemps qu'Ashley et moi avons fêté et baisé ensemble, je savais ce qui la poussait. Elle aimait l'argent et voulait être la prochaine Mariah[27]. Quand tout s'est effondré, quand j'ai quitté le loft, rester mon amie ne pouvait que lui nuire dans ses projets. Alors elle a disparu de ma vie, comme les autres filles du loft.

---

27. Chanteuse pop américaine. (NDT)

Mais là, elle a manifestement envie de renouer. Ou bien elle veut grimper vers la gloire et devenir la nouvelle sensation du jour des tabloïdes, ou bien elle veut tout simplement reprendre le boulot et travailler avec moi – pour retrouver les liasses de billets que nous avions l'habitude de gagner ensemble. Elle se dit sans doute que mon tarif est monté en flèche maintenant que je suis devenue l'escorte la plus connue d'Amérique. Ce qui ne me traverse même pas l'esprit, c'est que je lui manque et qu'elle veut redevenir mon amie.

Elle me dit qu'elle doit partir, mais elle ajoute mon numéro sur son cell.

«Je t'appellerai», bafouille-t-elle.

Tandis qu'elle s'éloigne, j'ai presque envie de la rappeler. Je voudrais lui dire que je suis désolée de l'avoir entraînée dans tout ça, que je regrette d'avoir été la plus mauvaise conseillère du monde. Je voudrais lui dire que je sais qu'elle a été arrêtée, et que si elle a «parlé» aux flics, je ne lui en veux pas – j'aurais sans doute fait la même chose.

Mais je ne dis rien.

* * *

Je me trouve dans l'appartement d'un ami, dans l'Upper East Side. J'ai pris l'habitude de fréquenter des gens de l'underground : escrocs, joueurs et vendeurs de drogue. L'ami chez qui je suis gère une salle de poker à Chelsea mais vit dans un joli petit coin de verdure. Il se sert des milliers de dollars qu'il gagne dans sa salle de jeu pour se ravitailler en freebase. Et me ravitailler par la même occasion. Nous avons les meilleures pipes pour le fumer, et des briquets au gaz butane – *the whole nine yards*[28].

On s'éclate depuis plusieurs jours, mon corps est fatigué et douloureux. Vers la fin de notre virée, je vois trouble et ne tiens

---

28. Allusion au film américain du même nom (en français *Mon voisin le tueur*) de Jonathan Lynn, avec Bruce Willis. (NDT)

plus debout. Quand je tombe dans les pommes, je sens mes membres se tordre et entrer en convulsions, comme chaque fois que je dors. Les crises sont revenues – comme deux ans auparavant, quand je vivais avec Paul. Mais cette fois je sais que c'est très grave. Je suis arrivée au point de non-retour.

Cette nuit-là, je m'endors et je rêve. Mais je me lève, comme une somnambule, pour aller sniffer. Normalement, ça me réveille, mais cette fois je pers totalement conscience. Ce sont mes hurlements qui me réveillent. Je suis dans la salle de bain, le visage couvert de sang. Mon ami arrive en trombe. Je vois sa pâleur, son œil écarquillé. Il m'aide à me lever et me ramène à mon lit. Puis il allume toutes les lampes et me tâte la tête afin de voir d'où vient le sang. Je l'entends haleter quand il voit ma bouche.

«Qu'est-ce que c'est?» dis-je en pleurant.

Je ne souffre pas vraiment. En fait, je ne sens rien, mais le sang m'épouvante.

«Ça va aller», dit-il. Il me serre dans ses bras.

Il me force à m'étendre, puis il prend des serviettes pour aller éponger le sang dans la salle de bain. Je le vois les mettre en boule et les jeter dans le sac à linge sale. Il s'assied, sniffe un coup, prend une longue respiration et me dit: «Tu m'as fait une de ces peurs! Pourquoi étais-tu debout sur une chaise dans la douche?»

Je le regarde comme s'il avait trois têtes.

«Bon, ça va aller. Essaie de dormir. Je vais rester près de toi pour m'assurer que tout va bien.»

Quand je me réveille, le lendemain matin, mon ami de party, manifestement traumatisé par mon comportement bizarre, est toujours éveillé et pas du tout dégrisé. Je me fais quelques fix pour me remettre d'aplomb et j'appelle un taxi. Puis je le quitte, emportant avec moi mon cadeau de party (4 grammes de la meilleure coke en ville).

Morgan, ma conceptrice de vêtements, arrive à l'appartement. Quelqu'un l'a appelée pour lui demander de venir me voir. Elle a la clé. Elle me trouve en plein accès de panique. Morgan se drogue elle aussi, mais modérément, et elle ne comprend pas mes excès. Elle m'a toujours soutenue – du temps de l'héroïne, en particulier, où elle restait avec moi parce qu'elle avait peur que je mette le feu à l'appartement. Elle était là quand j'ai fait une overdose de Special K (quelqu'un avait oublié une bouteille pleine de K sur mon comptoir et, pensant que c'était de l'eau, j'en avais bu une gorgée, ou plutôt une grosse gorgée).

Quand elle arrive, je tremble de tous mes membres. Je ne trouve pas mon briquet.

Elle tente de me faire asseoir. Je lui dis que je le ferai, mais qu'il faut d'abord que je trouve mon briquet… j'ai besoin d'un fix. Elle me connaît assez pour savoir comment me venir en aide. Elle trouve un briquet, je prends un fix et nous nous asseyons sur le lit.

«Natalia, tu ne vas pas bien du tout.»

Je ne réponds pas. «Natalia, tu ne vas pas bien. Montre-moi ta bouche.»

Je me mets à pleurer. Je prends une autre dose, puis je lui montre ma bouche. «Va te voir dans un miroir», dit-elle.

Je vais dans la salle de bain et me regarde. Une de mes dents de devant est cassée. Je ressemble à Jim Carrey dans *Dumb and Dumber*. La dent cassée a entaillé la peau de ma lèvre inférieure. Je suis dans un terrible état de confusion. Ça ne peut pas durer. Je sue abondamment, les deux dernières doses ont fait grimper ma température. J'ôte mon pantalon et mets un short. Puis je me fais un autre fix et je m'étends sur le lit.

«Oh, mon Dieu, tes jambes!», s'exclame Morgan.

Elles sont couvertes d'hématomes.

«Natalia, où es-tu allée?»

Je le lui dis, et j'ajoute que je n'ai pas la moindre idée de quand ni de comment je suis rentrée chez moi.

«Natalia, tu trembles. Il faut que tu ailles à l'hôpital.»

C'est vrai, je tremble, et je dois aller à l'hôpital. J'ai les idées assez claires pour reconnaître que je pourrais mourir si je ne lui obéis pas. Nous prenons un taxi pour Beth Israël. Mais je prends quand même une autre dose avant de partir. Nous allons directement à l'urgence, où ils me mettent au lit immédiatement, après m'avoir donné un sédatif pour me calmer. Mon système nerveux est complètement déboussolé. On vérifie mes fonctions vitales. Morgan est à mon chevet et me dit qu'elle a discuté avec le médecin. Elle va rester près moi pendant quelques heures, et reviendra demain. Je lui dis que je l'aime et que je suis désolée de ce que je lui fais subir. Elle caresse mon visage et me dit qu'elle m'aime encore plus – je suis Natalia, la meilleure des amies, un cœur d'or, un esprit généreux, et ce n'est pas grave si je ne suis pas en forme maintenant, car j'irai bientôt mieux. Mais rien de ce qu'elle me dit ne me convainc que je vais m'en tirer. Je respire mal. Je suis en pleine confusion. Où suis-je ? L'infirmière appelle le médecin, on me donne un autre sédatif. Je sombre enfin dans le sommeil.

Quand je me réveille, je ne suis plus aux urgences. Mais je ne suis pas non plus dans une simple chambre d'hôpital. Je veux m'asseoir mais mes bras et mes jambes ne m'obéissent pas. Je suis attachée ! Et ce n'est pas avec les liens que j'aime utiliser avec Scott et sa petite amie. Je hurle, une infirmière arrive en courant. Elle met ses mains sur mes épaules et me force doucement à me recoucher.

« Je vais chercher le médecin. »

Elle revient dix secondes plus tard avec une femme dans la trentaine.

« Alors, vous êtes réveillée ? »

Je me contente de la dévisager.

« Vous dormez depuis trois jours. Et vous avez déjà dormi pendant deux jours aux urgences. »

Je reste muette de surprise. Je voudrais lui demander comment je suis allée à la toilette, mais je ne veux pas vraiment savoir. Tout ce que je sais, c'est que je dois trouver un moyen de sortir de là. Où est mon cellulaire ? Mais je ne sais même pas qui appeler. Je dis au médecin que je veux rentrer chez moi. Elle me répond qu'elle a bien peur que ce ne soit pas possible, au moins pas tout de suite. Je dois d'abord rencontrer les médecins du service afin qu'ils puissent déterminer si je dois être internée.

Internée?

Je suis dans l'aile psychiatrique.

Internée. Le mot me ramène durement à la réalité. Et la petite fille rebelle se réveille en moi et décide de réagir.

« Quand va-t-on faire ça?

– Le lunch arrive dans dix minutes. Ce sera tout de suite après. Je vais aller chercher votre dossier, et nous viendrons dès que nous serons prêts.

Elle revient avec un collègue. Ils me posent une série de questions et notent mes réponses sur une écritoire à pince. Bien sûr, ils veulent savoir où j'en suis avec la drogue. Je leur dis que j'en prends mais que je veux me désintoxiquer. Je leur donne le nom du médecin qui m'a aidée à me sortir de l'héroïne. Ils me disent que j'ai été très agitée dans mon sommeil. C'est pour ça qu'on a dû m'attacher. Je leur explique que j'ai des terreurs nocturnes et que je suis somnambule. D'autres questions… D'autres réponses. Quand tout est terminé, ils n'ont d'autre choix que de me laisser partir! J'ai faussé l'interview, et je l'ai fait avec une demi-dent! Quand je sors, je suis impressionnée une fois de plus par l'habileté avec laquelle j'ai trompé le système.

J'appelle mon dentiste, un ex-client, et je prends rendez-vous. Je le verrai quelques heures plus tard à son cabinet, près de Carnegie Hall, 57ᵉ rue. Puis je téléphone à Morgan et lui annonce la bonne nouvelle: je suis libre. Ça ne lui fait pas plaisir du tout. « Natalia, on s'est tellement démenés pour qu'ils t'acceptent à l'hôpital.

– On? Qui, on?

– Moi, Ron, Jordan. Tu sais combien de coups de fil nous avons donnés? Combien de passe-droit nous avons sollicités? C. B. a dû demander à son père d'appeler lui-même le directeur de Beth Israël pour qu'on t'accepte! »

– Alors c'est vous qui m'avez envoyé à l'asile psychiatrique! Vous croyez que je suis folle?

– Non, non, ma chérie ! Mais on voulait que tu reçoives un traitement, et tu l'aurais reçu si tu étais restée. Tu ne comprends pas ça ? Tu n'as pas d'argent pour aller en désintox. Mais il faut que tu t'en sortes. Qu'est-ce que tu comptes faire, à présent ? »

Je me mets à pleurer.

Je dois raccrocher. Tout cela est insupportable.

Je ne supporte plus rien. Je n'ai plus aucune ressource intérieure.

***

Une semaine plus tard, je dois comparaître à nouveau au tribunal. Je n'ai plus rien pris depuis mon séjour dans l'aile psychiatrique – un record à cette période de ma vie ! Mais si des gens faisant partie de mon passé – amis ou membres de ma famille – me voyaient, ils paniqueraient. Je suis maigre à faire peur, ma peau est abîmée, mon énergie disparue. Par contre, pour ceux qui m'ont connue pendant ma dépendance à l'héroïne, je vais beaucoup mieux. Pour masquer les dégâts, je décide de m'habiller comme une déesse. Je sais qu'une douzaine de photographes campent devant le 100, rue Centre. Je sais qu'ils vont décrire ma toilette dans leur article. J'enfile donc une superbe jupe de soie achetée au Bellagio, à Las Vegas, des talons hauts Gucci, simples mais sexy, et ce qui, selon moi, est un pull noir très sage à manches longues.

J'arrive à l'heure au tribunal. Les comparutions précédentes se sont déroulées devant le juge Budd Goodman, un homme qui a la bonne ou la mauvaise réputation – selon l'endroit où l'on est assis dans la salle d'audience – d'être le juge le plus sévère de New York. Officiellement, tout inculpé est tenu d'être présent en cour dès 9 h 30, mais la plupart des juges sont assez coulants. L'avocat informe alors l'huissier de votre arrivée, et le premier arrivé est le premier servi. Le juge Goodman, lui, fait l'appel dès 9 h 30 précises, et si vous n'êtes pas là, il rejette votre caution et délivre immédiatement un mandat d'arrêt. Il m'est arrivé à plusieurs reprises d'être bloquée dans la circulation, et de blasphémer sur le siège arrière du taxi du bas de la ville à la rue Centre, où je devais sortir de la voiture pour courir jusqu'au tribunal, escalader les huit volées de marches et traverser le hall en courant pour arriver à temps dans la salle d'audience. Aujourd'hui, tandis que je martèle le hall de mes talons Gucci, j'ai des *flash-back* de mes courses folles dans des lobbies d'hôtels.

Le bruit courait que le juge Goodman avait fait une place toute particulière dans son cœur à New York Confidential. En fait, il avait quitté sa retraite pour traiter notre cas. Mais lorsqu'il est devenu évident qu'aucun de nous n'irait en procès, qu'il n'y aurait pas d'échanges dramatiques au tribunal, et qu'aucun code moral et criminel ne serait mis au défi, il a raccroché sa robe et est retourné à son Country Club de Westchester. Inutile de dire que j'ai poussé un soupir de soulagement quand j'ai appris que je comparaîtrais devant un autre juge.

Ce qui ne m'empêche pas d'être nerveuse. Je ne me sens pas tout à fait présente. J'ai déployé tout mon pouvoir de persuasion pour convaincre les médecins que j'étais assez bien pour rentrer chez moi, et j'ai réussi. Mais c'est une victoire fragile. En surface, je m'efforce de maintenir un semblant de calme, mais ce dernier incident a envoyé dans mon cerveau des signaux d'alarme très sonores. Si j'ai échoué dans l'aile psychiatrique de l'hôpital, même si ce n'était que pour trois jours, c'est que ça ne tournait vraiment pas rond. Tous mes excès de drogue m'ont-ils fait perdre le sens des réalités ? Je me demande parfois si je n'étais pas déséquilibrée au départ, et si la drogue n'a agi que comme catalyseur pour me faire chanceler au bord de l'abîme.

J'essaie de trouver un réconfort auprès de mon avocat, de me rassurer au contact de l'homme au Hummer jaune. Avec sa haute taille – près de deux mètres – et sa calvitie, il exsude la puissance. Il est le dernier partenaire en date de l'un des plus prestigieux cabinets d'avocats de défense criminelle de la ville, mais il semble avoir davantage de ressources que Mel Sachs. Je ne l'ai pas encore payé, et nous avons déjà traversé une demi-douzaine de comparutions et autant de rencontres avec le procureur chargé de mon cas. Ce qui fait pas mal d'heures. Un mois ou deux avant mon arrestation, il a déclaré à plusieurs reprises à ses partenaires que j'étais sa cliente préférée. Lorsque je lui laisse un message, il me rappelle dans la demi-heure. Chaque fois que je me sens effrayée ou indécise, il me raisonne ou me fait venir à son bureau, ou bien il m'invite à prendre un verre au Four Seasons – pour décompresser, dit-il.

Puis, tout à coup, il se volatilise – une coïncidence qui, j'en suis absolument sûre, n'a rien à voir avec mon défaut de paiement! Tout à coup, il disparaît de la ville et n'assiste plus aux réunions de son cabinet. La dernière fois que nous nous sommes rencontrés, il m'est apparu qu'il n'avait pas la moindre idée du déroulement de mon affaire. Je lui ai dit que cela me tracassait un peu, mais il m'a juré que ma prochaine comparution en cour n'amènerait rien qui mérite que je m'inquiète.

« Nat, ce n'est qu'une formalité. Ne te laisse pas ronger par cette histoire. On est déjà passés par là. Contente-toi d'arriver à l'heure et habille-toi raisonnablement. »

Je suis à l'heure, et il n'est pas là! Je l'attends dans le hall. En vain.

Je n'ai pas le choix, il faut que je rende à la salle d'audience sans représentant. Le nouveau juge n'est pas aussi maussade que le juge Goodman, mais il n'a pas l'air très amical. Il a ce qu'on pourrait appeler un air accablé, comme quelqu'un qui vient d'écraser son chien. Il me lance un long regard sévère, puis baisse la tête sur ses papiers, sourcils froncés. Cet homme n'est certainement pas un libertin, ni un libertaire. Mais c'est la loi, non? me dis-je. Et ceci est un tribunal. Mais le fait qu'il ait des principes moraux personnels contre la prostitution n'influera pas sur son jugement, j'en suis sûre. J'essaie tant bien que mal de me rassurer.

L'horloge fait tic tac, et mon avocat n'arrive toujours pas. Le mauvais *feeling* que j'ai eu le matin en pensant à cette journée se fait de plus en plus insistant. Je commence à remarquer tous les détails dont je ne me suis pas aperçue lors des comparutions précédentes.

Le revolver dans la ceinture de l'huissier. Le sceau de l'État de New York derrière la tête du juge. Puis j'essaie de me concentrer sur les détails de mon affaire, mais comment le pourrais-je, je ne les connais pas ! Je me suis tellement défoncée ces derniers mois que je n'ai jamais eu l'esprit assez clair pour m'y intéresser.

J'ai mis toute ma confiance dans un homme dont je pensais qu'il allait être mon sauveur. Et personne ne sait où il est ! Une fois de plus, je suis la seule à blâmer. Bien sûr, je connais vaguement la signification de l'expression « blanchiment d'argent » et, bien sûr, du mot « prostitution », mais je ne sais pas ce que le gouvernement doit prouver pour me condamner. Le meilleur scénario serait que le juge décide de croire que je suis une victime, ou quelqu'un d'insignifiant, et qu'il abandonne les charges. Mais je n'aurai pas cette chance. Je me doute bien que tous ceux qui ont été arrêtés parce qu'ils étaient liés d'une façon ou d'une autre à New York Confidential m'ont pointée du doigt, et que mon nom est présent sur toutes les lèvres – juste après celui de Jason.

Josh finit par se pointer. Avec deux heures de retard ! Je me dis qu'on devra probablement attendre la session de l'après-midi, mais l'huissier annonce que toutes les affaires seront entendues afin de boucler la journée plus tôt. Le juge compte sans doute s'offrir un long week-end dans sa propriété de Sag Harbor et il veut partir avant l'heure de pointe.

Le fait d'avoir été sobre pendant une semaine m'a aiguisé l'esprit, mais je ne comprends pas le charabia juridique qui bourdonne dans la salle d'audience. Je n'écoute que d'une oreille lorsque les mots « caution » et « deux cent cinquante mille » sortent de la bouche du juge. Puis j'allume. Ma tête grésille comme si quelqu'un la frappait avec un fil sous tension. Je regarde le juge, puis mon avocat. Qu'arrive-t-il à mon pit-bull ? Mon protecteur ?

Ai-je bien entendu ? Je me tourne vers Josh, paniquée, et je lui pose la question à l'oreille.

Il est très pâle. Il commence à agiter ses papiers de façon désordonnée, comme s'il se livrait à une importante opération. Je vois bien qu'il a été surpris. Les roues de la justice se sont mises à tourner à toute vitesse, et mon avocat est resté sur l'accotement avec un vélo au pneu dégonflé.

Le juge a établi la caution à 250 000 $.

« Comment est-ce possible ? Je n'ai pas un sou ! Qu'est-ce qu'on peut faire ? »

Josh essaie d'avoir l'air calme, mais il sue à grosses gouttes.

Il ne répond pas. Il jette des notes sur un carnet et feuillette fébrilement les papiers concernant l'inculpation.

Il finit par se lever pour essayer de démontrer qu'une caution aussi énorme est inutile. Il affirme à la cour qu'il est absurde de craindre que je ne prenne la fuite. J'ai des liens avec ma communauté et j'essaie de reprendre le contrôle de ma vie. En outre, j'ai très peu d'argent et les autorités ont pris mon passeport. Je n'ai pas d'endroit où aller. Je sais ce que je risque, car je l'ai vu un millier de fois dans *La loi et l'ordre*. Mais il ne s'agit pas d'une série télévisée, il s'agit de ma vie.

Mon avocat se noie dans ses propres mots.

Et le juge ne l'écoute pas.

Je sens que je vais craquer. J'ai l'impression que mes oreilles sont pleines d'eau. Même si je prends de profondes inspirations et suis presque en hyperventilation, j'ai l'impression que je manque d'oxygène.

Mon avocat résume mon cas. « Votre honneur, elle est libérée sous caution personnelle depuis trois mois et s'est inclinée devant toutes les prescriptions de la cour. Il n'est pas nécessaire de fixer une caution pour l'instant ! »

Le juge réfléchit pendant quelques secondes. Puis, avec un mouvement preste du poignet, il assène un coup de marteau sur la table.

« Caution fixée à 250 000 $. »

Le souffle me manque. Je deviens hystérique, sanglotant bruyamment. Je n'arrive plus à respirer. Un policier vient vers moi, mais je vacille, tombant presque sur le sol. Mon avocat m'aide à me redresser et essaie de me calmer.

« Il faut que tu arrêtes de pleurer. Ils vont te mettre en cellule. Je viendrai te voir immédiatement. »

Je voudrais m'enfuir. Tout en moi me crie de m'échapper, de sauter par la fenêtre, de me mettre une balle dans la tête, bref, de faire n'importe quoi pour empêcher que l'on me mette des menottes et qu'on m'enferme dans une cellule. J'ai l'impression qu'on m'arrache l'âme.

Je réussis néanmoins à reconnecter mes neurones. Je n'ai même pas la possibilité de rassembler le dixième de la somme nécessaire pour payer le garant. Ma mère est au Canada. Aucun de mes amis ne possède des actifs. Les seules personnes qui pourraient m'aider, ce sont mes clients ! Vous imaginez le coup de fil ?

On va m'emmener en prison, où je resterai jusqu'à mon procès, dont la date n'a pas encore été fixée. La durée de mon incarcération est donc indéterminée.

On me garde dans une petite pièce au bas d'une volée de marches. Mon avocat arrive. Il a l'air d'être à bout de nerfs. Le protecteur confiant et sûr de lui s'est transformé en feuilleteur de papier qui essaie tant bien que mal de trouver les mots adéquats pour que sa « cliente préférée » retrouve la liberté. Je n'ai ni la force ni le loisir de me mettre en colère, de gueuler. « Pourquoi ne m'as-tu pas dit que tout ça me pendait au nez ? Pourquoi ne savais-tu pas que ça pouvait finir comme ça ? »

Il ne s'excuse même pas. Je crois que ce qu'on leur enseigne pendant la première semaine à la faculté de droit, c'est : « ne reconnaissez jamais auprès de votre client que vous avez tout bousillé ».

On me menotte, mains derrière le dos, puis on me pousse dans une cellule vide.

Une policière m'annonce qu'un bus partira pour Rikers dans dix minutes – avec moi. Je me jette en pleurant dans les bras de Josh. On m'accorde quelques secondes, puis on m'embarque.

J'ai besoin de tellement plus que mon avocat. J'ai besoin de mon père. Non, pas de *mon* père, mais du père que j'aurais dû avoir. À ce moment précis, j'ai l'impression de recevoir une claque en plein visage : je réalise qu'un être manque dans ma vie. C'est comme si un gros morceau de ma personne n'était pas là où il doit être – pas physiquement en tout cas.

Je sais que mon avocat est terriblement mal. Je le vois à sa pâleur. Toutes les émotions qui me sortent du corps doivent le submerger comme un tsunami. Deux policiers armés me saisissent chacun par un coude, nous traversons le hall. Une rafale de vent m'enveloppe. C'est froid. La dernière fois que j'ai porté des menottes, c'était à la fin de juillet, quand il faisait chaud et ensoleillé. Aujourd'hui, il fait glacial et je ne porte qu'un pull à 500 $ parce j'ai cru qu'il me donnerait l'air d'une dame raisonnable.

Je monte dans le bus. Il n'y a que trois filles à l'intérieur. Parmi tout ce qui me fait paniquer, il y a l'endroit où je dois m'asseoir. À l'avant ? À l'arrière ? À côté d'une fille ? Chacune a l'air de savoir quoi faire. Le bus est si petit, si bas de plafond, je ne peux même pas me tenir debout, et je ne suis pas Tyra Banks[29]. Je me glisse sur un siège, me colle à la vitre. La fille qui se trouve derrière moi soupire bruyamment puis fait entendre un *tss tss* agacé, manifestant ainsi son indignation devant l'insulte que je lui inflige. Je n'aurais peut-être pas dû m'asseoir devant elle. Comment savoir ? Une chose est certaine : ma situation ne fait que s'aggraver.

J'imagine ce qui m'attend : on me battra, on me tirera les cheveux, on me cassera. Les médecins avaient raison, je vais m'effondrer, me briser en mille morceaux. Le simple fait de penser qu'ils avaient raison me rend malade. J'aurais dû rester dans l'aile psychiatrique. Si j'avais accepté le cadeau que mes amis me faisaient, je ne serais pas assise dans ce bus. Je voudrais remonter le temps et appeler – appeler à l'aide. J'ai besoin d'aide. Mais non, je me suis butée, rebellée, j'ai juré que j'allais bien, et maintenant je paie pour mon entêtement. Mes amis ont essayé de m'aider, et je me suis conduite comme une gamine parce que je considérais ce qu'ils

---

29. Mannequin et actrice américaine. (NDT)

m'offraient comme une torture, comme une geôle. Mais là, j'y vais tout droit, dans la geôle.

Quelques vitres du bus sont baissées et, comme nous sommes menottées (ils ont transféré mes menottes d'arrière en avant) impossible de les remonter. L'air glacial s'engouffre dans le bus, nous sommes frigorifiées. Une des filles demande à la policière de remonter une vitre. «Non», répond-elle. Non! Pas un mot de plus! Le premier des «non» que je vais entendre tout au long du mois qui va suivre.

Quand nous arrivons sur le pont étroit qui mène à l'île Rikers, le ciel gris est devenu de plomb. C'est l'automne à New York, la saison que je préfère. J'aime la fraîcheur piquante qui enveloppe la ville en automne, mais pas le froid, et les nuages ont un aspect inquiétant, on se croirait dans un roman gothique. D'habitude, l'automne est pour moi une inspiration, l'époque de l'année où je donne le meilleur de moi-même, même si, depuis ma rupture avec Paul et sa brutalité, il y a des chansons que je ne peux plus entendre, des restaurants dans lesquels je ne veux plus aller, des vêtements que je ne porte plus, tout cela parce qu'ils raniment des souvenirs douloureux. Et aujourd'hui, c'est toute la ville qui est balayée par des vagues de négativisme et de peur.

Les gardes, au poste de contrôle du pont, nous font signe d'entrer. Nous quittons officiellement la ville de New York.

Tandis que nous roulons devant les buildings massifs et trapus entourés de fils barbelés, je pense à Jason. Il est dans un de ces bâtiments, accablé par un sort qui va bientôt être le mien. Je ne lui ai pas rendu visite depuis mon arrestation. Mon avocat me l'a interdit. Je n'arrive pas à croire que je vais être si près de lui. Mais ce n'est pas de l'amour que je ressens, ni de l'affection, c'est de la colère. Tout est de sa faute. Pourquoi a-t-il ouvert sa grande gueule et tout foutu en l'air? Pourquoi ne m'a-t-il pas donné ce qu'il me doit? Au moins, j'aurais été en mesure de payer ma caution. Je ne suis pas assez forte pour accepter ma propre responsabilité. Cela viendra plus tard. Pour l'instant, le seul coupable, le seul traître, c'est lui.

Nous dépassons le building, le bus tourne pour aller de l'autre côté de l'île. Je peux voir, de l'autre côté du fleuve, l'extrémité de Manhattan. Le vent commence à se lever, les eaux sont agitées, sinistres. Le bus s'arrête devant le bâtiment des femmes. On nous ordonne de descendre. Nous sortons avec des pieds de plomb, de plus en plus pesants à chaque pas. À l'intérieur, le bourdonnement de l'interphone, le claquement des portes et les voix proférant des insultes m'agressent les oreilles. Un bureau est planté au milieu de la pièce, un îlot en lui-même, juché sur une estrade et entouré de cellules contenant des douzaines de détenues. Les cellules bordant le périmètre de l'aire d'accueil n'ont pas de barreaux verticaux comme on en voit dans les films. En fait, rien de ce que je découvre ne ressemble aux geôles illustrées par Hollywood. Ce sont de grandes cellules carrées entourées d'une clôture de métal, genre cage à poule. Cela ressemble davantage à un chenil qu'à une prison.

Une gardienne à la voix tonitruante nous demande si nous avons des armes ou de la drogue. Nous faisons non de la tête, comme des moutons. Elle répète la question, plus haut, martelant furieusement les syllabes.

« J'ai de-man-dé si vous aviez des armes, des drogues illicites, ou un attirail pour vous droguer.

– Non ! répondons-nous en chœur.

– Tant mieux ! Vous serez assignées à une de ces cellules, vous y entrerez l'une après l'autre, et par la suite vous serez transférées ailleurs. Mais cela n'arrivera sans doute pas ce soir, mesdames, alors je vous conseille de vous mettre à l'aise. »

Elle inspecte toutes les cages, puis revient à nous.

« Très bien, vous trois, là, entrez là-dedans. »

Ce disant, elle désigne la cellule la plus proche aux trois filles.

« Toi, suis-moi », me dit-elle.

Le cœur me manque. Mon esprit, pendant quelques secondes, fantasme, se disant que tout cela est peut-être une erreur. Je n'ai rien à voir avec ces femmes, ces criminelles. Je vais rentrer chez moi. Non, c'est faux, oublie ça. Mais peut-être auront-ils pitié de mon pauvre petit cul blanc, peut-être vont-ils m'envoyer tout de suite dans ma cellule de prison. Et je n'aurai pas à séjourner dans cet endroit sale et puant avec le reste du troupeau.

Je suis la gardienne jusqu'à l'énorme bureau îlot au milieu de la pièce, puis elle déverrouille la porte de la plus grande cage, déjà encombrée d'une douzaine de femmes. L'heure du fantasme a pris fin.

«Entre», me dit-elle. J'obéis.

La cage est pleine. Quelques femmes sont assises sur le banc qui longe les murs de la cellule; d'autres sont couchées à même le sol. Il y a tellement de corps par terre qu'il reste peu de place pour passer. Toutes les femmes qui ne sont pas endormies m'examinent des pieds à la tête, d'autres se réveillent en entendant le claquement de mes talons. Je suis la seule Blanche. Et certainement la seule à porter des Gucci.

Je trouve une place libre sur le banc. Je me dis que c'est peut-être un endroit sûr. Je pourrai peut-être me coucher et dormir un peu. Quelques filles transpirent, se tenant le ventre en gémissant.

*Putain de merde*, me dis-je. *Elles sont en manque!*

Ça pourrait être moi. Je remercie le ciel: je suis sobre; je ne sors pas d'une nuit de drogue et d'alcool; ni de cinq jours de coke; je ne prends plus d'héroïne et je ne suis plus malade. Je sais que j'ai risqué la mort. Je regarde la femme qui est près de moi et je comprends pourquoi le banc sur lequel je me trouve, ce banc de propriétaire, est libre. À mes pieds se trouve une pauvre fille dont l'odeur et l'aspect indiquent clairement qu'elle n'a pas pris de douche depuis un mois. Elle pue l'urine et la merde. J'ai un haut-le-cœur, j'ai envie de vomir, mais quand je regarde autour de moi, je constate qu'il n'y a pas d'autre place libre.

Et là, je sombre dans la déprime.

Le jour se lève dans le building Rose M. Singer, ou la maison de Rosie, comme on la nomme. Les moteurs de la prison commencent à tourner – on les entend distinctement. Je ne sais pas ce qui m'attend. Une gardienne fait l'appel, citant le nom de chaque femme, puis on nous conduit au service médical. Les femmes avec qui j'ai passé la nuit disparaissent. Quelques heures passent, de nouvelles prisonnières arrivent. Puis c'est l'heure du lunch : sandwiches au beurre d'arachide ou au baloney (c'est vrai, c'est ce qu'on reçoit) et un carton de lait. Je ne mange pas de beurre d'arachide, je ne veux pas de baloney, et je ne peux pas boire de lait, alors je ne mange pas, je ne bois pas. Mais j'ai terriblement envie d'aller aux toilettes ; je ne peux plus attendre. J'ai vu les autres femmes se servir du cabinet en métal sans couvercle qui se trouve dans un coin de la cage et je réalise que je n'ai pas le choix. Il en sera de même pour tout ce qui concerne mon nouveau domaine. On va choisir pour moi. On me dira où dormir, quoi manger, où aller et où me soulager. Et pour l'instant, on se soulage dans une cage pleine de femmes. Je me lève, traverse la cage sur mes talons hauts, relève ma jupe et baisse mes collants. Je reste en suspension au-dessus du récipient pour ne pas le toucher et, les cuisses tremblantes, j'urine aussi vite que possible. Je n'ai rien bu depuis vingt-quatre heures, mais j'ai l'impression que ce pipi n'en finit pas.

Finalement, j'entends prononcer mon nom. On me fait traverser un petit hall jusqu'à une salle d'attente. Je m'assieds et inspecte ce qui m'entoure. Il y a un tas de petits cubicules tenant lieu de bureaux. C'est le service médical, et chacun semble très occupé. Je pense qu'ils ont presque fini leur journée, mais ils doivent encore s'occuper de moi et me loger, car je traîne déjà dans cet endroit depuis vingt heures. On me fait asseoir sur une chaise de plastique dans le coin d'un box et une infirmière indienne munie d'une écritoire à pince me pose une série de questions : Suis-je enceinte ? Ai-je une quelconque maladie ? Suis-je séropositive ? Suis-je allergique à certains aliments ou médicaments ? Suis-je sous l'influence d'une drogue ? Est-ce que j'en prends régulièrement ? Ai-je des pensées suicidaires ? Ai-je traversé une dépression ? Est-ce que souffre d'une maladie mentale ? Je ne réponds pas à toutes les questions. Il me semble inutile de partager certaines informations, comme le fait que j'ai été accro à l'héroïne et que je ne suis désintoxiquée que depuis cinq mois à peine.

Je n'ai qu'un objectif en tête : sortir de cette prison aussi vite que possible. Rien ne peut se mettre en travers de mon chemin, comme être diagnostiquée comme dépressive et mise sous médication – ce qui empêcherait ma libération sous caution. J'ignore ce qui peut arriver, mais je ne veux pas le savoir. La question sur la dépression était particulièrement cocasse : comment pourrais-je échapper à la dépression, je suis en enfer sur terre ! L'infirmière semblait un peu déroutée de me voir répondre avec une telle assurance. Je me suis dit que les autres filles estiment peut-être utile de prolonger l'interrogatoire médical. Pour elles, c'est sans doute le seul moyen de recevoir des soins.

Une gardienne vient me chercher et gueule : « Où est ta carte d'identité ? »

Je montre du doigt la ceinture de ma jupe.

« Elle devrait être sur ta blouse. »

Je la sors de sa cachette et l'attache à mon pull. Ravissant ! Je regarde la grognasse, furieuse.

« Où sont tes godasses ?

– On me les a prises. » Quelqu'un les a remarquées et a décidé de mettre en application la loi sur les souliers à talons hauts.

« Il faut que tu te procures des chaussures. »

Nous longeons une série de longs couloirs, puis elle tend mon dossier à un homme assis dans une grande cabine de verre donnant sur le bloc où se trouve ma nouvelle cellule. À partir de ce moment-là, la gardienne ne m'adressera plus la parole.

« Je suis C. O. Paterson, officier Paterson », dit l'homme.

Il jette un coup d'œil à mon dossier et prononce mon nom à voix haute. « Natalie McLennan. C'est quoi, ça, irlandais ?

– Écossais. »

Il me regarde, amusé.

« Vas-y, entre. »

Il actionne une sonnerie, je pousse une des portes battantes. Qui ne bouge pas.

« L'autre porte », dit-il.

Il rit dans sa barbe et pousse sur l'ouvre-porte. J'entre. Mon nouveau foyer. Je fais quelques pas. Le sol est froid sous mes pieds. Il n'y a qu'une fine couche de nylon et de lycra entre ma peau et le ciment.

Pendant les trois premières nuits, je dois me passer d'oreiller et de couverture. Je grelotte. J'appelle une des gardiennes. Elles sont deux : l'une est assise dans une cabine en verre, l'autre est devant une table, à l'entrée. Celle qui est le plus près de moi me dit d'en parler à l'autre, qui m'informe qu'elle n'a pas de literie supplémentaire. Je devrai attendre deux jours, quand la literie de la semaine rentrera : draps, serviettes. Je gèle, jusqu'à ce que je tombe endormie à force de pleurer.

Je passe la plus grande partie du temps dans ma cellule, car je n'ai rien d'autre à faire. Et je m'y sens plus en sécurité. Mais après une semaine, je décide de m'aventurer dans le local principal du bâtiment, là où les autres détenues se retrouvent.

*** 

Elles découvrent très vite que je suis « cette fille » ou, plus exactement, « la pute ». L'article du magazine *New York*, avec la photo pleine page, est passé de main en main. Je deviens immédiatement un paria femelle.

Je ne fréquente que deux filles blanches. L'une s'appelle Jennifer, une gaillarde de Queens qui est à Rikers parce qu'elle a roué une fille de coups par jalousie, l'autre Angelica. Angelica est sicilienne et vend de la drogue. Elle a séjourné dans une prison fédérale parce qu'elle faisait passer des armes et de la drogue de la Floride à l'État de New York. Elles seront mes seules amies. Je sais qu'il est politiquement incorrect de dire ça, mais en prison on recherche la compassion et la protection auprès de ceux qui nous ressemblent. C'est comme ça que ça marche en dedans.

Jennifer est un peu plus coriace qu'Angelina. Elle a des sautes d'humeur et semble toujours sur le point de déclencher une bagarre. Mais les deux filles voient bien que je suis complètement déboussolée et elles prennent soin de moi. Angelina, en particulier, prend le temps de m'expliquer les règles tacites à respecter en prison. Quand je lui dis que ma cellule est crasseuse, elle m'aide à obtenir des produits de nettoyage.

Un jour, elle m'appelle du deuxième balcon : «Natalia!»

La porte de sa cellule reste ouverte grâce au seau dont elle se sert pour nettoyer. Où a-t-elle bien pu se procurer un seau? Cette fille est pleine de ressources. Elle me fait signe de monter la voir. Quand j'arrive, elle m'empoigne par le bras, me tire à l'intérieur de sa cellule et me fait asseoir sur son lit, meuble cauchemardesque entouré de métal.

«Pourquoi parles-tu à cette négresse?»

Elle utilise le mot librement. Au début, ça me terrorise, j'ai tellement peur de devenir le souffre-douleur des filles noires! Mais au fil du temps je me rends compte qu'on se sert de ce terme pour tout le monde. Ce qui ne veut pas dire que je l'utilise, moi.

Je hausse les épaules. Qu'est-ce que j'ai encore fait?

«Ne parle à personne. Ne parle qu'à moi. La seule raison pour laquelle ces salopes s'intéressent à toi, c'est parce qu'elles sont jalouses et qu'elles veulent t'emmerder.

– Jalouses de quoi? De ma vie complètement bousillée? Eh bien, elles peuvent l'avoir.

– Non, de tout, Natalia. Elles sont jalouses parce que tu as un avocat que tu paies, parce tu as ta photo dans un magazine, parce des gens s'inquiètent pour toi. Elles sont jalouses de tes cheveux… de tout. Ne leur parle pas.

– Tu veux dire que je dois ignorer celles qui m'adressent la parole? À mon avis, ce n'est pas une bonne idée.

– Contente-toi de les éviter. Tu es une bonne fille, Natalia. Tu n'appartiens pas à cet endroit. Et je pense ce que je dis. Et si elles te disent la même chose, c'est parce qu'elles veulent que tu approuves, alors elles pourront te dire : ''Qu'est-ce que tu racontes?… Tu veux dire que *moi* j'appartiens à cet endroit, c'est ça? '' Alors elles te sauteront dessus pour te démolir le portrait.»

*Seigneur, que c'est compliqué, la prison!* Heureusement que j'ai Angelica.

\*\*\*

Mon surnom, à la prison, est Tinkerbell. J'imagine que c'est parce que je portais une jupe de soie à mon arrivée et que j'avais l'air aussi coriace qu'une fée. Un jour de visite, mon amie Morgan m'apporte quelques vêtements: bas, culottes, soutiens-gorge, un survêtement, quelques t-shirts et un sweat-shirt. Tout ce qui est rouge ou bleu est prescrit, ce sont les couleurs des Crips et des Bloods[30]. Heureusement qu'il n'existe pas de gang nommé les Chevaliers Noirs, car presque toute ma garde-robe serait interdite de séjour. Je n'ai toujours pas de souliers adéquats. Je me traîne dans des baskets orange. Ils sont deux pointures trop petits, et j'ai pourtant des petits pieds. J'ai replié l'arrière et j'arrive à marcher sans me tordre les pieds. Je lave mes collants chaque jour et les laisse sécher pendant la nuit.

Assises dans la salle réservée aux visites, Morgan et moi passons en revue tout ce qui concerne mon affaire. Elle m'explique qu'elle a essayé d'avoir un rendez-vous avec mon avocat, mais qu'il ne répond pas à ses messages. Moi-même, je ne l'ai presque pas vu. Mais il faut dire que je ne l'ai toujours pas payé. Je ne peux pas vraiment le blâmer. Il a probablement accepté de me défendre parce qu'il croyait que cela lui ferait de la publicité gratuite. Mais maintenant, avec sa célèbre cliente en taule, le gars prêt à se dévouer s'est volatilisé. J'ignore s'il est embarrassé, ou simplement désappointé parce que je n'ai pas un sou. Quoi qu'il en soit, j'ai le sentiment qu'il veut tout simplement se sortir de cette histoire.

---

30. Les Crips sont un gang puissant sévissant à South Central Los Angeles. Les Bloods sont un gang de rue, de Los Angeles également. Les Crips portent du bleu, les Bloods du rouge. Les deux gangs se détestent et se font la guerre. (NDT)

Morgan me dit que Ron est le seul qui propose des solutions positives, mais comme je m'en suis aperçue, il n'a rien d'un Perry Mason[31].

Elle m'apprend également qu'elle a téléphoné à ma mère, et que celle-ci veut venir me voir. Un frisson me parcourt la colonne vertébrale. Je veux voir maman, bien sûr, mais je ne veux pas qu'elle me voie dans cet état. Je change de sujet.

Juste avant de partir, mon amie se rappelle qu'elle m'a apporté un livre : *Atlas Shrugged*, de Ayn Rand. Mark Jacobson, du magazine *New York* l'a acheté pour moi après avoir découvert que c'était le roman préféré de Jason. Je n'ai jamais pu me décider à le commencer, ce livre. J'étais trop intimidée par ses mille pages ! Mais il va devenir très vite une lecture parfaite pour la Grande Maison.

Je lis pendant plusieurs heures chaque jour, mais je m'aperçois parfois que j'ai avalé un tas de pages sans comprendre, que je ne me souviens de rien. Mon cerveau a beaucoup de difficulté à se concentrer. Après plusieurs essais, j'y arrive et je me laisse prendre par le roman. Je comprends alors pourquoi Jason aimait tant ce livre. Il raconte l'histoire d'un groupe de privilégiés qui croient qu'ils peuvent s'élever au-dessus du sens moral dépassé et défaitiste des masses. Jason est une sorte de mélange d'Harry Flint, P. T. Barnum et John Galt, le mystérieux héros supercapitaliste du roman.

Avec mes deux copines et un bon livre, la vie en prison s'améliore un peu. Mais la procédure judiciaire de l'État de New York contre Natalia plane au-dessus de ma tête comme l'épée de Damoclès. Le jour de la première séance au tribunal, je me réveille au petit matin, les nerfs en boule. Le bus quitte la prison à 6 h 30. On nous sert, en guise de petit-déjeuner, une mini-boîte de céréales et du lait. Je mange les céréales sèches, puis je vais au gymnase, le lieu de rendez-vous. Il y a quatre bus à l'extérieur, qui partent pour différents quartiers de la ville. Le bus de Brooklyn est toujours le plus

---

31. Série télévisée mettant en scène un avocat connu à Los Angeles. (NDT)

peuplé. Le bus de Manhattan l'est beaucoup moins. Une grande femme noire costaude me passe les menottes. Au début, elle me fait l'effet d'avoir envie de me casser la tête. Puis elle me dit: «Tu veux un morceau de pop-Tart?»

C'est la chose la plus gentille que quelqu'un ait fait pour moi depuis mon arrivée à Rikers. Le pop-Tart est rance et trop sucré, mais rien ne m'a jamais semblé aussi délicieux. Je peux à peine absorber le menu de la prison: pâtes molles arrosées de sauce tomate en boîte, tranches de viande d'origine inconnue, purée de pommes de terre grumeleuse et trop cuite, légumes insipides.

Nous arrivons au palais de justice. Le bus se gare dans le terrain de stationnement se trouvant entre les bâtiments de la rue Centre appartenant à la ville. On nous enferme dans des cellules d'attente jusqu'à ce que ce soit notre tour de comparaître. Des détenues sont appelées, puis elles reprennent le bus pour Rikers. J'attends toujours. Je mange quelques bouchées d'un sandwich rassis. Puis on m'appelle dans la salle d'audience. Je parcours le hall, dûment menottée.

En entrant, je jette un regard circulaire dans la salle. Je ne veux pas que la petite phalange de reporters voie la peur dans mes yeux. Mais ce que j'aimerais voir, moi, c'est un visage familier, un visage ami. Il y en a deux: Morgan et Ron! Ils sont assis près de la porte et arborent un air très solennel. Mes lèvres murmurent un merci à leur intention; ils me font un signe amical et un sourire encourageant.

Je me tourne face au juge. L'huissier m'annonce que mon avocat n'est pas là. Le juge me demande si j'ai au moins eu une conversation téléphonique avec lui. Je lui réponds que j'ignore la raison pour laquelle il n'est pas présent. Mais la justice n'attend pas. Le juge fixe la prochaine audience à jeudi en huit. Je me mets à trembler. Ma plus grande crainte se vérifie: mon avocat m'a abandonnée. Je risque maintenant de subir le même sort que Jason. Nous sommes incapables de payer notre caution, et nous resterons internés jusqu'à la fin de nos procès respectifs.

Je réalise que j'ai grand besoin de rassembler mes forces pour cette longue épreuve. Je me souviens que Hulbert m'a dit qu'il s'attendait à être condamné à un emprisonnement d'une durée de trois à cinq ans. Les charges qui pèsent contre nous sont les mêmes : blanchiment d'argent et promotion de la prostitution. Tout ce que je voudrais savoir, c'est ce qui va se passer : c'est l'incertitude qui me tue. Le procès n'aura lieu que dans plusieurs mois, voire un an, ou plus.

Tandis que l'on m'escorte jusqu'à la cellule d'attente, je me mets à pleurer. Impossible de m'arrêter. Ce ne sont pas les sanglots hystériques qui m'ont secouée la première fois qu'on m'a mis les menottes dans la salle d'audience avant de m'emmener à Rikers, c'est autre chose. Je peux respirer, je peux réfléchir, je suis parfaitement consciente de la situation, et c'est cette lucidité qui est dévastatrice. Les deux gardiennes ne me font pas entrer tout de suite dans la cellule d'attente. Elles me font asseoir sur une chaise. L'une d'elles me regarde avec commisération et me dit : « Laisse-toi aller. Tu dois lâcher prise. Pleure comme un bébé, ça te fera du bien. »

C'est ce que je fais, je pleure toutes les larmes de mon corps.

Quand je me sens un peu mieux, elle ajoute : « Ne te tracasse pas, Dieu prendra soin de toi. »

Elle me donne quelques mouchoirs en papier, mais je m'essuie le visage avec ma manche. Le tissu est si doux sur ma peau. Je prends en pitié de me trouver dans un tel désarroi.

*Tu crois que Dieu pourrait remplacer ton avocat ?* me dis-je. Il le faudrait, pourtant, car ton avocat a disparu.

Le retour à Rikers me paraît interminable. Je regarde, par la vitre, tous ces gens libres qui nous dépassent dans leurs belles autos.

Quand je retrouve, au dîner, Angelina et Jennifer, elles comprennent très vite que je ne veux pas parler de ma lamentable matinée. Quand on revient à Rikers après une audience, cela veut généralement dire qu'elle ne s'est pas très bien passée.

***

Après deux semaines de vacances à Rikers, Morgan m'annonce que ma mère va venir me voir. J'éclate en sanglots. Je suis tellement heureuse ! Mais je sais aussi qu'elle ne pourra pas m'aider. Du fait qu'elle se trouve dans un autre pays, elle ne peut pas donner sa maison en garantie pour rassembler l'argent de ma caution. Que puis-je espérer d'elle ? Je ne lui ai pas parlé depuis mon arrestation. Elle ne sait même pas que je me suis cassé une dent, ni que j'ai passé trois jours dans un service psychiatrique. Elle ne sait que ce qu'elle a lu dans les journaux.

Maman arrive à Rikers le jour de l'Action de Grâce. On m'emmène dans une pièce désolée, peinte en vert, et on me dit de me déshabiller. Nue. Puis on me fait une fouille corporelle. C'est horrible, humiliant, mais je décide de m'en foutre. Je vais voir ma mère et c'est la seule chose qui importe. J'enfile un survêtement gris et on me pousse dans la salle de visites.

Maman se précipite vers moi et me serre dans ses bras.

« On ne se touche pas ! », meugle une salope de gardienne à l'allure de camionneur.

Nous nous asseyons docilement sur des chaises de couleur vive placées de chaque côté d'une table ronde en plastique bleu. Avant que maman puisse énoncer un simple mot, elle se met à sangloter de façon incontrôlable. C'est comme si on me poignardait, mais je suis déjà endurcie par Rikers, et mes yeux restent secs. Maman réussit à retrouver son sang-froid et nous nous mettons à discuter à cœur ouvert de mon problème. Je me dis qu'il faut que nous nous concentrions sur les moyens de me sortir de Rikers. Je lui raconte toute l'affaire, puis je lui explique que j'ai besoin d'un avocat qui soit capable de prendre connaissance rapidement de toutes les preuves qui ont été rassemblées contre moi.

Maman m'écoute, mais ce qu'elle me dit me met en colère.

Avec beaucoup de froideur, elle me demande : « Ce que j'aimerais surtout savoir, c'est ce que tu veux faire de ta vie. »

Je la fixe durement. Ce que je veux faire de ma vie ? C'est simple, n'importe quoi, mais pas à Rikers.

« Tu pourrais soit te faire désintoxiquer, soit rester ici. Mais quoi qu'il en soit, je préfère te savoir ici que dans les rues de New York. »

Est-ce qu'elle a perdu la tête ?

J'essaie de lui expliquer ce qu'est la vie dans cet endroit, où les filles ont soit une hépatite, soit le sida, et où je risque sans cesse d'être battue à mort. Je ne suis qu'une petite Canadienne dans une des prisons les plus notoires de la métropole et de l'Amérique. Ce n'est pas une thérapie, c'est l'enfer.

Je suis si révoltée par son ultimatum que je me lève pour sortir de la pièce.

La gardienne lève les sourcils comme pour me dire : tu sors ou tu restes ?

Je ferme les yeux, puis je reviens à la table et me rassois. Je suis furieuse, mais je ne peux pas laisser ma mère seule dans cette pièce. Je respire profondément et décide de changer de ton. Je lui réexplique ce qui se passe sur le plan juridique et je lui donne les derniers rebondissements de l'affaire. Avec mon avocat disparu du tableau, j'ai besoin de toute l'aide possible.

Elle redevient très émotive. Je me rends compte qu'elle est complètement dépassée. Elle souffre tellement qu'elle est bloquée devant un mur émotionnel. Cela me brise le cœur. Je sais ce qu'elle a essayé de faire dans sa vie. Elle a essayé de se montrer forte, de remplacer le père absent, de devenir le père, mais aujourd'hui elle est aussi paumée que moi. Finalement, je lui parle de la seule personne qui pourrait éventuellement m'aider : Michael, mon professeur de diction.

Elle me promet de prendre contact avec lui.

Avant de me quitter, elle m'annonce qu'elle reviendra le lendemain. Elle m'apportera des vêtements et des petites choses de mon appartement. Je lui dis que je l'appellerai sur le cellulaire de Morgan.

Je lui demande comment se porte mon amie. Elle me dit que Morgan l'attend dans le terrain de stationnement. Cela me paraît bizarre. Pourquoi n'est-elle pas venue me voir, elle aussi ?

Au poste de contrôle, ils ont prélevé un petit morceau de l'intérieur du sac de Morgan et l'ont analysé. Positif. Cocaïne. On ne l'a pas laissée entrer.

Parfait ! Tout à fait ce qu'il faut pour stresser maman : la seule amie avec laquelle elle se sent à l'aise et en confiance constitue maintenant un autre problème potentiel ! Elle est quelqu'un dont il faut se méfier.

« Morgan prend de la drogue ? » me demande-t-elle d'une voix tremblante.

Que faire, que dire ? La vérité.

Je me souviens de ce que les policiers du quartier m'ont dit lorsque nous partions vers le tribunal pour l'exposé de l'acte d'accusation : les seules personnes en lesquelles vous pouvez avoir confiance, ce sont les membres de votre famille. Ce sont les seuls qui seront toujours là pour vous soutenir.

« Oui, Morgan prend de la drogue. »

Maman me regarde comme si elle était sur le point de tomber dans les pommes.

« Mais elle en prend très peu. Elle n'aime pas ça. »

Je lui demande quel genre de sac Morgan avait. Maman me décrit mon sac de cuir noir D&G avec ses tirettes en argent. Ça change tout !

« C'est mon sac ! Heureusement qu'elle n'a pas eu de problème. Je me serais sentie coupable, parce que c'est moi qui ai transporté de la coke dedans ! »

Je veux que ma mère garde toute sa confiance en Morgan. Je veux que mon amie reste présente dans ma vie, je veux que maman l'écoute sans se méfier d'elle.

Le lendemain, au lieu de ma mère, j'ai la visite de Morgan. Je suis contente de la voir, mais déconcertée.

« Ta mère est repartie. »

Je sens déborder mes larmes.

«Nous avons discuté et décidé qu'elle irait voir ton nouvel avocat ce matin, puis qu'elle reprendrait l'autobus pour rentrer à Montréal. C'est pour te dire ça que je suis venue[32].»

Moi, je crois que maman n'en pouvait plus. Je ne peux pas lui en vouloir.

***

Ma mère tient parole, elle prend contact avec Michael. Il m'a donné des leçons de pose de voix à l'époque du théâtre. Je me souviens qu'il était vraiment intrigué par les histoires dingues que je lui racontais sur ma vie nocturne avant New York Confidential. En tout cas, quand il a appris que j'étais en taule, il a appelé mon avocat, qui lui a donné mon numéro, et nous avons commencé à nous parler quotidiennement. Mon avocat m'a dit qu'il pensait que Michael paierait la caution pour que je puisse sortir de prison jusqu'au procès. Il m'a expliqué la marche à suivre. Il allait convaincre le procureur de faire passer le montant de 250 000 $ à 50 000 $. Ensuite, Michael irait voir le garant qui lui prêterait la somme nécessaire.

Ça marche. Michael reçoit l'argent. La caution est réduite, et la cour autorise ma libération.

Quand je regarde en arrière, je me dis que la caution originelle n'était qu'une manœuvre afin de découvrir si j'avais de l'argent caché. Pourquoi le juge avait-il indiqué le montant de cette caution plus de trois mois après mon arrestation? Après plusieurs semaines infernales à Rikers, la cour reconnaît enfin que je n'ai pas menti à propos de ma situation financière. Je suis fauchée, comme je l'ai toujours dit.

---

32. Morgan et Ron ont engagé un autre avocat, John Nicholas Iannuzzi, un homme de loi new-yorkais de la vieille école. C'est lui qui m'a sauvée. Je l'adore. (N.d. A.)

Personne ne fournit la caution pour Jason. Cela m'attriste beaucoup. Je ne crois pas qu'il mérite de passer tout ce temps en taule.
Mais je sais qu'il doit être tenu à l'écart de toutes les jeunes filles.

Après mes vingt-six jours derrière les barreaux, je me retrouve
enfin libre. On me dépose à la grille se trouvant à l'extrémité du
pont. Je saute dans un des taxis qui attendent et je retraverse le
Styx. Tandis que nous longeons le pont sur la 59ᵉ rue, je demande
au chauffeur de mettre la radio sur la station 103,5 FM, qui offre
toujours de la musique de danse très enlevée. Il tourne le bouton
et, comme un signe de bon augure, une chanson commence au
même moment. Le chœur chante : Je suis libre, libre de faire ce que
je veux, tout le temps. J'ai dit que j'étais libre, libre de faire ce que je
voulais, tout le temps.

«Aime-moi, serre-moi. Aime-moi, serre-moi. Parce que je suis
libre.»

Je souris pour la première fois depuis un mois. Je passe la tête à
travers la vitre tandis que nous volons à travers Manhattan, l'île
magique qui m'a d'abord avalée tout entière, puis qui m'a recra-
chée.

Chapitre quatorze

# Retour au bercail

Dans les semaines qui suivent ma libération, je perds mon appartement et je me retrouve chez des amis. J'ai l'impression qu'ils marchent tous sur la pointe des pieds autour de moi, qu'ils se demandent ce que va devenir «Natalia». Ils pensent tous que je vais revenir à l'héroïne. Camée un jour, camée toujours, pas vrai? Mais je ne veux pas revivre la désintoxication et, surtout, je ne veux pas laisser tomber les bras. J'ai un besoin latent et pressant de prouver à mes amis qu'ils se trompent. Mais je reviens gentiment à ma vieille amie la coke.

Un jour où je jette un coup d'œil à du vieux courriel, je trouve un message de Paul, ou plutôt de son père et de sa belle-mère. Le voici:

*hello Nat!!*
*on veut simplement t'informer avec tristesse*
*du décès de Paul, en décembre*
*les funérailles se tiendront au 26, Mulberry St.*
*le 2 janvier, de 3 à 9 heures*
*bill et mary*

Paul est mort et j'ai manqué ses funérailles. J'appelle un de ses amis de la fraternité de MIT. Il me dit que Paul a fait une overdose d'héroïne dans son appartement de la rue Fulton, juste après Noël. Je suis triste. Je ne l'oublierai jamais.

Je suis en pleine virée de drogue quand je reçois un appel qui me foudroie.

«Nat, j'ai un cancer du sein.»

Ma mère a un cancer du sein. Ma foi en l'avenir, déjà défaillante, en prend un sérieux coup.

«Qu'est-ce que ça veut dire?»

Elle ne répond pas. Je l'entends pleurer. Mes larmes commencent à couler, inondent mes joues, coulent sur le tapis. Je suis assise en tailleur, penchée vers l'avant, la tête touchant presque le sol, combiné collé à l'oreille. Je ferme les yeux. J'ai la gorge si contractée qu'il m'est impossible d'articuler un mot.

Je n'ai plus d'appartement, pas de revenus, il me reste peu d'amis, et je prends quotidiennement 4 grammes de freebase (c'est beaucoup). Et voici que ma mère a un cancer. Tout ce qui pouvait tourner mal dans ma vie me tombe dessus en même temps. Et c'est pareil pour ma mère.

«Que disent les médecins?»

Maman pousse un soupir et me donne une bonne nouvelle. «Il n'y aura pas de chirurgie, on va seulement faire l'ablation de la tumeur. Donc, pas de mastectomie. Puis j'aurai soit des rayons, soit une chimio. L'oncologue m'a dit que, selon elle, la chimio ne sera pas nécessaire.

– Ça, c'est bien. C'est bon signe.»

Je suis encore sous le choc, mais mon cerveau enregistre ce que dit maman, et ce qu'elle me dit est la meilleure hypothèse, si l'on considère les autres scénarios.

Ma mère est une femme très fière. Elle n'a jamais voulu être un fardeau pour quiconque. Mais je perçois la peur dans sa voix. Et pour la première fois de toute ma vie, elle se confie à moi.

«J'ai tellement peur», dit-elle. Elle craque, se met à sangloter. C'est la troisième fois que je l'entends pleurer ainsi. La première fois, c'est quand son frère est mort; la seconde, quand elle est venue me voir à Rikers. Je lève les yeux au ciel, tout est réel, très réel, je sais ce qu'elle traverse, j'imagine sa peur de devoir traverser cette épreuve en se disant que sa fille va peut-être mourir avant elle. Nous serons peut-être mortes dans quelques mois.

«Maman, pourquoi tout cela nous arrive-t-il à nous, pourquoi ces horribles choses tombent-elles sur nous?» Cette fois, je pleure à gros sanglots.

Maman n'a pas de réponse à me donner. Elle ne peut pas me consoler. Alors nous pleurons ensemble, et le mur qui nous sépare s'effrite et finit par s'écrouler.

Je vais vers elle comme elle est venue vers moi. Je lui dis que nous allons guérir toutes les deux. Si elle guérit, je guérirai moi aussi.

Je lui fais promettre qu'elle sera assez forte pour recouvrer la santé. Je lui dis que nous avons encore tellement de choses à faire ensemble, et que nous avons besoin l'une de l'autre.

Elle m'explique qu'elle aimerait venir me voir avant de commencer le traitement. La première intervention, l'ablation de la tumeur, aura lieu dans deux semaines. Je lui demande de m'attendre une seconde, je mets mon cellulaire sur «attente» et je vais voir mon ami Dane, chez qui j'habite dans l'Upper East Side. Dane a fait ses études à Dartmouth, il est le fils d'un médecin prestigieux, d'une mère psychiatre réputée, et malgré cela il souffre d'un déséquilibre chimique. Il est mon dernier ami de sortie en boîte; et il m'a accueillie chez lui sans conditions.

Je lui dis que ma mère était malade et veut venir me voir. Pourrait-elle occuper la chambre d'amis?

Il exhale une grosse bouffée de freebase et hoche la tête. «Bien sûr, sans problème.»

Pourtant il y en a un. Nous nous regardons, perplexes, puis nous parcourons des yeux sa chambre pas très nette et jonchée de tout son attirail de drogué. L'appartement est tout en longueur. Avant de parcourir l'interminable corridor pour retourner au bureau et à mon cellulaire, je jette un coup d'œil à Dane par-dessus mon épaule : il est en train d'avaler quelques comprimés, probablement du lithium. Ou du Wellbutrin. Ou du Xanax. C'est sa mère qui lui procure les prescriptions.

« Il n'y a pas de problème, maman, tu pourras rester ici. »

Comme elle ne peut s'offrir un billet d'avion, elle me dit qu'elle prendra l'autobus. Elle arrivera samedi à sept heures trente du matin. Je me sens affreusement mal, misérable. Je pense au paquet de fric que j'ai gagné, et je ne peux même pas acheter un billet d'avion à ma mère ! Je possède sans doute quinze paires de godasses qui valent le double du billet.

Je lui donne l'adresse de Dane et lui dis de prendre un taxi à son arrivée. Ça ne lui coûtera que six dollars. Je voudrais aller la chercher à la gare d'autobus, mais je ne veux pas lui faire une promesse que je ne suis pas sûre de tenir, et l'obliger à m'attendre. La simple idée de me trouver ailleurs que dans mon lit à sept heures trente du matin est trop effrayante.

Nous sommes lundi. Je n'ai même pas une semaine pour devenir présentable. J'informe Dane que maman a un cancer. Il me demande à quel stade il en est. Je lui réponds que je ne suis pas tout à faire sûre, mais que, apparemment, on l'a pris à temps. Puis je lui annonce que je vais devoir procéder à certains changements. Je suis surprise de l'entendre me répondre qu'il n'est pas très satisfait de sa vie, lui non plus. Il va « finir » ses drogues, puis il ira se coucher et, une fois réveillé, il se lancera dans une désintox. J'ai déjà entendu ça, et je sais que ça marche rarement. Mais allez savoir pourquoi, je suis persuadée que Dane est sincère. Quoi qu'il en soit, pour moi, c'est le jour du jugement : je ferai tout ce qui est en mon pouvoir pour tenir la promesse faite à ma mère.

Nous allons nous coucher en prévision du boulot qui nous attend. Nous savons que, demain, nous suerons à grosses gouttes

pour rendre notre logis présentable. Tout mon corps est douloureux, mon estomac réclame de la nourriture, mais je n'ai aucun
appétit. La seule idée de manger me donne des haut-le-cœur. Dane
tient sa promesse, et pendant les deux jours qui précèdent l'arrivée
de maman, nous nettoyons l'appartement de fond en comble.
L'opération est à la fois métaphorique et thérapeutique. Dane récure
la cuisine et la salle de bain (il a insisté : c'est son logis, sa crasse et
son désordre), je m'occupe des autres pièces. Je passe l'aspirateur,
fais les vitres et change les draps. Une fois le grand ménage terminé, notre domaine a vraiment l'air pimpant. Je suis fière de mon
travail. C'est un bon début.

Quand Maman sonne, je descends à sa rencontre et nous allons
prendre le petit-déjeuner au coin de la rue. Nous discutons pendant des heures. Nous ne disposons que de deux jours, et nous
avons un tas de choses à nous dire. Nous sommes en avril, et je ne
l'ai pas vue depuis décembre. Elle sait que je prends encore de la
coke, mais elle sait aussi que j'ai entamé un processus de désintoxication et que je suis bien décidée à aller jusqu'au bout. Je vois l'espoir dans ses yeux, mais aussi le doute. Je m'efforce de la rassurer
de toutes les façons possibles.

« Nat, j'ai tellement peur pour toi. Tu m'as déjà dit ça plusieurs
fois ! »

Il faut que j'arrive à la convaincre que cette fois c'est différent.
Je l'emmène chez Mia, une thérapeute réputée. Mia a laissé plusieurs messages sur mon cell depuis ma libération, en novembre.
« Natalia, je veux vraiment t'aider. Ne t'inquiète pas pour l'argent,
contente-toi de venir me voir. » La veille de l'arrivée de maman,
nous avons eu une première séance. Mia est un ange.

Je confie à maman ce que Mia m'a déclaré : « Tu t'es retrouvée en
couverture de magazine à vingt-cinq ans. Tu es donc capable de
réussir n'importe quoi. »

Je lui explique comment je vais m'en sortir, et trouver le moyen
de gagner un peu d'argent. Je lui jure que je vais résoudre mes plus
gros problèmes.

Je n'ai pas le choix. Dans une semaine, maman va subir une intervention chirurgicale destinée à la débarrasser d'une tumeur au sein. Mon amour pour elle est intact, ainsi que mon affection pour les membres de ma famille et, oui, pour l'humanité entière. Ma dépendance à la drogue ne m'a pas dérobé tout cela. Je ne suis pas devenue un monstre.

Le médecin a confirmé à maman que son cancer a été pris à temps, et qu'après la chirurgie elle commencera immédiatement son traitement. Je sais qu'elle continue à avoir peur que je meure avant elle. Elle se dit qu'on va peut-être mourir toutes les deux, trop tôt. Je lui rappelle la petite fille de cinq ans que j'ai été, si entêtée que je ne voulais même pas qu'on noue mes lacets à ma place.

«J'ai l'impression de ne plus te connaître.

– Maman, le seul cours dans lequel j'ai échoué, c'est le cours de français, et c'est parce que je devais arriver à l'école à huit heures du matin. Je suis allergique à l'échec, je n'en veux pas. Je suis toujours la même, je t'aime, et c'est ce qui importe.»

Ce n'est pas tout ce que j'ai réussi à faire par le passé qui la réconforte, non, ce qui lui rend l'espoir, c'est que, pour la première fois depuis très longtemps, elle sait que je veux vraiment m'en sortir. Elle croit en moi.

Dane se réveille quelques heures plus tard, et nous passons l'après-midi à Central Park. Je monte dans le carrousel, maman prend des photos. On mange des hot-dogs à Gray's Papaya, dans l'Upper West Side, puis nous rentrons à pied à l'appartement. L'après-midi ressemble à un photomontage familial des années 80. Un peu ringard, mais pour moi c'est très beau.

Quand nous nous retrouvons seules, maman me promet qu'elle sera une invitée parfaite. Elle trouve Dane très sympathique. Elle sait qu'il se drogue, mais elle essaie de l'oublier et de ne voir que l'être humain. Elle n'arrête pas de le serrer dans ses bras et de le remercier de sa gentillesse.

Elle repart le lendemain. Je ne suis plus la même. D'habitude, elle est à peine montée dans l'autobus ou dans l'avion que je plane déjà. Là, j'attends l'arrivée de l'autobus, je la serre très fort sur mon cœur et je lui dis que je l'aime. J'ai autant besoin d'elle qu'elle a besoin de moi.

Je rentre à l'appartement de Dane et nous regardons une kyrielle de films. Nous savons quel est l'enjeu, nous savons ce qu'il faut faire pour nous maintenir en vie. C'est le jour du jugement.

Nous nous téléphonons tous les jours, maman et moi. Elle a été opérée, je suis sobre. Elle commence le traitement, je reste sobre, et je rencontre Mia plusieurs fois par semaine.

Je vais voir le procureur pour lui dire que ma mère est malade et que je dois rentrer chez moi à Montréal. C'est la première fois depuis sept ans que j'appelle Montréal «chez moi». Je le lui dis par respect pour la loi, mais je sais que je n'accepterai pas de réponse négative. Il m'autorise à partir, à condition que je sois rentrée à New York pour les audiences[33].

On me laisse partir! Et maintenant, je suis au pied du mur! La visite de maman date de six mois. Je n'ai pas vu le reste de ma famille depuis deux ans.

Cela me fait flipper comme j'ai rarement flippé. À New York, je suis Natalia. Qui serai-je à Montréal?

La tension à l'idée de me retrouver devant ma famille devient de plus en plus forte. Je fais une rechute. Je me défonce chaque jour. Pendant les deux mois qui suivent, je retombe dans mes vieilles et dangereuses habitudes.

Je quitte l'appartement de Dane pour m'installer chez un ami dans le quartier Bushwick de Brooklyn. Le quartier n'est pas des plus agréables. J'hésite depuis trois jours quand je réussis finalement à me traîner jusqu'à la station d'autobus de Port Authority. Je suis épuisée, mais avec toute ma peur, et l'adrénaline qui se rue dans mes veines, je sais qu'il me sera impossible de dormir. Je suis prête à endurer le voyage, dans la douleur. J'appelle mon ami du

---

33. Ils avaient commencé à remplir les documents, mais il leur faudrait des mois pour terminer leur tâche. (NDA)

New Jersey grâce au joli cellulaire d'un inconnu ; je lui crie que je ne veux pas rentrer chez moi. C'est la camée qui parle.

Ce sont les autres parties de mon corps – le moi physique qui a eu envie de tout abandonner, le moi émotionnel qui a besoin de sa famille et sait que sa famille a besoin d'elle, et mon cerveau qui, dans toute sa logique, m'affirme que c'est ce que je dois faire – qui me poussent à monter dans l'autobus.

À l'étape d'Albany, à quelques heures du nord de Montréal, je me précipite aux toilettes pour sniffer un *hit* de freebase. Je dois me battre contre ma dépendance pour ne pas rester là, laissant l'autobus reprendre la route sans moi.

Pendant les derniers jours de ma rechute, les drogues ont plus ou moins cessé d'agir. Mais dans ces affreuses toilettes d'Albany, le *rush* me met presque chaos. Je me suis fait tellement de promesses dans le passé, me jurant chaque fois que c'était la dernière dose... mais quand c'est sérieux, on le sait. Et je sais que ces derniers grammes de freebase vont compter. Quand je me penche pour inhaler, je fais le serment que c'est le dernier, absolument le dernier *hit* de ma vie. Et je ne souhaite pas, comme cela m'est déjà arrivé dans le passé, mourir d'overdose. Au lieu de cela, je laisse la drogue prendre le contrôle, je la laisse circuler librement dans mon organisme, et quand je reprends conscience, j'éclate en sanglots. C'est dans ces pleurs que je laisse mourir une partie de moi-même.

Je retourne à l'autobus. Nous repartons.

Tandis que nous traversons le luxuriant paysage du nord de l'État de New York, le souvenir de mes sept années à Montréal me submerge comme les images d'un film. Je retourne dans ma ville comme j'en suis partie : en autobus. J'essaie de ne pas penser à tout ce que j'ai perdu et ne retrouverai jamais. Mais il ne s'agit pas de moi, me dis-je, il s'agit de la promesse faite à maman. Il s'agit de faire tout ce qu'il faut pour que maman ne meure pas.

Quand j'arrive à la maison, je suis complètement vidée. Cela me paraît approprié : j'ai touché le fond et c'était nécessaire. Je dors pendant une semaine, puis je commence, pas à pas, à renouer les liens avec ma famille.

Maman a déménagé. Elle a quitté la maison dans laquelle j'ai grandi. Elle vit maintenant au second étage d'une maison que ma grand-mère a achetée (ma grand-mère occupe le rez-de-chaussée). Je retrouve des morceaux de ma vie passée : mon lit d'adolescente m'attend dans la chambre d'amis, les photos de famille ornent les murs. Cet appartement est une grosse amélioration par rapport aux endroits où nous avons vécu. Ce nouvel environnement me distrait des émotions et des souvenirs douloureux liés à mon enfance.

Les résidus de la drogue suintent et s'échappent par tous mes pores. Je reviens lentement à la vie.

Pendant les jours qui suivent, maman et moi ne parlons presque pas. Elle me laisse dormir et me donne l'espace nécessaire pour que je puisse me rassembler. J'ai trop honte pour la regarder dans les yeux. Après trois soirées où nous n'avons pas échangé quatre mots, je quitte mon lit pour me retrouver dans le sien. Elle me prend dans ses bras, me laisse pleurer. Elle se fiche pas mal du nombre de gars avec qui j'ai couché, et de l'argent que j'ai gagné et perdu. Elle m'aime. Quand je n'étais pas là, je suis certaine qu'elle pleurait souvent, et probablement plus souvent que moi – et Dieu sait si je pleurais.

Elle ne manque pas une journée de travail. Elle va à l'hôpital tous les matins, puis se rend au boulot tout de suite après.

Elle a un tas de rendez-vous avec les médecins. Je l'accompagne chaque fois : je m'assieds dans la salle d'attente et je retiens mes larmes. Je suis si heureuse de la savoir sauvée, de savoir qu'elle ne mourra pas, et d'avoir une autre chance d'être sa fille.

Je la regarde, elle me sourit et me dit combien elle est contente de m'avoir près d'elle. Elle me remercie encore et encore, m'affirme qu'elle est fière de moi.

Physiquement, je me sens encore merdique la plupart du temps, et j'ai le moral à plat, mais je me dis que je progresse, que je vais de mieux en mieux.

Chacun sait qu'il ne faut pas faire pression sur moi. Tous ceux qui ont grandi avec moi savent comment je réagis quand je me sens cernée, et ils se gardent bien de m'étouffer. Le traitement de maman est au centre de l'attention de la famille, mais nous prenons le temps de discuter. Les salles d'attente d'hôpitaux sont propices aux échanges.

Six mois après mon retour à la maison, maman me dit :

« Ce n'est pas juste. Je regarde toutes mes amies et leur fille. Elles n'ont pas eu à affronter tout ça. »

C'est sorti, finalement ! Elle avait un tas de rêves pour mon avenir, et je l'ai laissée tomber. Pour elle, j'étais l'enfant parfaite, et aujourd'hui, elle n'arrive pas à oublier les images de cauchemar de ma vie à New York. Il arrive qu'elle oublie les bons moments, comme lorsque je me suis produite à Julliard. Elle se bloque sur les images d'un appartement plein de cuillères noircies et de sachets vides, et sur les murs verts crasseux de la salle de visite de Rikers.

Elle a raison. Ce n'est pas juste.

\*\*\*

Mais elle va mieux. Elle est en rémission. Je me dis que nous sommes chanceuses, elle et moi. J'ai trouvé un boulot par l'intermédiaire d'un ami de l'école secondaire. Enfants, nous étions inséparables. À quinze ans, nous sommes allés nous balader dans le Maine ; c'est là que j'avais décidé de lui avouer mon amour. Au lieu de se réjouir, il a décidé de m'avouer qu'il était gai. Mais nous sommes restés amis.

Nous sommes allés à l'école de théâtre ensemble, et nous sommes restés en contact même lorsque je vivais à New York. Il m'y rendait visite, même quand je suis devenue call-girl. C'est mon meilleur ami. Il m'envoyait des messages pour me promettre qu'il serait toujours là, et qu'il m'aimait – toutes ces choses que l'on rêve d'entendre quand on est mal en point.

Sa mère possède un spa à Montréal, elle me propose d'y travailler. Je commence au bas de l'échelle, à la réception. Je prends les appels, passe le balai une fois la journée terminée, bref, je fais tout ce qu'elle me demande. C'est toute une adaptation, et je dois parfois ravaler ma fierté, surtout en ce qui concerne mon salaire. Je gagne moins en une semaine qu'en une heure dans mon boulot d'escorte. Il faut quelques mois pour que je fasse mes preuves, une chose que je n'ai jamais dû faire, puis je grimpe tranquillement les échelons et deviens gérante du spa. Ma vie s'améliore énormément – des heures plus souples, des responsabilités, un salaire plus élevé.

Les membres du personnel, qui connaissent dans les grandes lignes mon ascension et ma chute new-yorkaise, se montrent incroyablement gentils et compréhensifs. Je suis comme un oiseau blessé qu'ils ont pris sous leur aile. Dans les débuts, il y a des jours où j'étais trop mal en point pour travailler. Ils me laissaient le temps nécessaire pour récupérer. Un amour inconditionnel de la part du patron ? Oui, vous trouverez ça au Canada.

Néanmoins, c'est dur. L'énergie de New York me manque. Montréal ne sera jamais New York, même si j'essaie de toutes mes forces. Je comprends finalement que je dois ralentir le rythme de ma nouvelle vie pour l'assortir à celui de ma ville.

Aujourd'hui, quand je parle à des amis new-yorkais, je suis fière de leur dire que j'ai mon propre appartement et un vrai boulot. Je sais que ça peut paraître un peu simpliste – je n'ai plus dix-neuf ans – mais lorsque je considère ce que j'étais quand je suis arrivée à Montréal, c'est un petit miracle.

J'ai une thérapeute. Quand je l'ai appelée pour prendre rendez-vous, je lui ai dit de consulter Google avant de m'accepter ou pas. (Combien de personnes disent cela ?) Elle m'accepte. La thérapie est lente, complexe, mais à chaque rencontre j'en apprends un peu plus sur les raisons pour lesquelles ma vie passée me paraissait aussi séduisante.

* * *

Il y a une photo de moi que j'ai utilisée pendant un certain temps en guise de fond d'écran pour mon portable. Je porte une robe créée pour moi par mon amie Morgan. Nous l'avons appelée « la robe nue » parce que, pour plaisanter, je lui avais demandé une robe faite avec le moins de tissu possible. Elle est superbe. Chaque fois que je l'ai portée, elle m'a valu des regards insistants – soit parce qu'on la trouvait fabuleuse, soit parce qu'on se disait, pendant une seconde au moins, que je me promenais nue.

Je la vois quand j'ouvre mon portable, puis je regarde toutes mes photos de noubas, qui me replongent dans le plaisir de mes nuits en boîte. Le souvenir de la musique et des lumières m'étourdit ; je me revois planer grâce à la cocaïne. Le processus n'était pas exaltant du début à la fin, mais il y avait des moments incroyables. J'idolâtrais mon corps à cette époque : ma minceur, la perfection de ma silhouette, mon exaltation devant la vie fantastique que je menais. Puis j'ai combattu ce bonheur factice et je suis devenue la Natalia *d'après* New York Confidential. Et j'ai gagné la nouvelle vie qui est maintenant la mienne.

Un jour, je zoome sur la photo, comme si je voulais la voir dans ses moindres détails, la sentir davantage. J'ai usé l'image et les souvenirs – ils ne me font plus rien. Mais je vois finalement la réalité que le cliché a capturée. Je vois, sur mon visage, une blessure. Une blessure sous ma joue, près du menton ; elle est cachée sous le fond de teint, mais je sais qu'elle est là. J'étais devenue toxique, ma peau se déchirait. Si je ne voyais pas cette blessure, à l'époque, c'est parce que je voulais seulement voir la version papier glacé de mon passé – la version sans blessure.

Je regarde autour de moi et je réalise que je suis plus heureuse aujourd'hui que je ne l'étais alors – avec ou sans robe nue.

La drogue n'a plus aucun sens pour moi, mais il y a des moments difficiles. J'ai dû rompre avec tous mes amis au moment où j'avais vraiment besoin d'eux, mais il le fallait parce qu'ils prenaient tous de la drogue. Il est malaisé d'imaginer combien il est difficile de reconstruire sa vie à partir de rien – et combien on se sent seul.

Je cesse de faire l'amour pendant quelque temps. Quand je travaillais à New York Confidential, j'insufflais toute mon énergie à mes clients, mais à la fin il ne m'en restait plus pour moi, ou pour ce qui restait de moi. Mon identité était construite sur ma conviction d'être une déesse du sexe. Quand je suis rentrée à la maison et que j'ai cessé de prendre de la drogue, le sexe est devenu si compliqué et si alourdi par ma paranoïa que j'ai préféré le supprimer de ma vie. Mais je me sentais bien. C'est comme si j'avais retrouvé une sorte de pouvoir pour combattre les passions et les besoins pressants qui m'avaient submergée et plongée dans d'énormes problèmes – et avaient fait souffrir tant de gens.

Je réalise que si j'ai adopté cette vie, c'est parce que j'avais perdu ma foi en moi-même et en mon talent. Je savais que j'étais une bonne actrice, je me disais que le succès finirait par se pointer, mais quand tout a commencé à se détériorer, le doute s'est insinué en moi. Je me suis dit que mon jeu d'actrice ne se hausserait jamais assez haut pour me valoir un Oscar, ou même un Emmy, alors j'ai encaissé, j'ai tout vendu à rabais et je me suis tournée, en guise de consolation, vers une forme bâtarde de célébrité et d'excitation. Même mes luttes contre la drogue me semblaient (parfois) exaltantes, parce que j'étais en célèbre compagnie : Robert Downey Jr., Lindsay Lohan, Marilyn Monroe et bien d'autres.

La morale est devenue un élément de réflexion. La voix du procureur – et celle des policiers et d'une foule de détenteurs de l'autorité qui m'expliquaient combien j'étais fautive – n'a pas cessé de résonner à mes oreilles, mais je ne sais pas où la caser. Pour me sortir de mes incertitudes, je m'accroche aux souvenirs positifs. J'ai fait un tas d'erreurs, des erreurs stupides, publiques, destructrices, mais je sais que mon âme est bonne, et j'ai toujours essayé de ne blesser personne. L'être que j'ai blessé le plus profondément, c'est moi.

Il est difficile de défendre les maris qui trompent la femme envers laquelle ils se sont engagés. Mais pour certains d'entre eux, je crois pouvoir dire que leur mariage a été sauvé par ce que nous avons fait ensemble. S'il ne faut qu'une nuit avec une étrangère prête à satisfaire des besoins physiques pour qu'un homme ne quitte pas sa femme et ses enfants (j'ai grandi sans père, et je continue à ressentir la souffrance et la confusion qui découlent de ce manque), alors je crois qu'on peut remercier les escortes. Et je préfère qu'un gars paie une call-girl que de séduire une gamine qui va se demander pendant quelques semaines pourquoi il n'appelle pas.

Finalement, il n'est pas nécessaire d'avoir un doctorat en psychanalyse freudienne pour conclure que peut-être, je dis bien peut-être, le traumatisme de l'abandon paternel a eu une incidence sur ma conduite. Ce ne sont pas les nombreux thérapeutes, psychiatres et conseillers que j'ai rencontrés qui ont émis cette possibilité, c'est moi. J'y ai pensé chaque jour de mon existence. Mon père m'a infligé une blessure qui n'a jamais cicatricé. Je me suis souvent demandé ce qui me serait arrivé si, au lieu de disparaître dans la nuit, il était tout simplement allé voir un ami et avait eu un accident de la route, ou était tombé dans un lac partiellement gelé. Serais-je plus heureuse aujourd'hui ? Peut-être. Il serait au moins resté dans ma mémoire comme un père et non comme un homme qui a abandonné une petite fille qui a grandi en étant persuadée qu'elle ne se sentirait normale que si elle devenait l'objet du désir des hommes. Il y a aussi une peur que j'ai toujours portée en moi : la peur que ce soit ma naissance, ou quelque chose que j'ai fait quand j'étais petite, qui l'a poussé à partir – que ce soit moi, un simple petit enfant, qui l'aie amené à faire une chose si cruelle, si horrible à ma mère, à mon frère et à moi.

\*\*\*

C'est mon premier Noël en famille depuis mon retour à la maison, il y a trois ans. Il y a eu le Noël où mon vol a été annulé et où je suis restée au lit avec l'héroïne comme seule compagne, puis celui qui a succédé à Rikers, quand j'étais en liberté sous caution.

Montréal vit la plus grosse tempête de neige depuis trente-cinq ans. C'est super. Ça me rappelle mon enfance et les bancs de neige qui étaient trois fois plus hauts que moi.

J'adore mon travail au spa. Mon patron et meilleur ami m'a demandé de l'aider à décorer les lieux pour les fêtes. Nous mettons des rubans aux bambous qui décorent déjà le spa et des guirlandes sur les murs en briques apparentes. Ce n'était pas facile, mais on s'en est bien tiré et je me suis amusée.

Maintenant que je suis rentrée à la maison, je me promets d'offrir un beau cadeau à chaque membre de ma famille – quelque chose de très particulier. Il ne sera pas coûteux (de toute façon je n'ai pas d'argent) mais il leur montrera que je fais à nouveau partie de la tribu.

Tandis que je fais les boutiques les unes après les autres, un sentiment de vide m'envahit. Montréal est agréable et les gens y sont formidables, mais je n'ai aucun souvenir récent de ma vie dans cette ville. Je suis une étrangère. Je ne reconnais pas les magasins, et les rues ont un tout autre aspect que celui qui reste présent à ma mémoire. Je commence à m'inquiéter. À quoi va ressembler ma vie avec ma famille ?

La veille de Noël, je ne suis plus qu'un paquet de nerfs. Je bois un peu trop avant le réveillon et je dois me maîtriser pour garder l'équilibre. Maman, ma nana, mon frère, sa fiancée et ma tante[34] sont assis autour de la table – ces êtres que j'aime le plus au monde.

Tout est parfait. Le repas est délicieux, même si je ne mange ni dinde ni farce (je ne mange ni viande ni produits laitiers). Mais cela ne me manque pas, l'odeur suffit à mon bonheur. Je regarde l'arbre et la montagne de cadeaux répandus tout autour. La moitié du living est monopolisée ! Nous prenons le dessert et le café et bavardons pendant des heures. Je sers aux convives un verre de vin de glace Inniskillin (mon préféré) et je suis heureuse de voir à quel point ils l'apprécient.

---

34. La sœur de mon père. Elle faisait davantage partie de ma famille que de la sienne. Je crois qu'elle nous préférait à eux. (NDA).

Puis nous passons au salon, et j'admire à nouveau l'arbre. Il est couvert d'ornements fabriqués à la maison et de petites ampoules scintillantes. Il chatoie. C'est magique. Puis je jette un coup d'œil aux cadeaux… et je ne vois mon nom sur aucun d'eux.

Panique.

J'ai un *flash-back* de mon enfance. C'est un mauvais rêve – un rêve récurrent qui me torture à chaque fête de Noël. J'ai découvert très jeune que ce sont les parents qui jouent le rôle du père Noël, et je savais ce que cela signifiait pour mon frère et pour moi. Le fait que nous ayons été sages ou pas sages ne changeait rien à la situation. Tout dépendait de ce qui restait à maman une fois qu'elle avait payé le loyer et les factures.

Le rêve est extrêmement réaliste : je suis dans mon lit, et je me réveille tôt – il fait encore noir. Je me souviens que c'est Noël. Je vais dans le salon sur la pointe des pieds pour regarder ce qu'il y a sous l'arbre. Il fait froid, sombre, mais l'arbre est illuminé et décoré. Mais quand je regarde en dessous, à l'endroit où doivent se trouver les cadeaux, je ne vois rien. Il n'y a rien, rien du tout. Même pas les bas de Noël. Une vague de tristesse me submerge, et je me dis que c'est comme cela qu'on doit se sentir quand on est mort. Je cours à la chambre de mon frère pour lui dire qu'il n'y a pas de cadeaux, mais il n'est pas là. Je vais dans la chambre de maman en me disant : *je sais qu'elle sera aussi triste que moi, mais il faut que je lui dise tout.* Mais elle n'est pas là non plus.

« Nat ! »

Mon frère vient de dire mon nom. Puis il me tire au milieu de la pièce. Je le regarde et risque un sourire.

*Je ne mérite pas de cadeau. Ma famille en mérite. Ils sont toujours restés ici, toutes ces années, comme une famille, et moi pas.*

Quand le moment de la distribution commence, je saute au milieu de la pile, attrape mes cadeaux et les tends à leur destinataire.

Ils les ouvrent, s'exclament, me font un large sourire et m'embrassent. Ce n'est pas fini, il y en a d'autres. Le même scénario se reproduit.

«Wow, Nat! dit maman, calme-toi!»

Et c'est mon tour. Un à un, ils me donnent leur présent. Je reçois des cadeaux! J'ai cru qu'il n'y en avait pas, mais c'est parce que je ne les avais pas vus! Je n'ai jamais reçu d'aussi beaux cadeaux de ma vie. J'ai envie de pleurer, mais je souris, le sourire le plus rayonnant de toute mon existence.

C'est le tour de maman. Elle me tend une boîte venant d'un grand magasin. Je l'ouvre et je rougis de plaisir. C'est un pyjama rose Hello Kitty. J'adore Hello Kitty depuis que je suis petite. Je me précipite dans sa chambre pour l'essayer, puis je reviens pour me montrer aux autres. Ils craquent. Je pose pour une photo, cabotinant devant l'appareil.

Je leur dis que j'ai eu peur qu'il n'y ait pas de cadeau pour moi.

Mon frère me sourit. «Nat, c'est mon plus beau Noël.»

Mon frère ne m'a jamais dit une chose aussi gentille.

Nous nous embrassons... le plus long baiser que je lui ai jamais donné. Je bois une gorgée de vin et me laisse tomber près de l'arbre. Je suis si heureuse! Et tout à coup, j'ai une sensation bizarre, comme si ma vie tournoyait sur elle-même – j'ai déjà ressenti cela. De l'endroit où je me trouve, le meilleur au monde, sous le sapin aux lumières étincelantes, je réalise que non, je n'ai jamais ressenti une telle émotion. Je suis revenue à la maison. Le cauchemar est terminé.

# Chapitre quinze

# Les séquelles

Mon procès est fini et je ne dois pas faire de temps supplémentaire en prison. Immense soulagement.

J'ai canalisé toutes mes dépendances dans un style de vie sain. Je travaille cinq jours par semaine, au minimum, et je suis toujours végétarienne.

Jason est sorti de prison en 2007, après avoir plaidé coupable pour blanchiment d'argent. Il est resté plus de deux ans à Rikers. Il avait une page MySpace pleine de photos de lui buvant du champagne avec des filles à moitié nues. Il portait un t-shirt sur lequel on pouvait lire : « Le mac de la page six ». Il affirmait qu'il en avait fini avec la drogue et avec son ancienne occupation. Il affirmait à tout le monde, de Larry King à Howard Stern, qu'il était rentré dans la légalité. Il leur a annoncé qu'il mettait sur pied un service de rencontres pour les scandaleusement riches, appelé DNA, mais le dit service s'est effondré avant même de décoller. Alors il s'est exilé à Miami pour travailler dans le marketing sous la direction d'un de ses amis d'enfance.

J'ai fini par découvrir ce qui était arrivé à Mona et à Clark.

Ils ont eu leur bébé.

Mona a plaidé coupable pour promotion de la prostitution, mais elle n'a pas fait de prison.

Clark s'en est sorti plus ou moins sans pénalité. Les journaux ont révélé qu'il avait soi-disant collaboré avec le procureur dans toute l'affaire. Il a plaidé coupable au seul chef de promotion de la prostitution et passé un grand total de trois jours en taule. Jason a affirmé que lorsque Clark était directeur adjoint de New York Confidential, il avait volé plus de 500 000 $ à la compagnie. Pour rester fidèle à lui-même, il avait menacé de le traîner en cour pour les récupérer. Les tabloïdes prétendaient qu'après New York Confidential, Clark avait travaillé dans une autre agence, Velvet Traces, et qu'il sortait avec Ashley.

Hulbert a tiré six mois et demi de prison à Rikers. L'été dernier, son procès était toujours en suspens. Nous sommes toujours en contact. Je l'ai appelé récemment et je lui ai demandé s'il aurait préféré qu'on ne se soit jamais promenés, Jason et moi, sur West Broadway, et qu'on ne lui ait jamais commandé une peinture. Il n'a pas hésité un instant.

Il a répondu non.

J'ai attendu la suite.

Comme il n'ajoutait rien, j'ai dit : « Même avec les conséquences et tout ce que tu as enduré ?

– C'est le meilleur party que j'ai jamais eu ! »

Paul Bergrin, l'avocat de Jason, a été condamné pour une série de délits commis quand il était à New York Confidential, dont le blanchiment de 800 000 $ représentant les bénéfices de Jason, et pour avoir pris sa succession à la compagnie – ou, plus exactement, pour avoir *tout* pris quand ce dernier était en prison. On l'a aussi condamné pour « faute professionnelle grave » dans son métier d'avocat. On a découvert que, pour prolonger le couvre-feu de Jason, il avait prétendu que ce dernier travaillait pour lui comme assistant dans une de ses autres affaires : un soldat accusé par l'armée américaine lors du scandale d'Abu Ghraib. Je sais, vous ne suivez pas. Normal.

Mel Sachs est mort du cancer en 2006. On se souvient de lui comme de l'un des avocats de la défense les plus flamboyants de

New York, avec une clientèle allant de David Copperfield à Kanye West en passant par David Wells, le lanceur des Yankees.

Davis Elms, le propriétaire de TheEroticReview, a été emprisonné en Californie en juin 2008 lorsqu'il a été testé positif lors de contrôles antidrogue, et pour avoir violé sa liberté conditionnelle – condamnations découlant de délits sans rapport avec son site Web.

J'ai bavardé une dernière fois avec Scott après ma déconfiture. Il avait commencé à gagner du fric en organisant des événements caritatifs haut de gamme et en faisant des levées de fonds pour un candidat républicain. Il avait posé sa candidature pour un poste de fonctionnaire local. Il est venu me voir plusieurs fois, et nous avons eu plaisir à être ensemble, mais je voyais bien que sa vie allait prendre un sérieux virage. Il visait la politique. Il a fini par épouser une grande blonde, l'épouse parfaite pour un politicien.

« Natalia, tu crois que je devrais m'inquiéter ? Il y a des gens qui savent que j'étais ton client ?

– Scott, tu n'as pas à t'inquiéter en ce qui me concerne. Toutes les feuilles de rendez-vous où ton nom figurait, tous les reçus de cartes de crédit et les informations y afférant n'existent plus.

– Très bien, a-t-il dit avec un gros soupir.

– Mais tu devrais prendre des dispositions pour tes factures de carte de crédit. Si quelqu'un fourre son nez dans celles de Gotham Steak, il les trouvera.

– Tu as raison. » Je pouvais presque voir ses petites cellules grises s'activer, essayant de voir si quelqu'un, dans sa famille, savait qui pourrait l'aider à faire disparaître le problème.

Jeremy Piven m'a contactée pour me dire qu'il voulait faire un film sur ma vie à New York Confidential. Il voulait jouer le rôle de Jason. Nous nous sommes parlé à plusieurs reprises au téléphone. Il ne cessait de m'inviter à Los Angeles, mais j'avais l'impression qu'il était beaucoup plus désireux de coucher avec moi que de boucler une négociation à propos d'un film.

Il y a des choses qui ne changent jamais.

***

Quand le gouverneur Eliot Spitzer est tombé en flammes après avoir pris rendez-vous pour une séance à 4300 $ avec une escorte nommée Kristen, je dois avouer que j'ai bien rigolé. En 2007, avant d'être élu gouverneur, il était le procureur général de l'État de New York. Il avait la réputation d'être accro à la loi, et responsable d'un tas de condamnations de fonctionnaires très en vue, de fraudeurs et de pollueurs. Il était supposément la tête pensante derrière les arrestations de compagnies d'escortes, qui avaient mené à ma propre arrestation et à mon séjour subséquent à Rikers Island.

Il y avait de quoi s'éclater : monsieur Moralité avait, paraît-il, une longue histoire de fréquentation de call-girls. Jusqu'au jour où il s'est fait prendre la main dans le sac, il avait supposément, sur une période huit ans, autrement dit tout le temps où il était à la tête des défenseurs de la loi et représentant officiel élu, dépensé 80 000 $ (c'est la somme que la police a pu retracer) pour des rendez-vous avec des call-girls. « Hypocrisie » est un mot très insuffisant pour qualifier le comportement de ce personnage. « Pathologie » serait plus juste.

Impossible d'échapper aux nouvelles quand l'affaire a éclaté au grand jour. En tant qu'ex-call-girl, j'étais bombardée de coups de fil, de gauche, de droite et du centre, m'invitant à des émissions de télé pour y rencontrer des politiciens et commenter la conduite de Spitzer. Cameramen et reporters se sont même présentés à mon travail. Mes amis, parmi le personnel du spa, savaient déjà presque tout sur mon passé, mais après que les médias m'ont manifesté toute leur attention, mes clients ont également été mis au courant. Mes patrons me soutenaient, mais je voyais bien qu'ils s'inquiétaient à propos des réactions de la clientèle. Mais ils avaient l'esprit ouvert et ils m'ont encouragée à supporter cette nouvelle épreuve – me glissant à l'oreille qu'ils voudraient, ensuite, connaître tous les détails de l'affaire.

Immédiatement après avoir regardé les images du scandale sur CNN, j'ai été interviewée par satellite pour le *Today Show*, et j'ai été invitée le même jour pour *Larry King Live*. Cet après-midi-là, après ma deuxième apparition, j'ai reçu un courriel de Jason (qui reprenait contact avec moi environ une fois par mois) intitulé : « Connais-tu cette fille ? »

*Oh mon Dieu* !

C'était une photo de ma petite Ashley en bikini blanc, assise dans un yacht amarré quelque part sur une côte qui ressemblait à la Côte d'Azur, mais qui était en réalité la côte de Miami, où elle se trouvait probablement à la Winter Music Conference.

Kristen était Ashley, Ashley était Kristen. Elle avait enfin réalisé son rêve : elle était devenue célèbre.

Tandis que l'affaire rebondissait dans tous les sens, le gouverneur pas tout à fait contrit avait démissionné lors d'une conférence de presse dramatique (et pathétique), avec sa femme Silda à ses côtés. Ashley gardait un profil bas, mais la presse était à ses trousses en bord de mer pour prendre une photo de la fille qui avait fait tomber l'ex-shérif de Wall Street. Spitzer a eu sa photo sur la couverture du magazine *New York*. Il y souriait comme un écolier, une flèche pointant de son entrejambe, avec la légende : « Brain ». Brillant.

Le seul lien d'Ashley avec le monde extérieur était sa page MySpace, qui présentait des enregistrements de ses chansons, et s'étendait sur ses liens amicaux avec Whitney Houston et Mary J. Blige. Les chansons étaient exactement comme je les imaginais : des *tunes* de boîtes de nuit. Les paroles, qui n'étaient tout de même pas de l'Alanis Morissette, disaient tout : « I know what you want. You got want I want. I know what you need. Can you handle me ? »

Bien sûr, une question évidente m'a traversé l'esprit. Était-elle devenue une informatrice pour le gouvernement avant l'affaire ? Était-elle sur leur fiche de paie ? C'était tout de même une étrange coïncidence qu'on l'ait libérée, quand elle travaillait pour New York Confidential, juste après son arrestation, et qu'elle se soit retrouvée au centre de la plus grosse opération contre la prostitution dans l'histoire récente.

Je ne sais pas si cela s'est passé comme ça. L'histoire officielle dit que quelqu'un, à la banque, a remarqué les transferts suspects du gouverneur et s'est dit qu'il était peut-être tombé sur une sorte de complot impliquant un maître-chanteur. Il en a informé le bureau du procureur, et là, ils n'ont pas eu le choix, il fallait faire enquête. Cette version ne m'a jamais parue très catholique.

Bien entendu, tandis que le scandale faisait les délices des médias et que les journalistes, incapables de localiser Ashley, ont appris qu'elle avait travaillé à New York Confidential, ils se sont tournés vers Jason et moi. Mais la dernière chose que je voulais faire, c'était discréditer mon amie. Je n'ai jamais fait allusion à notre amitié lorsque j'étais sur antenne. Même s'il était vrai qu'Ashley était responsable, ou avait fourni aux flics des informations leur permettant de boucler l'enquête, je ne lui en ai jamais voulu. De toute façon, nous étions au bord de l'abîme, avec ou sans son aide. Elle était jeune (dix-neuf ans), et si les choses s'étaient passées comme ma source me le disait, la police l'avait probablement menacée de longues années de prison. Si elle a décidé de nous donner pour s'éviter la taule, et fourni des informations pour qu'on puisse nous arrêter, je ne peux vraiment pas lui en vouloir.

J'ai accepté les interviews demandées par *Today Show*, *Entertainment Tonight* et *Larry King Live*, et j'ai essayé de parler adéquatement d'Ashley et moi, et des raisons pour lesquelles nous faisions ce métier. S'il y a une personne capable de comprendre ce qu'elle ressentait, c'était bien moi. Je savais qu'elle était blessée et qu'il lui était probablement défendu de parler pour elle-même, alors j'ai dit qu'elle était une fille bien et que j'espérais qu'elle s'en sorte. J'ai expliqué les bons et les mauvais côtés du *business*. J'ai même raconté l'histoire d'une fille qui avait épousé un de ses riches clients et s'était enfuie à Paris avec lui.

J'en ai eu bien sûr un tas d'échos dans la presse et sur Internet. Des bloggeurs conservateurs et certains médias traditionnels se sont déchaînés sur moi, prétendant que je faisais l'apologie de comportements immoraux – comportements qui détruisaient des vies et m'avaient valu la prison. Je ne leur ressemble pas. Je ne me permets pas de juger mes semblables. J'ai été trop exposée à cela dans ma propre existence.

Ashley s'en tirera. Comme moi, elle a survécu à une enfance difficile, et elle survivra à ce que nous avons vécu. Elle aime la vie, et les gens qui se trouvent près d'elle rayonnent. J'ai lu quelque part qu'elle avait signé pour le pilote d'une téléréalité avec Reveille, les mégaproducteurs de *Big Brother*. Et peut-être fera-t-elle partie de *Who Wants to Be a Millionnaire*? Sans doute deviendra-t-elle une star de la téléréalité et pourra-t-elle enfin obtenir le contrat d'enregistrement dont elle rêve depuis si longtemps.

* * *

J'ai eu la chance d'auditionner pour une pièce de théâtre. Un moment extraordinaire. La pièce était de Ayn Rand, l'auteur qui m'a sauvée pendant que je croupissais à Rikers! Tout d'abord, j'ai paniqué, bien sûr. Deux ans avaient passé depuis ma dernière audition à New York. Je me demandais si je me souviendrais comment on fait pour jouer – et pour auditionner.

Tandis que le jour fatidique approchait, je me disais que, selon une des théories sur le jeu de l'acteur, et avec tout ce à travers quoi j'avais passé, j'étais Meryl Streep.

Puis le doute s'est infiltré. J'avais peut-être trop vécu, trop pris de drogue, et petit à petit, j'avais perdu mon assise.

On m'a donné le monologue – celui d'une fille qui confronte un type plus âgé – sans rien me dire de précis à propos des causes du conflit. Mais je me débrouille pas mal avec les raisons sous-jacentes. Ce texte hurlait à l'abus sexuel. C'est comme cela que j'ai interprété le texte.

Le metteur en scène était scié. Il m'a dit que personne d'autre n'avait vu ce que contenait le texte. J'étais surprise. Cela me paraissait si évident.

J'ai quitté la salle d'audition avec un léger vertige. J'avais vraiment mis dans le mille, mais, plus que cela, j'avais ressenti un plaisir immense – un plaisir propre, sans substance chimique, sans porno. On m'a donné le rôle, et pas juste un rôle de femme. Ils ont, suprême ironie, changé le sexe du personnage principal, un procureur, et en ont fait une femme.

Mais le contrat d'édition de ce livre est arrivé, et j'ai dû quitter les planches. Le choix n'a pas été difficile, et ceux qui faisaient partie de la pièce ne m'en ont pas voulu. J'avais la chance de raconter ma propre histoire et d'empêcher les tabloïdes, les haineux, les procureurs, Jason et quelques autres d'avoir le dernier mot sur mes actes et sur la femme que je suis.

Je me disais que les choses ne pouvaient pas être pires, mais je me trompais! Alors j'ai essayé de surmonter tout ça et j'ai fait la seule chose que je savais faire. Je n'avais aucune idée des démarches à entamer pour régler mes démêlés avec la loi ni pour mettre fin à ma dépendance, mais j'ai toujours su quoi faire pour que mon moi hypersensible reste solide comme le roc.

J'étais prête à quitter la maison de mon amie, à Gramercy Park, pour retourner à l'appartement où je vivais. Une fois de plus, mes amis m'ont sidérée en m'offrant 4 grammes de freebase, plutôt que de l'argent pour acheter de la nourriture, mais je ne pouvais m'en prendre qu'à moi-même: tout ce que mon être avait toujours projeté vers mon entourage, c'était le besoin de planer et de m'éclater. Ils s'étaient sans doute dit que la *freebase* était le cadeau que j'attendais. J'ai fourré le petit paquet dans mon portefeuille et j'ai appelé un taxi.

Nous nous sommes dirigés vers l'Upper East Side, la 84ᵉ et York. Une des choses les plus agréables de la vie nocturne, c'est que la circulation est fluide. Mais comme le trajet allait quand même durer au moins un quart d'heure, j'ai appelé Harry pour lui annoncer que j'arriverais bientôt. Il a essayé de me faire croire qu'il était furieux: je n'avais pas appelé pendant au moins une journée et il n'aimait pas ça. D'abord parce qu'il trouvait cela impoli – après tout, il partageait son studio avec une fille sans domicile fixe – ensuite parce qu'il s'était inquiété ; il s'était même demandé si je n'avais pas fait une overdose et si je n'étais pas morte ! Harry est sur la liste des personnes qui m'ont sauvé la vie à plusieurs reprises quand j'ai fait une overdose. Je lui ai annoncé que je n'étais plus qu'à quelques minutes de chez lui. Il m'a dit de faire comme d'habitude : sonner, et attendre qu'il me jette un peu d'argent par la fenêtre pour payer le taxi. Il vivait au 5ᵉ étage d'un immeuble sans ascenseur. Il voulait m'éviter de monter les cinq étages, de redescendre pour payer le chauffeur, puis de remonter à nouveau.

J'ai raccroché. Étonnamment, le chauffeur n'avait pas l'oreille collée à son téléphone. Je lui ai demandé de fermer la radio, puis je me suis laissée aller contre le dossier de la banquette et j'ai regardé défiler la ville, m'efforçant de jouir de ce moment de calme et de silence. Je retenais ma respiration pour empêcher le nœud dans ma poitrine – gros comme un poing – d'éclater. *C'est ce qui arrive toujours*, me suis-je dit. Finalement, j'ai pris une profonde respiration et les larmes ont commencé à déborder, coulant sur mes genoux. Je regardais mon reflet dans la vitre. Puis j'ai surpris le regard du chauffeur dans le rétroviseur. Un regard intrigué. Il devait sûrement être nouveau dans le métier : il y avait des centaines de gens comme moi dans cette ville ! Décidément, je n'arrivais jamais à avoir un moment de solitude. Ce qui ne m'empêchait pas d'être terrorisée à cette idée et de me demander ce que je ferais si je me retrouvais complètement seule.

Nous sommes arrivés chez Harry. J'ai sauté du taxi et sonné. Quelques secondes plus tard, j'ai entendu un « cling ». Harry avait placé un billet de vingt dollars autour d'une cuillère et avait entouré le tout d'un élastique. J'ai donné le billet au chauffeur. Je ne pouvais m'empêcher de sourire à cause de la cuillère. La cuillère, la meilleure amie du camé !

J'ai pris mon sac et attendu que Harry déclenche l'ouverture de la porte. Puis j'ai commencé l'ascension des volées de marches. Quand je suis arrivée au cinquième, j'étais sur le point de tomber dans les pommes. C'est drôle, ai-je pensé, je suis vouée à l'éternelle escalade de cinq étages! L'appartement de Jason à Hoboken était lui aussi au cinquième. À cette époque, ça ne me dérangeait pas, j'étais contente de faire de l'exercice pour garder des fesses bien fermes, mais dans l'état où je me trouvais aujourd'hui, je me disais que ces foutus escaliers finiraient par avoir ma peau. Je n'avais ni dormi ni mangé depuis deux jours, et j'avais l'impression que mon cœur allait exploser, littéralement. J'essayais de repousser ces pensées: que je gaspillais ma vie en étant constamment défoncée, que le temps était précieux et que celui qui restait diminuait dangereusement. L'escalade des marches a épuisé ces pensées, qui ont été remplacées par le plaisir anticipé de prendre ma première dose de la journée. Quel soulagement.

Harry m'a ouvert la porte et ses bras. Je m'y suis réfugiée. On peut dire ce qu'on veut de mes amis de cette époque, mais ils n'étaient pas tous mauvais. La plupart étaient coincés au mauvais endroit, ils commettaient pas mal d'erreurs, mais ils essayaient d'être de bonnes personnes. Harry l'ami avait été remplacé par Harry le facilitateur, celui qui me tendait la pipe à eau d'une main et un briquet de l'autre. J'ai déposé mon sac Louis Vuitton sur une chaise et je me suis assise sur le lit. Je ne savais pas si je serais capable de supporter une grosse dose, mon cœur battait trop fort. J'ai inspiré profondément et nous avons bavardé un peu. Quand mon pouls est redevenu normal, j'ai tendu la main vers la pipe et j'ai aspiré tout ce que je pouvais aspirer, puis je me suis étendue sur le lit. Je sentais mon cœur battre dans mes oreilles, j'avais la tête à la fois lourde et légère. Je me suis détendue – en fin de compte la dose était bonne, je n'avais pas exagéré, je survivrais. Je pouvais me laisser aller, oublier mes problèmes, sourire, et rester dans cet état de félicité parfaite pendant quelques minutes. Puis je suis revenue lentement sur terre et j'ai observé Harry. Il avait la pipe à la main, il inhalait. Je me suis souvenue des 4 grammes de freebase et je lui ai dit: «J'ai quelque chose pour nous.» Je me suis levée, j'ai pris mon sac sur la chaise et je suis revenue au lit. J'ai ouvert le sac, j'en ai

d'abord sorti mon téléphone et j'ai demandé à Harry de le rechar-
ger. Puis j'ai pris mon jean, ma trousse de maquillage et une pipe à
eau emballée dans un papier essuie-tout. Mais où était mon portefeuille ? En proie à la panique, j'ai retourné mon sac. Son contenu
s'est répandu sur le lit. J'ai cherché dans tout ce fouillis. Pas de portefeuille !

Ici, une explication s'impose : quand j'ai été arrêtée, on a confisqué mon passeport et tous les documents qui permettaient de
m'identifier – à l'exception d'une photo qui se trouvait dans une
veste, dans mon appartement. Mais je l'avais perdue. En tant que
Canadienne, je ne pouvais remplacer mes papiers d'identité qu'en
me rendant au consulat canadien pour m'y procurer une lettre officielle m'autorisant à passer la frontière. Une fois au Canada, je pourrais demander une copie de mon certificat de naissance, ce qui me
permettrait d'acquérir une carte d'assurance-maladie et une carte
d'assurance sociale. Mais dans ma situation, avec le procès qui me
pendait au nez, il m'était interdit de quitter les États-Unis. Un film
d'horreur s'est déroulé dans ma tête : je faisais une overdose et je
mourais. Faute de papiers d'identité, on m'appelait M<sup>lle</sup> Untel. Ma
mère venait chercher ma dépouille pour la ramener au Canada.

Les images n'arrêtaient pas de défiler, c'était l'épouvante. Je me
suis mise à pleurer. Mes sanglots étaient si violents que je suis tombée du lit. C'est comme si je veillais au chevet de mon propre corps.
Ces papiers d'identité étaient les seuls documents qui me ratta-
chaient à ce monde. C'est du moins ce dont j'étais persuadée. Harry
est accouru vers moi pour me consoler. Il croyait que je pleurais à
cause de la drogue perdue, et il me regardait avec une expression
qui voulait dire : « Nat, il est peut-être temps de penser à te désintoxiquer. » Je voulais tout lui expliquer, mais tout ce que j'ai pu articuler, c'est : « J'ai perdu mon portefeuille. » Il a écarquillé les yeux,
puis m'a serrée dans ses bras. Il ne pouvait pas lire dans mes pensées, il ne savait pas ce que je ressentais, mais je crois qu'il voyait à
quel point j'étais bouleversée. J'ai continué à pleurer, puis j'ai essayé
de me ressaisir, mais ça n'a pas marché. Je me suis endormie.

Une semaine plus tard, je me suis dit qu'il était grand temps d'écouter mes messages téléphoniques. Ma mère, d'abord, qui me suppliait de la rappeler; des amis qui voulaient me voir; et l'ex-secrétaire de mon avocat. Pourquoi appelait-elle? Ce type m'avait laissé tomber au moment le plus terrible, quand on m'avait expédiée à Rikers. Dans son message, elle disait que quelqu'un l'avait contactée pour lui dire qu'il avait retrouvé mon portefeuille. L'homme avait rappelé plusieurs fois, il avait donné son adresse courriel et son numéro de téléphone. Harry a vu mon visage rayonnant et s'est réjoui. Il ne m'avait jamais vue aussi contente. J'ai noté les coordonnées du gars.

« Quelqu'un a retrouvé mon portefeuille! » ai-je dit. Puis j'ai regardé le numéro de téléphone. Le code régional était le 514. Un numéro de Montréal! Comment mon portefeuille s'était-il retrouvé à Montréal? J'aurais voulu appeler immédiatement, mais il était une heure du matin. Un peu tard pour appeler un étranger! Alors j'ai rédigé un courriel pour dire à la personne en question que j'avais reçu un message au sujet de mon portefeuille. Puis je lui disais comment me joindre. Je suis restée éveillée toute la nuit, pensant à cet appel, qui est arrivé le lundi matin. Il s'appelait Laurent et vivait à Montréal. Il était en route pour Paris, mais il conservait précieusement mon portefeuille et serait heureux de me le restituer. Il l'avait trouvé sur le siège arrière d'un taxi lors d'un séjour à New York. Il m'a proposé de me l'envoyer par la poste, mais il a ajouté qu'il venait à New York pour une semaine et qu'il pourrait me le remettre en personne. Ainsi, je le récupérerais beaucoup plus rapidement. Je lui ai répondu tout de suite, lui disant que je lui devais au moins un verre! Je lui proposais une rencontre dans l'Upper East Side. Je lui ai donné le numéro de mon cellulaire et je lui ai demandé de m'appeler dès qu'il le pourrait afin que nous prenions rendez-vous.

C'était extraordinaire! J'étais émerveillée. Un Canadien était entré dans le taxi que je venais de quitter et y avait trouvé mon portefeuille! Seul un compatriote pouvait savoir à quel point une carte d'assurance-maladie du gouvernement canadien était précieuse. Et combien il était important de la rendre le plus vite possible à son propriétaire.

Le soir de ma rencontre avec Laurent, j'ai mis des talons hauts, enfilé un jean et un manteau d'hiver. J'avais décidé de marcher jusqu'au lieu de rendez-vous. J'avais besoin d'air frais, de sortir de mon confinement dans l'appartement de Harry, où je planais, mangeais à l'occasion, et dormais. Laurent avait un air très français. Il était élégant, réservé, et un peu nerveux. Il a commencé la conversation en français, mais comme je lui répondais en anglais, il a dû changer de langue. Cela m'a fait rire. Je lui ai expliqué que je le comprenais très bien, mais que je n'avais pas parlé le français depuis des années. Il a eu l'air un peu désappointé, mais nous avons continué à échanger en français. Puis je lui ai suggéré d'aller prendre un verre de vin sur la 1$^{re}$ avenue et 79$^e$ rue.

Nous nous sommes installés à une petite table et avons commandé du vin. Puis Laurent a pris mon portefeuille dans sa poche. Les yeux brillants de joie, j'ai tendu la main pour m'en emparer… «Ah, ah, Natalie. Pas si vite! a-t-il dit. J'ai des choses à vous dire. Tout d'abord, j'ai trouvé dedans quelque chose que vous ne devriez vraiment pas avoir. » Seigneur, j'étais tellement excitée à l'idée de retrouver mes papiers d'identité que j'avais complètement oublié le gros sachet de freebase qui se trouvait dans le portefeuille! Je ne savais pas quoi dire. En fait, il n'y avait pas grand-chose à dire. Du reste, Laurent ne semblait pas attendre de réponse. Il se contentait de me regarder, sourcils froncés; j'avais l'impression d'être réprimandée par un parent ou un professeur. Un Montréalais était là, devant moi, et il réprouvait ma conduite. Mais il s'est détendu un peu et m'a raconté comment il m'avait retrouvée. Il avait inspecté le contenu du portefeuille, trouvé les cartes, ainsi que des cartes d'affaire. Il avait essayé d'appeler les numéros indiqués, mais personne ne savait comment me joindre. C'est alors qu'il a décidé de faire appel à Google. Et maintenant il était là, assis dans un fauteuil, sirotant son vin, souriant. J'ai risqué un petit rire, il m'a imitée. Il m'a dit qu'il ne portait pas de jugement. Il avait lu un article du *New York Post* en ligne dans lequel mon ex-avocat faisait des commentaires sur mon affaire, puis il avait fait le 411 pour avoir le numéro du cabinet.

Il m'a demandé si ma situation s'était améliorée. J'ai dit oui. Je lui ai parlé de mon agent littéraire. Je lui ai révélé que j'écrivais un livre pour raconter tout ça. Il a trouvé que c'était une bonne idée. Je lui ai demandé de me parler de lui, et il a répondu à mes questions. Nous nous sommes séparés après une accolade amicale et une promesse réciproque de rester en contact.

J'ai décidé de dépenser mes six derniers dollars pour rentrer chez Harry. Je me sentais beaucoup mieux. *J'ai sûrement un ange gardien*, me suis-je dit. Ma vie n'est peut-être pas une cause perdue, après tout. Tout va peut-être s'arranger.

# Remerciements

J'aimerais tout d'abord remercier ma famille : Susan, ma mère, mon frère Brent et ma belle-sœur Julie, ma grand-mère Lillian et feu mon grand-père Edward, et ma tante Audrey. Au-delà de tout, c'est votre amour inconditionnel et votre soutien qui m'ont guidée et m'ont permis de rester un être humain à part entière.

Ma reconnaissance à Jason Anthony, mon agent, de Lippincott Massie McQuilkin, qui m'a « trouvée » et n'a jamais cessé de croire en moi et en mon livre. Merci pour ta patience, ta compassion et tes conseils.

Ma gratitude à Michael Viner, à Henrietta Tiefenthaler, à Sonia Fiore, Darby Connor et toute l'équipe de Phoenix Books. Merci à Brian Gross, de BSG PR, qui m'a aidée à trouver les mots.

Merci à l'équipe des éditions de l'Homme, qui a accepté de publier mon livre en français ainsi qu'à Paule Pierre, qui a fait la traduction.

Je suis heureuse d'avoir bénéficié des conseils de Judi Farkas, agente cinématographique, de Judi Farkas Management, qui a aimé mon projet depuis ses débuts.

Merci à Terry Hughes et à Chantelle Hartshorne, qui m'ont aidée à créer la couverture de l'ouvrage. Vous êtes tous deux formidables dans ce que vous faites et dans ce que vous êtes.

Mon amour et mes remerciements à Jordan pour son affection et ses encouragements. Savoir que tu seras toujours là compte énormément pour moi. Merci à Carol St. James et à l'équipe du Spa St. James pour leur accueil chaleureux.

Ma reconnaissance à John Nicholas Iannuzzi et à Peter Fields pour leurs conseils.

Un grand nombre de personnes m'ont aidée, guidée et soutenue au cours de mon existence. C'est grâce à ces personnes que je suis là où je suis aujourd'hui. J'ai eu beaucoup de chance et je sais désormais que je ne tiendrai    plus jamais rien pour acquis. Je suis heureuse d'avoir rencontré Paul et Sara, que je remercie pour leur affection.

Enfin, merci à tous mes amis, en particulier Fred, Marta, Nick et Catherine.

# Table des matières

## Suivez les Éditions de l'Homme sur le Web

Consultez notre site Internet et inscrivez-vous à l'infolettre pour rester informé en tout temps de nos publications et de nos concours en ligne. Et croisez aussi vos auteurs préférés et l'équipe des Éditions de l'Homme sur nos blogues!

www.editions-homme.com

Achevé d'imprimer au Canada
sur papier Enviro 100% recyclé
sur les presses de Imprimerie Lebonfon Inc.